# Finanzwirtschaft in ethischer Verantwortung

Gregor Krämer
Herausgeber

# Finanzwirtschaft in ethischer Verantwortung

Erfolgskonzepte für Social Banking
und Social Finance

 Springer Gabler

*Herausgeber*
Gregor Krämer
Lehrstuhl für Banken, Finanzen und
Rechnungslegung,
Alanus Hochschule für Kunst und
Gesellschaft
Alfter, Deutschland

ISBN 978-3-658-12583-7          ISBN 978-3-658-12584-4 (eBook)
DOI 10.1007/978-3-658-12584-4

Die Deutsche Nationalbibliothek verzeichnet diese Publikation in der Deutschen
Nationalbibliografie; detaillierte bibliografische Daten sind im Internet über
http://dnb.d-nb.de abrufbar.

Springer Gabler

Gedruckt auf säurefreiem und chlorfrei gebleichtem Papier

Springer Gabler ist Teil von Springer Nature
Die eingetragene Gesellschaft ist Springer Fachmedien Wiesbaden GmbH
Die Anschrift der Gesellschaft ist: Abraham-Lincoln-Strasse 46, 65189 Wiesbaden,
Germany

# Vorwort

Seit einigen Jahren treten die Rolle und die Verantwortung des Banken- und Finanzsektors in Bezug auf eine nachhaltige Entwicklung der Volkswirtschaft immer stärker in das Bewusstsein der breiten Öffentlichkeit. Vielfach befinden sich gesellschaftliche Werte in einem grundlegenden Wandel, in dem sozial und ökologisch verantwortliches Handeln immer wichtiger wird. Dies gilt insbesondere auch für den Bankensektor, dessen wirtschaftliche Bedeutung für und zentrale Stellung in einer modernen Volkswirtschaft durch die jüngste Wirtschafts- und Finanzkrise eindrucksvoll (wenn auch mit massiven negativen Folgen) demonstriert wurde.

Der vorliegende Band „Finanzwirtschaft in ethischer Verantwortung" enthält verschiedene Vorträge, die hochrangige Vertreter aus Politik und Wissenschaft sowie aus Unternehmen und Institutionen der Banken- und Finanzbranche im Rahmen der Ringvorlesungen „Social Finance" und „Social Banking" an der Alanus Hochschule für Kunst und Gesellschaft in Alfter gehalten haben. Durch diese Dokumentation wird ein aktueller Beitrag zu der immer wichtiger werdenden Frage geleistet, welche Faktoren einer größeren Nachhaltigkeit des Finanzsektors im Wege stehen und welche innovativen Ansätze zur Schaffung eines nachhaltig(er)en Finanzsektors mittlerweile entwickelt worden sind.

Die Beiträge beleuchten das breite Feld sozial und ökologisch verantwortlichen Handelns im Banken- und Finanzbereich, zum einen praxisbezogen aus der Perspektive sozial-ökologischer Banken, zum anderen mit Themen, die von der sozial verantwortlichen Geldanlage und einer Ökonomie des Schenkens über die Ursachen der Finanz- und Wirtschaftskrise und die gesellschaftliche Verantwortung der Finanzwirtschaft bis hin zu Social Finance als Element des Nachhaltigkeitsmanagements sowie der Zukunftsperspektive von Social Investment und Social Entrepreneurship reichen. Auch der Frage nach einer nachhaltigen und sozial verantwortlichen Entwicklung des Finanzsektors in Entwicklungsländern, dem Beitrag von Regionalwährungen zu einer nachhaltig funktionierenden und gerechteren

Wirtschaftsordnung sowie der Frage, ob die Finanzmärkte die europäische Demokratie bedrohen, wird in diesem Buch nachgegangen.

Alfter, im März 2016                                         Prof. Dr. Gregor Krämer

# Inhaltsverzeichnis

# Gesellschaftliche Verantwortung der Finanzwirtschaft

1

Bernd Wagner

## 1.1 Persönlicher Hintergrund

Einführend ein paar Vorbemerkungen zu meinem Werdegang, um zu erläutern, was mich zu unserem heutigen Thema geführt hat. Als ich begonnen habe, mich mit diesen Themen zu befassen, war mein zentraler Ausgangspunkt die Frage: „Warum arbeiten Menschen so, wie sie arbeiten? Wie organisieren sie die Arbeit? Und kann man das nicht freudvoller gestalten?" Ich bin von Hause aus Betriebswirt. Schon während meiner Studienzeit hatten Betriebswirte das Image, schick angezogen zu sein und viel Geld verdienen zu wollen. Meine Intention Betriebswirtschaftslehre zu studieren, war aber eine ganz andere. Mein Vater war in verantwortlicher Position in der Industrie, relativ hoch angesiedelt, Unternehmensleitung. Und ich habe miterlebt, dass er zwar stolz war auf das, was er machte; dennoch war er in seiner Arbeit nicht ganz glücklich. Mein Eindruck war, dass seine größten Probleme eigentlich immer zwischenmenschlicher Natur waren; zum Beispiel mit dem CEO oder mit Mitarbeitern. Ich habe dann in meinem BWL-Studium festgestellt, dass diese wichtigen Themen aus der Berufswelt meines Vaters, wie mit Mitarbeitern umgegangen wird, dort gar nicht behandelt wurden. Kommunikation, Konflikte – das waren gar keine BWL-Themen. Ich habe das dann früh kombiniert, indem ich sozialwissenschaftliche Inhalte in mein BWL-Studium aufgenommen habe und nebenbei Psychologie und Soziologie gehört habe. Im Anschluss daran habe ich über

Dieser Beitrag ist die leicht überarbeitete transkribierte Fassung des frei gesprochenen Vortrags, den der Verfasser am 15. Oktober 2013 im Rahmen der Ringvorlesung „Social Banking 2013" an der Alanus Hochschule, Alfter, gehalten hat.

B. Wagner (✉)
Universität Augsburg
Universitätsstraße 1a, 86159 Augsburg, Deutschland
E-Mail: wagner@wzu.uni-augsburg.de

© Springer Fachmedien Wiesbaden GmbH 2017                     1
G. Krämer (Hrsg.), *Finanzwirtschaft in ethischer Verantwortung*,
DOI 10.1007/978-3-658-12584-4_1

Kommunikation im Betrieb meine Diplomarbeit geschrieben und über Konflikte im Betrieb promoviert. Ich habe also schon früh versucht, über diese engen Grenzen der BWL hinaus zu arbeiten.

Dann habe ich eine meiner für mich wichtigsten Arbeiten geschrieben, über die sogenannte „Bedürfnisorientierte Unternehmenspolitik". Darin geht es eigentlich um soziale Verantwortung von Unternehmen und um die Frage: „Was kann ein Unternehmen tun, damit es sinnvolle Arbeit verrichtet und nicht nur Geld anhäuft oder Gewinn maximiert?" Damals gab es viele kritische Studenten, die sich stark gegen das System und gegen Gewinnmaximierung gewendet haben. Ich wollte das verstehen, und deswegen habe ich lange an den Themen „Soziale Verantwortung" und „Stellung des Unternehmens in der Gesellschaft" gearbeitet. Welche Aufgaben haben Unternehmen? Weshalb werden sie zum Teil so kritisiert? In dem Zusammenhang ging es dann auch um Umweltfragen. Weshalb verursachen Unternehmen so viele Umweltschäden, und können sie dies nicht vermeiden? Welche Spielräume bestehen, und wie können Unternehmen da besser werden? Wir haben damals den ersten öffentlichen Umweltbericht einer deutschen Firma, der Textilfirma Kunert, geschrieben; das war plötzlich ein großer Durchbruch.

## 1.2  Die Anfänge: Umweltberichterstattung und Umweltmanagement

Zu der Pressekonferenz, bei der wir diesen ersten Umweltbericht vorgestellt haben, kamen tatsächlich 30 Vertreter der deutschen Presse; unter anderem von der Frankfurter Allgemeinen Zeitung und der Süddeutschen Zeitung. Das zeigte uns, dass die Zeit für dieses Thema reif war. Die Medien und die Gesellschaft wollten etwas über Umweltmanagement und das Umweltverhalten von Unternehmen wissen.

Ich habe dann den mehr philosophisch orientierten Sinn-Teil, also die Frage nach dem Sinn der Arbeit und den Gestaltungsmöglichkeiten zu einer sinnvollen Arbeit, vordergründig nicht mehr so stark verfolgt, sondern bin dort eingestiegen, wo gerade gesellschaftlich ein Bedarf bestand; also im Bereich Umweltmanagement, der mir auch „sinnvoll" erschien, zumindest einen Teil der Sinn-Frage berührte. Wir haben hierzu dann unter anderem ein Institut gegründet, das IMU, Institut für Management und Umwelt; das Ganze vor der Fragestellung, wie man Unternehmen, insbesondere Industrieunternehmen, dazu bringen kann, weniger Umweltschäden zu verursachen und die Produkte umweltfreundlicher zu machen, den Einkauf umweltfreundlicher zu gestalten etc. und zugleich wettbewerbsfähiger zu werden.

## 1.3 Umweltmanagement für Finanzdienstleister

Dann hat sich ergeben, dass eine meiner Diplomandinnen eine Arbeitsstelle in einer Bank gefunden hat. Hierüber kamen wir dazu, bei der ersten Bank, damals Ende der Achtzigerjahre die Landesgirozentrale, heute LBBW, in Stuttgart, ein Umweltmanagementsystem einzurichten. Ein Umweltmanagementsystem liefert einen systematischen Zugang zur Reduktion von Umweltbelastungen in einem Unternehmen. Das ist ein relativ simpler Ansatz, den man auch in anderen Managementansätzen wiederfindet. Man führt zunächst eine Ist-Analyse durch, also eine Bestandserhebung zur Frage: „Wo stehe ich?" Im zweiten Schritt überlegt man sich: „Wo will ich hin? Was sind meine Ziele?" Aus diesen Zielen werden konkrete Maßnahmen abgeleitet, die dann umzusetzen sind. Zum Schluss wird geprüft, ob das Ziel erreicht wurde. Und dann fängt der Kreislauf wieder von neuem an. Wenn das besonders gut funktioniert hat, dann kann man das auch nach außen darstellen, in sogenannten Umweltberichten. So ging das also los in den Banken, nach dem ersten Umweltbericht zogen viele andere Institute nach, sodass wir dann 1994, damals noch zu zweit, mit der ehemaligen Diplomandin, Gabriele Urban, einen eigenen Verband zu diesem Thema, den VfU, gegründet haben.

## 1.4 Vom Umwelt- zum Nachhaltigkeitsmanagement

Der VfU (damals „Verein für Umweltmanagement in Banken, Sparkassen und Versicherungen") war zunächst ausschließlich im Umweltbereich tätig. Dann kam die Nachhaltigkeit hinzu. Nach dem Drei-Säulen-Modell umfasst Nachhaltigkeit nicht nur Umwelt, sondern auch die soziale und die ökonomische Seite. Diese drei Säulen (auch „Triple Bottom Line" genannt) bildeten eine erhebliche Erweiterung des reinen Umwelansatzes. Zu Beginn war ich davon nicht übermäßig begeistert, weil wir im Umweltbereich nicht nur philosophisch diskutierten, sondern endlich mal konkret wurden und etwas messen, konkrete Änderungen anstoßen konnten. Durch die Fokussierung auf Nachhaltigkeit kamen neue Themen dazu, insbesondere soziale Fragestellungen, oft schwerer zu fassen, schwerer zu messen. Da stellen sich zum Beispiel Fragen: „Wie wird mit den Mitarbeitern, mit Lieferanten und mit Kunden umgegangen? Was sind deren Interessen und Bedürfnisse?" Originellerweise ergaben sich hier wieder Querverbindungen zu dem von mir früher verfolgten bedürfnisorientierten Ansatz.

Aber auch die ökonomische Seite sollte aus Nachhaltigkeitssicht stets mit betrachtet werden; ein Unternehmen ist im Grunde nur dann nachhaltig, also auch dauerhaft nur überlebensfähig, wenn es alle drei Säulen integriert verfolgt, also wenn es die Umweltseite beachtet, die sozialen Anforderungen erfüllt und zugleich ökonomisch dauerhaft erfolgreich ist. In meinem BWL-Studium in den Sechziger-jahren konzentrierte sich die Lehre noch eng auf das Interesse der Shareholder, also der Anteils- und Kapitaleigner. Damals setzte aber auch bereits als Gegenreaktion die sogenannte Humanisierungsdebatte ein, also die Forderung nach Berücksichti-gung von Mitarbeiterinteressen, neben denen der Kapitaleigner. Der später formu-lierte Stakeholder-Ansatz bezieht noch weitere Anspruchsgruppen in die Analyse mit ein, indem er berücksichtigt, dass ein Unternehmen nur dann funktionieren kann, wenn eine Reihe anderer Interessengruppen auch beachtet werden. Sprich: Wenn ich die Kunden aus dem Auge verliere, dann funktioniert das Unternehmen nicht, oder die Lieferanten, die Kommune. Hieraus entwickelte sich die Kundenori-entierung, die Lieferantenpolitik und so weiter. In der BWL hat man Unternehmen lange Zeit sehr einseitig aus der Shareholder-Perspektive heraus betrachtet und vie-le tun es heute noch. Die Nachhaltigkeitsdiskussion erweitert die Sichtweise und Wahrnehmung zunächst auf die erwähnten drei Säulen, und damit dann auch auf die relevanten Stakeholder. In diesem Sinne wurde dann auch die Perspektive des VfU erweitert, indem er sich heute „Verein für Umweltmanagement und Nachhal-tigkeit bei Finanzdienstleistern" nennt.

## 1.5  Nachhaltigkeit, gesellschaftliche Verantwortung und Licence to Operate

Aber was heißt nun eigentlich gesellschaftliche Verantwortung? Die Aktionäre eines Unternehmens, das Management, die Mitarbeiter, die Lieferanten, die regio-nale Bevölkerung etc., also die verschiedenen Stakeholder, haben unterschiedliche Interessen, unterschiedliche Weltsichten, Sprachmuster etc.; sie sehen auch soziale Verantwortung sehr unterschiedlich. Über diese Unterschiede möchte ich gern dis-kutieren im Hinblick auf unsere heutige Themenstellung, das heißt über die Frage: „Gesellschaftliche Verantwortung von wem und für was? Wer ist für was verant-wortlich?" Eine Vielzahl anderer Fragen schließt sich unmittelbar an: „Soll man die Frage nach der Verantwortung einzelwirtschaftlich diskutieren oder global sehen? Ist die Finanzwirtschaft verantwortlich, in Deutschland? Weltweit? Wer ist die Fi-nanzwirtschaft? Ist es angemessen, beim einzelnen Unternehmen anzufangen? Bei der Bank, der kleinen Bank, der großen Bank? Oder ist die Verantwortungsfrage zu personalisieren? Sind die bösen Banker schuld oder verantwortlich?" Die Ban-ken oder „die Banker" haben sich ja mittlerweile in ein gesellschaftliches Image hineinmanövriert, das sie als die Bösewichte im deutschen Wirtschaftssystem dar-stellt. Für den Finanzsektor ist das ein großes Problem, weil er zum einen von seiner Aufgabenstellung her vom Vertrauen der Kunden lebt. Zum anderen verlangt die Gesellschaft einen sozial akzeptierten Beitrag. Die Gemeinschaft vergibt einen gesellschaftlichen Auftrag an die Unternehmen. Sie vergibt eine Lizenz zum Arbeiten (die „Licence to Operate") und wenn die Gesellschaft diese Lizenz in Frage stellt, das Unternehmensverhalten nicht mehr akzeptiert, dann kann dies zu erheblichen Umbrüchen führen. Ich erinnere geschichtlich an Klöster; irgendwann waren sie so reich und so mächtig, dass das gesellschaftlich nicht mehr akzeptiert wurde. Sie wurden enteignet. Das konnte man sich bis dahin gar nicht vorstellen. Oder in manchen Ländern das Schicksal der Aristokratie; lange ausgestattet mit großer Macht und hohem Reichtum. Und irgendwann hat die Geschichte sie hinweggefegt.

Ich erfahre, dass die Bankenlandschaft heute einem eisigen Wind ausgesetzt ist, der durchaus auch einmal, bei weiterem Vertrauensverlust, in eine Richtung fegen kann, die man sich jetzt noch nicht vorstellen kann. Das heißt, die Finanzwirtschaft ist gut beraten, sich angesichts des bereits eingetretenen Vertrauensverlusts um die Erhaltung ihrer „Licence to Operate" intensiv zu bemühen, um sie nicht gänzlich oder auch nur wesentliche Elemente der bisher recht freizügigen Lizenz zu verlieren. Die Banken müssen zeigen: Wir schaffen einen sinnvollen gesellschaftlichen Beitrag, und dieser Beitrag soll auch ordentlich, aber nicht übertrieben honoriert werden. Immer häufiger werden Managementgehälter und Boni öffentlich diskutiert und gesellschaftlich in Frage gestellt.

Es stellt sich also die Frage: „Was macht den gesellschaftlichen Beitrag von Banken sinnvoll, was berechtigt zum Erhalt der Lizenz für ihre Tätigkeit?"

Im Prinzip geht es um den Beitrag zu einem besseren Leben. Gesellschaftlich verantwortliches Arbeiten wird dann synonym zu einem nachhaltigen Arbeiten, wenn diese Arbeit dauerhaft zu einem besseren Leben der betroffenen Stakeholder führt.

## 1.6 Nachhaltigkeit, gesellschaftliche Verantwortung und Rentabilität

In dem Zusammenhang fällt häufig der Begriff der Corporate Social Responsibility (CSR). Wenn ein Unternehmen nachhaltig arbeitet, arbeitet es auch sozial und gesellschaftlich verantwortlich. In der Finanzwirtschaft selbst wird häufig auch von „ESG" gesprochen; das steht für „Environment, Social und Governance" oder auch, meist synonym verwendet, von einer „Green Economy". Von der Umweltorganisation der Vereinten Nationen, der UNEP, kommt die folgende Definition: „Green Economy" – also ein weiterer Begriff, neben CSR oder ESG, der auf eine

nachhaltige Ökonomie abstellt – „is one that results in improved human well-being
and social equity, while significantly reducing environmental risks and ecological
scarcities". Green Economy führt nach diesem Verständnis also zu einer höheren
Wohlfahrt und sozialer Gleichheit, während gleichzeitig Umweltrisiken reduziert
und ökologische Knappheiten beseitigt werden. Hieran kann auch der gesellschaftliche Beitrag von Finanzinstituten bemessen werden. Auf Banken übertragen heißt
das: Banken sollen zu einem besseren Leben beitragen. Das sind ihre Aufgabe und
ihr Auftrag. Gewinnerzielung ist essenzielle Voraussetzung für die Bestandserhaltung, aber nicht Selbstzweck, nicht die eigentliche Aufgabe.

Ich habe mit einer Vielzahl von Unternehmen zu tun, und wenn ich die Verantwortlichen dort frage, was sie als die wesentliche Aufgabe ihres Unternehmens
ansehen, dann kommt als Antwort in aller Regel: „Betriebe müssen einen Gewinn
erwirtschaften." In gewisser Weise ist das natürlich auch richtig; ein Unternehmen
muss Gewinn erwirtschaften, sonst kann es nicht existieren. Aber das ist nicht die
eigentliche Aufgabe, nicht der Zweck eines Unternehmens. Das hat sich gesellschaftlich vielleicht so entwickelt und hat sich als Idee verselbstständigt; aber die
eigentliche Aufgabe eines Unternehmens ist es doch, einen arbeitsteiligen Beitrag zur gesellschaftlichen Entwicklung zu leisten. Dazu gehört eben auch, zu
einem besseren gesellschaftlichen Leben beizutragen, nämlich der Gesellschaft,
die dem Unternehmen überhaupt seine Existenz ermöglicht, für seine Sicherheit
sorgt, für Rechtssicherheit, für die erforderliche Infrastruktur und vieles andere;
hier stellt sich auch die Frage: „Wem dient das Unternehmen?" Unternehmen sind
gesellschaftliche Dienstleister. Mit wem hat ein Unternehmen (oder konkreter: ein
Finanzdienstleister) konkret zu tun? Wessen Interessen werden berührt? Ein Unternehmen, das nur traditionell die Interessen der Shareholder im Auge hat und
bedient, ist auf Dauer nicht überlebensfähig. Es muss natürlich auch seine Kunden
erhalten, muss mit den Mitarbeitern konstruktiv umgehen, muss seine Lieferanten
pflegen; also die Gemeinschaft, in der es existiert, im Fokus haben. Der weitsich-
tige Unternehmer hat dies schon immer getan.

Nun argumentieren manche, dass es im Endeffekt doch immer wieder auf eine
Priorität der Shareholder hinausläuft und dass eine langfristige Shareholderorien-
tierung automatisch dann auch den anderen Interessengruppen bzw. Stakeholdern
zugutekommt. Meiner Ansicht nach ist das jedoch ein Interdependenzgeflecht; alles hängt zusammen und bedingt sich gegenseitig. Aus meiner Perspektive hat
die traditionelle BWL diese Interdependenzen nicht bewusst wahrgenommen, und
auch mancher Unternehmer oder Kapitaleigner sieht dies heute nicht so. Dann
kommt es beispielsweise dazu, dass Lieferanten so lange im Preis gedrückt werden,
bis ihnen die Luft ausgeht, mit entsprechend negativen Rückwirkungen auf das eigene Unternehmen (Versorgungsengpässe, Know-how-Verluste etc.). Auch gab es

Industrialisierungszeiträume, in denen man die Interessen der Arbeitnehmer nicht angemessen berücksichtigt hat, mit gesundheitlichen Konsequenzen, sozialen Unruhen, gewerkschaftlichen Konflikten etc. Bis man dann irgendwann bemerkt hat, dass es vielleicht auch im Interesse der Shareholder liegen kann, humane Arbeitsbedingungen zu schaffen. Das geschieht dann aber nicht nur aus Menschenliebe, sondern durchaus auch ökonomisch kalkuliert: Wenn Mitarbeiter gesünder sind, arbeiten sie auch besser. Aber beide Seiten profitieren.

## 1.7 Komplexität und Vorurteile

Ein Beispiel mangelnder Wahrnehmung von Interdependenzen und gegenseitigen Abhängigkeiten aus der Finanzbranche ist die Story um Lehman Brothers. Ein wesentlicher Teil des Problems war, dass den Bankkunden Immobilienkredite angeboten wurden, die diese dann irgendwann nicht mehr zurückzahlen konnten. Dabei bestand für die Anlageberater wohl weniger das Kundenwohl im Vordergrund, als vielmehr der eigene finanzielle Anreiz, über Prämien möglichst viele dieser Kredite zu vermitteln. Letztlich wurde das nicht nur zu einem Problem der Kreditnehmer, sondern auch der Kreditgeber und der Shareholder. Auch an diesem Beispiel wird die vielfältig verflochtene gegenseitige Abhängigkeit der Stakeholder bzw. Anspruchs- und Interessengruppen deutlich. Das scheint trivial, aber offensichtlich sind manche Menschen nicht in der Lage, differenzierter in höherer Komplexität, also über die Interdependenz mehrerer Anspruchsgruppen zu denken; sie haben dann nur noch einzelne Interessengruppen im Auge. Traditionell hat man so auch komplexitätsreduzierend nur vordergründig ökonomisch gedacht. Jetzt verlangt Nachhaltigkeitsorientierung, die soziale und die ökologische Ebene mit zu denken. Manche scheinen damit überfordert, alle Stakeholder und dann noch in drei Dimensionen zu berücksichtigen. Aber wer in der hiesigen Produktion mag sich auch noch Gedanken machen über gesundheitliche oder ökologische Auswirkungen bei Lieferanten in China? Man ist ja froh, die eigenen Prozesse einigermaßen zu beherrschen. Einen Manager dazu zu bewegen, seinem bisherigen ökonomischen Denken auch noch eine ökologische Dimension hinzuzufügen, ist schwer, selbst wenn es dabei um Existenzielles geht. Neben der Komplexitätsbarriere spielen hier aber auch Vorurteile oft eine Rolle. Ökologie ist hiernach etwas für Umweltbewegte und wird nicht als ökonomisch relevant gesehen.

## 1.8 Rentabilitätszwänge und Handlungsspielräume

Wenn wir hier über Finanzwirtschaft sprechen, müssen wir auch berücksichtigen, dass „Finanzwirtschaft", wie bereits angedeutet, ein sehr heterogenes Konstrukt ist. Das reicht von globalen Investmentbanken bis zur lokalen Sparkasse, von der KfW bis zur Weltbank, von Pensionskassen und Versicherern bis zu den kleinen Ethikbanken, von Börsen über Anlageberater bis zu Ratingagenturen. Was ich in diesem Zusammenhang ansprechen möchte, ist die Freiheit der Aktion und der Entscheidungsmöglichkeit. Inwieweit können die Unternehmen in diesem breiten Spektrum im Rahmen eines globalen Wettbewerbs überhaupt frei entscheiden, um zum Beispiel sozial verantwortlich zu handeln? Geht es dabei um freie willentliche oder moralische Entscheidungen? Welche Rolle spielen ökonomische Zwänge? Was mir hier beispielsweise immer wieder auffällt, ist, dass Studenten in der Diskussion an der Hochschule sich oft sehr kritisch gegenüber einer ökologisch oder sozial rücksichtslosen Wirtschaft, insbesondere im Hinblick auf pauschal geldgierige „Banker", äußern. Aber dann arbeiten sie kaum ein Jahr in einem Unternehmen und sind plötzlich wie umgewandelt. Dann argumentieren sie auf einmal anders, verweisen auf Wettbewerbsbedingungen oder drohende Arbeitsplatzverluste. Und später, wenn sie beispielsweise als Pensionisten die Arbeitswelt wieder verlassen, kehrt sich das erneut um, dann sieht man das wieder höchst kritisch. Aber das ist keine Charakterschwäche, sondern hängt damit zusammen, dass die Welt jeweils aus anderer Perspektive und unter anderen Handlungszwängen wahrgenommen wird. Man hat in der Hochschule eine andere Sichtweise auf die ökonomische Welt, als wenn man selbst darin steckt. Wenn man selbst drin steckt, gerät man in die Mühlen der Handlungszwänge in den Unternehmen, die von außen nicht sichtbar sind. Dort herrscht ein erheblicher Rentabilitätszwang, und nur innerhalb dieses Rentabilitätszwanges ist sozial verantwortliches Handeln möglich. Aber: Rentabilitätszwängen nachzukommen, heißt nicht automatisch, sozial oder ökologisch verantwortungslos handeln zu müssen. Im Gegenteil. Um Rentabilität zu erarbeiten, muss verantwortlich mit den Mitarbeitern und Lieferanten umgegangen werden, auch mit der Umwelt. Nur muss man diese Zusammenhänge auch mittel- und langfristig, das heißt nachhaltig, wahrnehmen und denken können.

Die Sicherung von Rentabilität ist eine Handlungsvorgabe, der auch die kleinen Öko- oder Ethikbanken unterworfen sind. Diese haben zwar einen anderen Stil und bewegen sich in anderen Nischen als die großen, haben aber auch nur begrenzte Spielräume. Auch sie müssen ihre Mitarbeiter bezahlen, die Pensionen und Renten ihrer Mitarbeiter als Rücklage sichern, den Kunden entsprechende Zinsen bieten und so weiter. Auch sie müssen am Markt präsent zu sein, müssen so viel Geld verdienen, dass sie die Arbeitsplätze und ihre Sozialleistungen finanzieren können. Dabei ist auch zu berücksichtigen, dass die Kapitalflüsse in Deutschland, und nicht nur hier, sehr volatil sind. Wenn sich die Rentabilitätsbedingungen in Deutschland scheinbar verschlechtern, etwa wegen zu hoher Umweltauflagen, dann wandern Unternehmen ab, dann fließt das Kapital dorthin, wo die Produktion billiger erscheint. Deswegen kann auch eine Bundesregierung, kann Sozial- oder Umweltpolitik nur im Rahmen internationaler Wettbewerbsbedingen Einfluss nehmen. Im Hintergrund steht immer die Drohung der Lobbys: „Wenn ihr die Umweltschraube zu eng dreht, dann produzieren wir woanders."

Hinzu kommt, dass diese Rentabilitätszwänge auch Wachstumszwänge nach sich ziehen. Wir können heute nicht mehr einfach sagen: „Wachstum zerstört die Umwelt und damit unsere Lebensgrundlage, also lassen wir das. Wir verzichten auf Wachstum und Rentabilität." Wir haben ein Bevölkerungswachstum weltweit. Diese Bevölkerung muss ernährt werden. Sie will auch mit annähernd dem Lebensstandard versorgt werden, den wir haben. Und wir wollen nicht verzichten. Also muss mehr produziert werden; und das muss alles über Kapital und Kapitalrentabilität finanziert werden. Das sind Mechanismen, aus denen das einzelne Unternehmen, auch ein einzelnes Land, nicht einfach aussteigen kann. Deshalb ist auch eine Personalisierung von Schuld an Umweltzerstörung und sozialer Verantwortungslosigkeit, die Schuldzuweisung an böse Konzernbosse oder Banker, nicht angemessen. Sie sind nur Marionetten im globalen Spiel. Sicherlich sind darunter auch gierige Menschen, die nicht genügend Reichtum für sich anhäufen können. Aber es ist auch längst deutlich geworden, dass deren Beseitigung wenig ändert. Dann rücken die nächsten nach, und das Spiel geht genauso weiter. Und auch wir selbst sind ein Teil dieses Spiels. Jeder von uns trägt dazu bei. Jeder konsumiert. Im Weltvergleich recht großzügig. Und wenn wir etwas angespart haben und das anlegen wollen, vergleichen wir die angebotenen Zinsen und nehmen gern die Anlage, die uns die höhere Rendite verspricht. Auch wir drehen damit das Rentabilitätsrad und sorgen dafür, dass Kapital dorthin fließt, wo die höchste Rentabilität in Aussicht steht und nicht dorthin, wo es den höchsten ökologischen oder sozialen Nutzen schafft.

Wir selbst sind Treiber dieses Systems und zwingen unsere Bank, auf Rentabilität zu achten. Und wenn die Banken nicht entsprechend reagieren, wandern die Kunden ab. Ich kenne einen Vorstand einer deutschen Bank, der von seiner ökologischen Grundeinstellung her auch Mitglied bei Greenpeace sein könnte. Ich sehe, wie er eigentlich die ökologische Sache voranbringen möchte und immer wieder an Grenzen stößt, die ihm die betriebswirtschaftliche Rationalität setzt. Diese Rentabilitätszwänge sind in einer global vernetzten Geldwirtschaft begründet, die auch wohlgemeinte, oft gehörte Äußerungen illusorisch erscheinen lassen wie: „Wir müssen jetzt umdenken" und „Wir müssen die Werte ändern, dann wird

das anders". Die global vernetzte zinsbasierte Geldwirtschaft hat sich dem ein-
zelwirtschaftlichen Wollen und Umdenken entzogen. Sie hat eine Eigendynamik
entwickelt, die unabhängig ist von unserem besseren Wissen, die uns zu Mas-
senproduktion führt, zu ökonomischem Wachstum und zum Zinsmechanismus als
primärem Steuerungsfaktor. Auch islamische Staaten, denen religions- bzw. werte-
bedingt Kapitalverzinsung eigentlich untersagt ist, verfallen diesem Mechanismus.
Sie investieren bei Daimler und nicht in marode Pleiteunternehmen.
Kapital fließt quasi naturgesetzlich dorthin, wo Rentabilität in Aussicht steht.
So wie Wasser bergab fließt. Da kann man zwar wollen, wünschen, umdenken,
Werte ändern, dass es bergauf fließe, man kann es im Einzelfall auch umlenken
oder stauen, aber die Tendenz und Energie bergab, oder, im Kapitalfall, hin zur
Rentabilität, bleibt unverändert.

Der Sozialstaat hat (und durchaus mit Erfolgen) korrektiv dagegen gehalten,
und heute auch als sozial-ökologisches Korrektiv. Aber die Kraft der globalen
Geld- und Zinswirtschaft ist stärker. Der Ressourcenverbrauch wächst, die Umweltbelastung steigt, die Verteilungsschere geht weiter auseinander. Typisch hierfür etwa ist der viel zitierte Rebound-Effekt. Statt personalisierten Schuldzuwei-
sungen an Politiker, Parteien oder Unternehmer müssen wir deshalb eher fragen:
„Wie funktioniert dieses Wirtschaftssystem, das mit immer neuen Personen immer
die gleichen Tendenzen und Verhaltensweisen hervorbringt? Was sind seine grundlegenden Funktionsmechanismen?" Wie mehrfach angedeutet, meine ich, ohne
dies hier weiter ausführen zu können, dass des Pudels Kern letztlich im Geld-
und Zinsmechanismus begründet ist, der, um bei Goethe zu bleiben, zwar von
Menschen gemacht, aber nun als wallender Besen dem Wollen des Zauberlehr-
lings entzogen ist. Die permanente Drohung eines Verzichts auf Kapitalrentabilität
und Investitionen, Konsum- und Umsatzwachstum ist die desaströse Kette aus
Arbeitsplatzverlusten, Nicht-Finanzierbarkeit sozialer Sicherungssysteme und sozialen Konflikten, Unruhen bis Umbrüchen.

## 1.9    Was bleibt, sind Spielräume

Um wieder auf die Ausgangsfrage zurückzukommen: „Was können die Unternehmen verantwortlich tun?" Nun, sie haben Spielräume, die es verantwortlich zu
nutzen gilt. Und sie können Spielräume erweitern, indem sie die ökonomischen
Vorteile ökologisch und sozial verantwortlichen Handelns sich systematisch erarbeiten und nutzen. Aber sie haben wenige Möglichkeiten, wirklich grundsätzlich
an den Bedingungen einer Geldökonomie etwas zu verändern, die ökonomischem
Kalkül Vorrang vor ökologischen oder sozialen Intentionen einräumt. Das Pro-

blem liegt eben auch darin, dass die Mechanismen und Interdependenzen dieser Geldwirtschaft mittlerweile weltweit verankert sind. Die wenigen exotischen Ökonomien, Gegenstand sozial-anthropologischer Begeisterung, Residuen noch vorkapitalistischer Zeiten, etwa Subsistenzökonomien, werden von der industrialisierten Welt unaufhaltsam eingeholt. Das heißt, Lösungen, um den globalen Ressourcenverbrauch einzudämmen, globale Umweltbelastung zu limitieren, Wachstumsgrenzen zu berücksichtigen, Armut und soziale Ungleichheiten zu reduzieren, sind auf Dauer auch nur auf globaler Ebene zu finden und zu etablieren. Nach bisherigen Erfahrungen auf politischer Ebene, etwa UN- oder Klimaverhandlungen, sind solche Aussichten auf tatsächlich greifende globale Lösungen gering. Alternativen allerdings wird es nicht geben.

Wenn man die Wachstumskurve von Weltbevölkerung, Konsum und Ressourcenverbrauch sowie korrespondierender Emissionen geschichtlich betrachtet, wird deutlich, dass das Wachstum in allen Bereichen mit Beginn der Industrialisierung, also erst seit Mitte des 19. Jahrhunderts, schlagartig nach oben gegangen ist. Es stellt sich dann die Kernfrage, ob das zu erwartende weitere Bevölkerungswachstum mit den zu erwartenden industriell versorgten Konsummustern notwendig auch zu einem Wachstum der Umweltbelastung führen muss, oder ob dieses, wie erläutert quasi naturgesetzlich vom Geld- und Zinsmechanismus getriebene Wachstum von zunehmendem Ressourcenverbrauch abgekoppelt werden kann. Manche hoffen hier auf effizientes Umweltmanagement. Über Umweltmanagement kann man sehr viel effizienter produzieren. Aber wenn effizient hergestellte Produkte in stetig steigender Zahl produziert werden (siehe Rebound-Effekt), geht die Belastungskurve trotzdem weiter nach oben.

Als einzige Perspektive, um unvermeidbares, den Zusammenbruch der sozialen Sicherungssysteme vermeidendes Wachstum zu erhalten, bleibt, auch zur Erhaltung von Rentabilitätsaussichten und Investitionsbereitschaft, **Wachstum zu dematerialisieren**. Umsatzwachstum und Gewinnerwartung bei geringerem Ressourcenverbrauch: durch mehr Dienstleistungen statt materiellem Güterkonsum. **More Wellness, less Shopping**. Kein Konsumverzicht, aber Konsumverschiebung. Höhere Zufriedenheit, durchaus mit Statussymbolen geschmückt, aber über Dienstleistungskonsum statt Warenkonsum? Ist dies realistisch? Aktuell kaum. Aber es bietet eine Perspektive.

Es bleibt die Perspektive, auch für einzelne Unternehmen, im Rahmen der gegebenen Wettbewerbsbedingungen möglichst ressourcensparend und emissionsarm zu produzieren und durch Effizienzsteigerung sich strategische Vorteile für eine dauerhafte Existenzsicherung gezielt zu erarbeiten. Für Finanzdienstleister wirft dies die Frage auf, inwiefern sie ebenso gezielt eine solche Entwicklung bei ihren Kunden, Kapitalgebern wie Kapitalnehmern, auch im Hinblick auf die eigene dauerhafte Existenzsicherung, inklusive Erhaltung der Licence to Operate, befördern können.

## 1.10 Finanzwirtschaftliche Dilemmata und Spielräume

Wir haben nun darüber gesprochen, dass sich Banken in verschiedenen Dilemmasituationen befinden. Es gibt Marktzwänge, es gibt Entscheidungskonflikte zwischen Umwelt-, Arbeitsplatz- und Kapitalinteressen. Aber auch innerhalb dieser Dilemmata gibt es Spielräume. Und die Spielräume werden sichtbar daran, dass es Banken gibt, die im Hinblick auf Nachhaltigkeit ein anderes Verhalten zeigen als das Gros der Banken. Das sind nicht nur kleine Sonderbanken. Auch unter konventionellen Großbanken sind erhebliche Unterschiede zu beobachten, wie mit dem Thema Verantwortung umgegangen werden kann.

Auch Ratings können solche Unterschiede sichtbar machen. Ökoratingagenturen beurteilen Banken im Hinblick auf ihre Nachhaltigkeit und stellen dabei große Unterschiede fest. Das heißt, Finanzdienstleister können mehr oder weniger sozialverantwortlich, mehr oder weniger umweltbewusst handeln. Im Rahmen der genannten Handlungszwänge gibt es also durchaus Spielräume, und die sollte man nutzen. Das Interessante dabei ist: Das lohnt sich auch noch. Aber oft werden diese Zusammenhänge nicht gesehen. Es gibt immer noch das große Vorurteil: Umweltschutz ist teuer, Nachhaltigkeit ist etwas für „Grüne", wir müssen Geschäfte machen. Die Interdependenz von Interessen, die gegenseitige Abhängigkeit von Interessengruppen, von Stakeholdern, die dialektische Interdependenz von Einzelinteresse und Gemeinwohl, die Einsicht, dass verantwortliches Handeln sich früher oder später als existenzsichernd „zurückzahlt", wird leicht durch eine kurzfristige und kurzsichtige Gewinnaussicht verdrängt. Dabei geht es hier nicht um moralische, nicht um nur soziale oder ökologische Forderungen, sondern um die Einsicht in mittel- und langfristige ökonomische Zusammenhänge. Die Banken und andere Finanzdienstleister haben in dieser Hinsicht strategische Fehler gemacht. Sie haben Vertrauen und Akzeptanz verloren. Die gesellschaftliche Licence to Operate steht auf dem Spiel.

## 1.11 Wirkungspotenziale der Finanzwirtschaft und alternative Ökonomie

Ich habe mich lange mit sogenannten Alternativwirtschaften und Alternativbetrieben befasst und 1984 einen Kongress zur „Zukunft der Arbeit" veranstaltet.

Dort waren Unternehmen eingeladen, von denen ich dachte: „Die zeigen die Zukunft." Das waren selbstverwaltete Betriebe mit überschaubaren, flachen Hierarchien, ohne autoritäre Befehlsstruktur, sondern eher teamorientiert aufgestellt; sinnvolle Arbeit, sinnvolle Produkte, Umweltbewusstsein, Kreativität und Selbstverwirklichung waren Motto. Der Betrieb sollte den Arbeitenden gehören, nicht Kapitalgeber reich machen. Meine Hoffnung war, dass man aus solchen Beispielen eine alternative Ökonomie generieren kann, die ansteckend wirkt und einen Flächenbrand auslösen kann; aus dem eine neue Ökonomie entsteht, die mehr Sinn macht, gerechter verteilt und weniger umweltzerstörend ist. Um es kurz zu machen: Das ist nicht geglückt. Seit Beginn des Kapitalismus bzw. der Industrialisierung gab und gibt es solche Versuche immer wieder, linke, anarchistische, ökologische, esoterische, religiöse. Und immer holt „der Markt", der Geldmechanismus sie ein und weist ihnen Nischen und Alibistatus zu. Auch zeitgenössische Auffrischungen des Konzepts der Gemeinwohl-Ökonomie (N. Paech, Ch. Felber) unterschätzen die Kraft der Geldmärkte in der Hoffnung durch (massenhaftes) Umdenken Wachstums- und Rentabilitätszwänge außer Kraft setzen zu können. Auch gab und gibt es immer wieder Menschen oder Gruppen, die aktiv Konsumverzicht betreiben. Aber das hat nie die Ökonomie als Ganzes beeinflusst oder an ihren Grundmechanismen gerüttelt.

Für mich persönlich hatte das die Konsequenz zu versuchen, diese Mechanismen selbst zu nutzen, und mit den großen Playern, mit Banken oder Versicherungen, etwas zu bewegen und deren Spielräume auszureizen. Große Finanzdienstleister, Großbanken, Pensionskassen etc. verfügen über Kapitalvolumen, die manche Volkswirtschaft in den Schatten stellt. Ihr Wirkungspotenzial ist vielen staatlichen Steuerungsversuchen, zum Teil entzogen, zum Teil überlegen. Die Gründung des VfU, des Vereins für Umweltmanagement und Nachhaltigkeit bei Finanzdienstleistern, ist im Prinzip in diesem Versuch begründet, die Macht und die Spielräume von Finanzdienstleistern zu nutzen, um eine nachhaltige Entwicklung über Kapitalmechanismen, nicht über moralische Forderungen, voran zu bringen. Mittlerweile gibt es praktisch in jeder Bank Nachhaltigkeitsbeauftragte; also Mitarbeiter, die für Nachhaltigkeit und soziale Verantwortung in den Banken zuständig sind. Zwar dienen die Nachhaltigkeitsabteilungen in Banken immer wieder (noch) nur als Alibi, dennoch tut sich in den Banken auch einiges. Man kann die Flasche halb voll sehen: wenn ich daran denke, wo wir Anfang der Neunzigerjahre standen; da wurde ein bisschen betriebsinterner Umweltschutz betrieben, mit ein paar Kennzahlen und Recyclingpapier, Abfall sortiert, Wasserperlatoren installiert etc. Man war stolz auf den ersten Umweltbericht. Das war eine wichtige Entwicklung. Aber heute ist man da doch ein ganzes Stück weiter, diskutiert die Nachhaltigkeit der Finanzprodukte, Nachhaltigkeitsrisiken in der Unternehmensstrategie und vieles andere. Hier kann man eine allmähliche Entwicklung beobachten, aber eine neue Ökonomie ist deshalb noch nicht in Sicht. Und ich sehe nicht, dass die diskutierten oder in Nischen erprobten Alternativmodelle wirklich zünden, dass sie eine Massenbewegung werden können und die Ökonomie grundsätzlich verändern können. Dies gilt ebenso für „alternative" Finanzdienstleister, etwa sogenannte Ethikbanken. Sobald Alternativmodelle größer, erfolgreicher, einflussreicher werden, werden sie aufgekauft und vom Markt wieder eingenommen. Es gibt dabei natürlich Ausnahmen. Eine für mich sehr spannende Entwicklung sind verzinsungsunabhängige soziale Bewegungen im World Wide Web. Wikipedia etwa, als weltweite Einrichtung, die immer noch über Spenden und ohne Werbeeinnahmen funktioniert. Aber wie lange noch? Wikipedia wächst. Der Kapitalbedarf nimmt zu, schon allein, um zeitgemäß ausgerüstet zu bleiben und der wachsenden Nachfrage nachzukommen. Andere Social Media, aus alternativen (Garagen-) Modellen gewachsen, hat der Markt längst eingeholt und zum Teil an die Spitze kapitalistischer Erfolgsmodelle gespült, Microsoft, Facebook und viele andere.

## 1.12   Grenzen der Spielräume

Wenn ich von Spielräumen spreche, verweist das zugleich auf Grenzen. Es wäre illusorisch, von Menschen aus Umweltschutzgründen und zur Ressourcenschonung einen grundsätzlichen Konsumverzicht zu erwarten. Aber begrenzte „Einschränkungen", Umstellungen, ressourcenbezogene Umorientierungen sind denkbar. Bezogen auf Unternehmen beispielsweise ist es nach meinen Erfahrungen bei konsequenter Unternehmenspolitik möglich, den Betrieb 20 % „umweltfreundlicher" zu fahren, um einfach eine Größenordnung zu nennen, also weniger Ressourcenverbräuche, weniger Emissionen, Biodiversitätsverluste etc., und dies, ohne Rentabilitätsprobleme zu bekommen. Im Gegenteil. Durch eine solche Politik können Kosten gespart, Zukunftschancen genutzt, neue Märkte eröffnet, Stakeholder motiviert werden. So haben manche Unternehmen, und entsprechend auch Finanzdienstleister, die Zeichen der Zeit hin zur Energiewende (als Spitze des Eisbergs sich verändernder Umweltbedingungen) nicht rechtzeitig erkannt und nicht rechtzeitig strategisch proaktiv reagiert. Aber selbst wenn Unternehmen frühzeitig strategische Erfordernisse einer Zeitenwende erkennen, kann eine rechtzeitige Reaktion an Grenzen stoßen. So hat beispielsweise die Bayerische Landesregierung bis vor nicht allzu langer Zeit eine eindeutige Pro-Atomkraftpolitik vertreten. In diesem Fall kann die staatseigene Bayerische Landesbank nicht gegen ihre eigene Regierung argumentieren und die Finanzierung von Atomkraft verweigern. Dies ist nur ein Beispiel vielfältiger politischer, ökonomischer oder organisatorischer

Rahmenbedingungen, die strategische Umorientierungen bei Finanzdienstleistern erschweren und begrenzen können, und die von außen, von NGOs etwa, oft nicht gesehen werden (können). Dies gilt auch im Großen. Das berühmte „Zwei-Grad-Ziel" ist in der Klimaforschung ein bekannter Vorsatz. Jeder kann heute wissen, dass bei mehr als zwei Grad Erderwärmung kritische globale Konsequenzen drohen. Einige gehen davon aus, dass katastrophale Entwicklungen bereits heute wegen nicht mehr rückholbarer Eigendynamik nicht mehr zu vermeiden sind. Die internationale Diskussion, Klimakonferenzen etwa, scheitern regelmäßig. Auch Zwischenerfolge wie COP 21 versprechen keine grundsätzliche Problemlösung. Auch hier stehen im Hintergrund kurzgreifende, konfliktäre Kosten- und Rentabilitätsinteressen einzelner beteiligter Länder.

## 1.13 Wer kann Spielräume öffnen?

Was, um nicht in Resignation zu verfallen, bleibt als Perspektive? Es bleiben die Spielräume. Wie sind diese konsequent zu nutzen?

Bezogen auf Unternehmen, auf Finanzdienstleister, können Impulse hierzu von innen oder von außen kommen. Zunächst **aus interner Sicht**: Können **Mitarbeiter** etwas bewegen? Ja. Impulse können von **allen Hierarchieebenen** ausgehen, von unten, vom mittleren Management, von oben, im Rahmen der Spielräume und zur Nutzung der Spielräume. Mitarbeiter, das Management, Gewerkschaften, das Top-Management, machen den Unterschied zu anderen Unternehmen.

Die Bank ist so gut wie ihre Mitarbeiter. Die Mitarbeiter müssen aber nicht nur wollen, sondern auch handeln, etwa bei der Auswahl ihres Unternehmens. Bildung und Information könnten hier eine Rolle spielen. Hochschulabsolventen, die Gelegenheit hatten, sich intensiv mit möglichen Spielräumen auseinanderzusetzen, können diesbezügliche Impulse in das Unternehmen tragen. Von meinen Studenten sind eine ganze Reihe Nachhaltigkeitsbeauftragte geworden. Aber, wie bereits erwähnt, werden viele nach Berufseintritt auch in kurzer Zeit durch die Macht des Faktischen rundgeschliffen, denken rentabilitätsorientiert, argumentieren rentabilitätsorientiert. Wenn beruflicher Erfolg an der Einkommenshöhe bemessen wird, verkauft man dem Kunden die Anlageform mit der höchsten Verkaufsprämie. Wenn Managementgehälter an kurzfristigen Umsatzerfolgen oder Aktienkursen bemessen werden, wird sich das Management hieran orientieren. Erste Ansätze zur Orientierung von Bonuszahlungen an der Erreichung von Fünf-Jahres-Zielen gibt es. Ein Gehaltskriterium könnte beispielsweise sein, die finanzierten Emissionen zu senken, die „Financed Emissions". Wissenschaftlich wird heute daran gearbeitet, wie „Financed Emissions" gemessen werden können und wie darüber Bericht erstattet werden kann. So könnten Anreizsysteme aussehen: Wer seine „Financed Emissions" senkt, erhält einen Bonus. Spielräume werden ausgereizt.

Mögliche **Impulse von außen**; zum Beispiel durch **Kunden**: Wenn Sie als Kunde bei einer Bank nicht fragen, was die Bank mit Ihrem Geld macht, dann hat die Bank auch keinen Grund, dies transparent zu machen, Anlagekriterien, Impacts oder Geschäftsfelder offenzulegen. Es ist ein bemerkenswertes Phänomen, dass viele Sparer und Anleger, in Deutschland und anderswo, auch aufgeklärte, die in anderen Lebensbereichen höchst aufwändig und kleinlich auf einen umweltbewussten Lebensstil achten, zugleich zur Bank gehen und ihr Geld dort, ohne nach der Verwendung zu fragen, einfach abgeben, zur freien Verfügung, rein ausgerichtet an wenigen Zinsprozenten.

Auch **NGOs**, als weiterer externer Impulsgeber (zum Beispiel Greenpeace), können intern Aufmerksamkeit erreichen. Aber wirklich in den Häusern etwas bewegen, tun sie nur, wenn sie Einwirkungen auf Umsatzzahlen, Kosten oder Aktienkurse haben. Aber sie sind als Alarmgeber wichtig. Es gibt auf Finanzdienstleister spezialisierte NGOs, etwa „Attac" oder „urgewald", die nicht nur durch Öffentlichkeitswirkung und Konfrontation von außen auf Banken einzuwirken suchen, sondern auch zu kooperativen internen Dialogen bereit sind. Und hierüber manchmal kleine Spielräume für nachhaltige Unternehmensführung öffnen.

Neben den NGOs spielt auch die **Presse** als „Whistleblower" eine Rolle. Wie groß die vielberufene Macht der Presse ist, darüber kann man streiten. Greifbarere Wirkungen werden durch politische Maßnahmen erzielt, durch den **Gesetzgeber**. Aber auch nationale Gesetzgebungen haben immer primär auf die nationale Wettbewerbsfähigkeit geachtet, erst in zweiter Linie auf ökologische Räson. Das Beispiel der politisch veranlassten Energiewende hat zumindest politische Spielräume aufgezeigt, aber auch deren Grenzen.

Schließlich spielt der **Kapitalmarkt** als externer Impulsgeber eine entscheidende Rolle. Der Kapitalmarkt gibt die ökonomischen Überlebensbedingungen, die eigentlichen Handlungszwänge vor. Er kann entsprechend die größten Schuboder Bremskräfte ausüben. Eine zentrale Rolle spielen die großen Ratingagenturen. Ratingagenturen wie Standard & Poor's (S&P), Moody's oder Fitch benoten Unternehmen nach ökonomischer Bonität, eigentlich auch nach Erfolgsaussicht mit Zukunftsperspektive. In einem Gespräch mit dem Deutschland-Chef von S&P vertrat ich die Ansicht: „Ein gutes Rating, das Zukunftsfähigkeit beurteilt, muss neben ökonomischen auch ökologische und soziale Risiken betrachten". Die Antwort war: „Das kommt bei uns alles in den betriebswirtschaftlichen Zahlen zum Ausdruck." Hier war keine Bereitschaft, über traditionelle betriebswirtschaftliche „Erfolgsindikatoren" hinaus den Blick zu öffnen. Es erscheint jedoch naheliegend, zur Beurteilung der Zukunftsfähigkeit eines Unternehmens auch ökologische und soziale Risiken zu beachten, auch wenn diese sich (noch) nicht in betriebswirtschaftlichen (oft historischen) Daten wiederspiegeln. Das war vor zehn Jahren. Ich habe jetzt gehört, dass Standard & Poor's England eine Tochter aufbaut, die sogenannte Nachhaltigkeitsratings durchführt. Institute, die Nachhaltigkeitsratings durchführen, sind in den letzten Jahren mehrere entstanden. In Deutschland ist die oekom research AG die wohl bekannteste Nachhaltigkeitsratingagentur, vor ein paar Jahren noch ein kleines Haus mit fünf oder sechs Angestellten. Gegenüber konventionellen Agenturen unerheblich. Heute sind es immerhin 75 Mitarbeiter, mit wachsender Bedeutung und Wahrnehmung seitens der beurteilten Unternehmen, aber auch auf Seiten von Investoren, Fondsmanagern oder Pensionskassen. Das heißt, der zunächst belächelte David, der ökologische und soziale Aspekte prüft, also nicht betriebswirtschaftliche, wie konventionell üblich, beginnt, von ökonomischen Goliaths ernst genommen zu werden. Nicht weil er Nachhaltigkeitsaspekte prüft, sondern weil er über den Kapitalmarkt kommt. In einem Gespräch mit dem Vorstand einer großen Bausparkasse, einem Goliath, sagte dieser: „Nachhaltigkeit ist uns ganz wichtig. Wir haben jetzt einen Nachhaltigkeitsbericht gemacht und sind letztes Jahr geratet worden, von oekom." Und weiter: „Wir waren im oekom-Rating letztes Jahr bei C– und wir werden dieses Jahr auf C+ kommen." Da hat also dieses damals noch sehr kleine Unternehmen oekom research AG, das mit Nachhaltigkeitsthemen auf dem Kapitalmarkt agiert, dieses Riesenunternehmen dazu bewegt, im Nachhaltigkeitsrating besser werden zu wollen, das heißt Energien aufzubringen, die „Nachhaltigkeitsperformance" zu verbessern.

## 1.14 Externes Nachhaltigkeitsrating

Ein externes Nachhaltigkeitsrating misst mit einer Vielzahl von Indikatoren, vom Ressourcen- und Energieverbrauch über Emissionen bis zum Vorhandensein von Umweltmanagementsystemen oder nachhaltigkeitsorientierten Programmen und Berichtssystemen. Das interne Bemühen um besseres Abschneiden beim externen Rating kann in den Unternehmen also durchaus Veränderungen anstoßen. Ob diese externen Anstöße wirklich Umorientierung im Kerngeschäft bewirken können, oder bisher eher kosmetische Marketingkorrekturen hervorrufen, darüber kann man streiten. Immerhin bewirken derartige Anstöße, mit denen meist der Ausbau von Nachhaltigkeitsmanagementsystemen einhergeht, einen bewussteren Umgang mit Materialien und Energien, mit Wasser, Abfällen, Emissionen oder Verkehrsbewegungen, um einige Standardthemen zu nennen. Vereinzelt beginnt man nachhaltigkeitsorientierte Produkte einzuführen, zum Beispiel sogenannte

Nachhaltige Geldanlagen. Es werden Prozesse angestoßen, den Status quo im Hinblick auf die eigene Nachhaltigkeit genauer zu prüfen, zu messen, zu kontrollieren, wo man steht, wo es Verbesserungsbedarf, wo Gestaltungsmöglichkeiten gibt. Die Einrichtung von Nachhaltigkeitsmanagementsystemen kann natürlich ebenso von innen oder durch externe Vorbilder angestoßen werden. Erfahrungsgemäß hat aber das Auftreten von Ratingagenturen erhebliche Schubkraft. Dahinter steht schließlich der Kapitalmarkt, werden die Urteile von Ratingagenturen dort doch meist als Grundlage für Anlageentscheidungen herangezogen. Wenn große Investoren, wie Pensionskassen, Nachhaltigkeitsrating zunehmend nutzen, um ihre Investments zu strukturieren, dann werden auch Großunternehmen hellhörig und bemühen sich in sonst nicht erreichter Vehemenz um ein effizienteres Nachhaltigkeitsmanagement, in der Hoffnung auf ein besseres Abschneiden im Nachhaltigkeitsrating. Signale vom Kapitalmarkt sind deshalb die wirkungsvollsten Hebel, um Nachhaltigkeitssensibilität in Finanzdienstleister, aber ebenso auch in Industriebetrieben zu entwickeln. Wenn Banken, zum Beispiel wegen einer Kreditanfrage, beginnen, einen Betrieb auf Umweltrisiken zu prüfen, ruft dies intern eine ganz andere Reaktions- und Kooperationsbereitschaft hervor, als wenn NGOs vor dem Werkstor wegen Umweltsünden demonstrieren. Ebenso wie Unternehmen auf ein externes Rating sofort reagieren, um, wie im genannten Beispiel von einem C– auf ein C+ Rating zu kommen.

Hierzu eine Nebenbemerkung: Die derzeit auf dem Markt zu beobachtenden sogenannte Nachhaltigkeitsratingagenturen, deutschsprachig zum Beispiel Imug GmbH; Inrate AG, oekom research AG, Sustainalytics GmbH etc. weisen meines Erachtens generell einen gemeinsamen und grundlegenden Strukturfehler auf: Sie verstehen sich als Gegenmodell zu den konventionellen Ratingagenturen wie S&P etc. und konzentrieren sich auf ökologische und soziale Aspekte. Das heißt sie vernachlässigen die ökonomische Seite, so wie umgekehrt die konventionellen Agenturen lediglich die ökonomische Seite über betriebswirtschaftliche Indikatoren in Betracht ziehen. Ein tatsächlich auf Nachhaltigkeit ausgerichtetes Rating muss, um eine umfassende Zukunftsfähigkeit eines Unternehmens einschätzen zu können, aber alle drei Dimensionen umfassen. Ein ökonomisch aktuell erfolgreiches Unternehmen wird ohne solide soziale oder ökologische Basis auf Dauer nicht erfolgreich bleiben. So wie umgekehrt ein ökologisch oder sozial vorbildliches Unternehmen ohne solide ökonomische Basis nicht lange überlebensfähig ist.

## 1.15 Wo anfangen?

Auf die immer wieder gestellte Frage: „Wo anfangen, um Nachhaltigkeit zu bewegen, direkt über den Kapitalmarkt oder erst über das Bildungssystem?", ist die Antwort einfach: das ist ein Henne-Ei-Problem. Natürlich gibt es erhebliche Wissensdefizite, Vorurteile und Forschungsbedarfe, die im Bildungssystem zunächst angegangen werden müssen. Aber ohne Veränderung der Kapitalmarktpraxis werden die aus dem Bildungssystem zur beruflichen Arbeit Entlassenen dort schnell, wie bereits erwähnt, auf vorhandene Denkmuster und Verhaltensweisen zurechtgeschliffen. Auch in den Berufsfeldern des Kapitalmarktes gibt es im Umgang mit nachhaltigkeitsrelevanten Entscheidungen erhebliche Informationsdefizite, Vorurteile und Bildungslücken. Das betrifft Bankberater am Schalter, die nachhaltigkeitsbezogen beraten sollen, ebenso wie Analysten, die Unternehmen auf ihre Nachhaltigkeit prüfen sollen, wie Fondsmanager, die Anlageangebote unter Nachhaltigkeitsgesichtspunkten zusammenstellen sollen. So ist als gravierendes Vorurteil immer noch hartnäckig und weit verbreitet, dass man mit einer nachhaltigen oder umweltfreundlichen Geldanlage auf Rendite verzichten müsste. Dabei liegt mittlerweile eine ganze Reihe interessanter Studien vor, die belegen, dass nachhaltige Geldanlagen eine bessere Performance ausweisen können, als selbst Indizes, die sonst als kaum schlagbar gelten, des MSCI oder des Dax. Das ist auch nicht verwunderlich, weil eine nachhaltige Geldanlage von ihrer Konzeption her den Anspruch hat, ökonomisch, ökologisch und sozial dauerhaft, also nachhaltig, erfolgreich zu sein. Dies ist eine wesentliche Aussage, eigentlich trivial, aber keineswegs Allgemeingut: Mit einer nachhaltigen Kapitalanlage muss ich auf nichts verzichten. Ich ziele darauf ab, mein Kapital sozial verantwortlich, ökologisch tragfähig UND ökonomisch erfolgreich einzusetzen.

## 1.16 Was ist eine nachhaltige Geldanlage?

Die nächste Frage, die sich hier naheliegender Weise anschließt, ist: Was ist dann aber eine **nachhaltige** Geldanlage? Wie kann ich unterscheiden? Das derzeit angebotene Spektrum auf dem Markt sogenannter nachhaltiger Geldanlagen ist äußerst heterogen und ebenso schwer zu durchschauen. Es reicht vom unseriösen Marketinggag bis zum ernsthaften Bemühen um Nachhaltigkeit.

Es sind verschiedene Konzepte zu finden, nach denen die Nachhaltigkeit von Anlageangeboten geprüft oder auch neue Angebote entwickelt werden. Das gängigste und einfachste Verfahren ist die **Anwendung von Ausschlusskriterien**. Bei diesen Geldanlagen werden definierte Anlagefelder von vorneherin explizit ausgeschlossen, wie zum Beispiel Anlagen in Rüstungsindustrie, in Tabak, in Pornographie, in Glücksspiel oder Kernkraft, bei bekannt gewordenen Menschenrechtsverletzungen und so weiter. Wenn man diese Ausschlusskriterien betrachtet, hat man eine Mindestinformation, in welche Bereiche das angelegte Geld nicht fließt. Auch große Investoren, wie Pensionsfonds, fangen mittlerweile an, darüber nachzudenken, nach solchen Kriterien zu investieren, sich etwa aus der Kohleindustrie zurückzuziehen: das sogenannte Divestment. Überraschenderweise haben selbst kirchliche Anleger bis vor kurzem ohne Ausschlusskriterien investiert. Heute gibt es den Hohenheimer Leitfaden zur ethischen Bewertung von Unternehmen, der eine lange Liste positiver wie negativer Kriterien aufzeigt, auf die bei einer Geldanlage oder auch Unternehmensbewertung geachtet werden kann. Dieser Leitfaden wurde durch Theologen mitentwickelt und allmählich auch von der katholischen Kirche und ihren Anlageinstituten angenommen. Er bildet im Übrigen auch die Grundlage für das oekom Nachhaltigkeitsrating.

Darüber hinaus gibt aber auch eine Reihe anderer Ansätze zur Selektion nachhaltiger Geldanlagen. Gängig ist derzeit der **Best-in-Class-Ansatz.** Hiernach beurteilt man die Unternehmen einer Branche nach Nachhaltigkeitskriterien, wie oben dargestellt, und rankt dies als mehr oder weniger ökologisch oder nachhaltig. So kommt es beispielsweise, dass BMW als besonders nachhaltig eingestuft wird, im Vergleich zu anderen Automobilfirmen, oder die HypoVereinsbank in der Finanzdienstleistungsbranche, und diese Branchenleader dann in einem Nachhaltigkeitsfond auftauchen. Sicherlich kann man diskutieren, ob eine BMW-Aktie denn tatsächlich eine nachhaltige Geldanlage sein kann. Aber nach diesem Best-in-Class-Ansatz ist es eben so: Im Verhältnis zu anderen Automobilfirmen ist BMW gemäß den gewählten Kriterienkatalogen (heute weitgehend standardisiert) engagierter im Bereich Nachhaltigkeit, also sollte man das auch honorieren. Bei Banken wird ebenso verfahren. Die HypoVereinsbank war bisher regelmäßig an erster Stelle, weil sie ein breit ausgebautes internes Nachhaltigkeitsmanagementsystem integriert hat. Nach diesem Verfahren, das Wert auf Zertifizierungen legt, kann dann auch eine Panzerfirma positiv geratet werden, weil die Panzer unter Beachtung ökologischer Kriterien (Materialeffizienz, Energieeinsparung, Umweltmanagementsystem) hergestellt und nach der Umweltmanagementnorm ISO 14001 zertifiziert wurden. Man kann zynisch darüber diskutieren, welchen Wert es hat, dass dieser Panzer oder, im Extrem, diese Streubombe unter Beachtung ökologischer Optimierungskriterien produziert wurde. Damit wird auch ein Problem dieses Ansatzes deutlich: Eine Einschätzung oder Bewertung der Produkte oder der Produktpalette, zugegeben ein heikles Unterfangen, erfolgt nicht.

Recht häufig zu finden auf dem Markt nachhaltiger Geldanlagen sind auch sogenannte **Themenfonds.** Dabei werden bestimmte Sektoren, zum Beispiel Wasserkraft oder erneuerbare Energien, ausgewählt, in die dann ausschließlich investiert wird. Hierzu kann auch das sogenannte „Impact Investing" gezählt werden, durch das der Investor themenbezogen versucht, gezielte Wirkungen zu erreichen, Einfluss auszuüben und Impulse zu setzen, etwa im ökologischen oder sozialen Bereich, zum Beispiel Investition in soziale Einrichtungen, durchaus mit der Kalkulation, dass diese wirkungsorientierten Investitionen sich durch Einsparungen in anderen Bereichen amortisieren oder finanzieren, etwa durch eine Vermeidung von anderweitig ansonsten erforderlich werdenden Resozialisierungsprogrammen. Eine weitere Methode ist das „**Normenbasierte Screening**". Hiernach wird die Einhaltung bestimmter, meist freiwilliger Normen geprüft, von denen es weltweit eine kaum mehr überschaubare Vielzahl gibt und die zum Teil variierende, zum Teil deckungsgleiche Nachhaltigkeitsstandards setzen: etwa der Global Compact (UN), die UN Principles for Responsible Investments/Insurance, die OECD Leitsätze, die Equator Principles, das Carbon Disclosure Project und andere. Wenn etwa Pensionsfonds mit ihren enormen Investitionsvolumina bei Portfoliokandidaten nach der Einhaltung derartiger Standards fragen, hat dies erhebliche Hebelwirkungen.

Nachhaltigkeitsratingagenturen bieten verschiedene Formen des Screenings, Rankings und der Selektion an, um aus einen breiten Universum an Unternehmenskandidaten Empfehlungen für spezifische Portfoliozusammenstellungen auszusprechen. So etwa werden aus einer Kombination von Ausschlusskriterien und Best-in-Class-Kriterien erste Screenings durchgeführt, mit deren Hilfe die Anzahl der zur Verfügung stehenden Titel selektiv eingegrenzt wird. Die verbleibenden Unternehmen können dann nach weiteren Gesichtspunkten analysiert und selegiert werden, nach Größe, Medienresonanz, Region usw.. Aus einer breiten Palette von Anlagemöglichkeiten wird somit eine nachhaltige Geldanlage identifiziert. Auch das ist methodisch nicht immer eindeutig, etwa bei Beteiligungen: Wenn etwa Kernkraft ausgeschlossen werden soll, aber bei einer Tochter eine zehnprozentige Beteiligung an einem Kernkraftwerk vorliegt. Wo ist hier die Grenze zu ziehen? Bei welcher Grenze kann ein solches Unternehmen noch in einen Nachhaltigkeitsfond aufgenommen werden?

Wie bereits erwähnt, erfolgt diese Selektion der Nachhaltigkeitsagenturen nach ökologischen oder sozialen Kriterien. Für mich fehlt bei diesem Nachhaltigkeitsansatz die Berücksichtigung der ökonomischen Seite. Bei dieser Herangehensweise wird davon ausgegangen, dass das ökonomische Rating von den konventionellen Ratingagenturen gemacht wird. Hierdurch können Unternehmen in die engere Auswahl kommen, die ökologisch und sozial bestens abschneiden, aber ökonomisch kaum Zukunftschancen haben. Das erscheint mir nicht nachhaltig. Wir brauchen ein integriertes Rating, in dem alle Faktoren in ihrer Wechselwirkung berücksichtigt werden.

Auch die Methodik bisheriger Nachhaltigkeitsratingprozesse an sich muss hinterfragt werden. Wenn man sich wirklich ein Bild von einem Unternehmen machen möchte, reicht es nicht aus, sich hauptsächlich auf Internetrecherchen und die Analyse von schriftlichen Materialien oder ausgefüllten Fragebögen zu stützen. Bedenkt man die Intensität mancher Due Diligence Prozesse, oft mehrere Monate mit einem Analyseteam vor Ort, so kann die bisherige internetbasierte Begrenztheit (aus Kosten- und Kapazitätsgründen) von Nachhaltigkeitsratings nicht befriedigen. Das persönliche Vor-Ort-Gespräch im Unternehmen kann ganz andere Eindrücke vermitteln. Aber auch dies bringt keine Garantie, dass nicht Altlasten oder latente Risiken unaufgedeckt bleiben. Dennoch lassen sich auf der anderen Seite selbst bei rudimentärem Nachhaltigkeitsrating manchmal auch gravierende strategische Risiken (oder Chancen) frühzeitig aufzeigen. Im oekom-Rating von Banken in der Vergangenheit erhielt das beste Rating mit B– die HypoVereinsbank, also durchaus auch noch mit deutlichem Optimierungspotenzial. Lehman Brothers wurde mit F geratet, das ist die schlechteste Note, die es gibt. oekom sagt heute, dass sie mit diesem Rating früh vor dem öffentlichen Crash auf die kritische Lage von Lehman Brothers hingewiesen haben. Die imug GmbH, die auch Länderratings durchführt, hat lange vor der öffentlich diskutierten Griechenlandkrise ein höchst kritisches Rating ausgestellt. Das heißt, Nachhaltigkeitsratings können manchmal strategische Schwachstellen oder auch Risiken aufzeigen, die über konventionelle Ratings nicht erfasst werden.

Hierin steckt eine wichtige Botschaft: Soziale und ökologische Zusammenhänge sind nicht losgelöst von ökonomischen. Immer gibt es Zusammenhänge und Interdependenzen. Allerdings sind sie nicht immer direkt augenfällig oder auch erst mittel- oder längerfristig sichtbar. Manche Unternehmensinsolvenz hatte im Hintergrund ökologische Gründe, die dann auf allgemeine Kostensteigerung zurückgeführt oder als abstrakte „Managementfehler" verschleiert wurden. Im Hintergrund standen aber längst absehbare behördliche (Umwelt-)Auflagen oder Veränderungen des Kundenverhaltens. Durch derartige Verflechtungen haben ökologische und soziale Aspekte ökonomische Auswirkungen, die aber in ihrer Ursächlichkeit nicht transparent sind oder im Controlling ausgewiesen werden. Es spricht einiges dafür, dass man über ein sorgfältiges Nachhaltigkeitsrating, das auch die soziale Seite über eine weiterreichende Stakeholder-Analyse erfasst, mehr über die Zukunftssicherung und die Risikosituation eines Unternehmens erfährt, als das bei eng auf aktuelle ökonomische Erfolgskriterien ausgerichteten Ratings der Fall ist.

## 1.17 Nachhaltiger Geschäftsbettrieb

Mit der bisherigen Diskussion nachhaltiger Geldanlagen wird das Kernthema der Nachhaltigkeitsrelevanz von Finanzdienstleistern angesprochen. Es gibt aber weitere Felder, in denen Finanzdienstleister Nachhaltigkeitsrelevanz haben. Der VfU bemüht sich mit seinen Mitgliedern und für diese das breite Spektrum abzudecken. So war der ursprüngliche Ausgangspunkt des Mitgliederinteresses die ökologische Optimierung des internen Geschäftsbetriebes, der sogenannten Betriebsökologie, mit dem Ziel der Reduktion von Verbräuchen und der Senkung von betriebsbedingten Emissionen. Hierzu wurden Umweltmanagementsysteme eingerichtet mit dem Ziel einer kontinuierlichen Verbesserung. Diese Systeme definieren Verantwortlichkeiten, Ziele, Umsetzungsprogramme und kontrollieren Erfolge und Fortschritte. Sie reichen von einer umweltfreundlichen Beschaffung über das Facility Management, Maßnahmen der Personalentwicklung, bis zur externen Berichterstattung. Als wir Finanzdienstleister bei der Einrichtung solcher Systeme unterstützt hatten, wurde ich anfangs häufig gefragt, was es im Umweltschutz in Banken denn überhaupt zu tun gäbe, die seien doch „sauber". Bei genauerem Hinsehen zeigt sich jedoch ein differenziertes Bild: Banken verursachen zum Beispiel immense Energieverbräuche, über Klimatisierungen, Rechenzentren etc., die manchen Produktionsbetrieb in den Schatten stellen. Erhebliche Umweltwirkungen resultieren aus Verkehrsbewegungen, Dienstreisen, Flügen, Pendlerbewegungen, Kundenverkehr und Geldtransporten. Aber auch regelmäßige Bautätigkeiten und Umbauten, die Anschaffung und Entsorgung von Büromaterial, von Reinigungsmitteln, Büromöbeln, Computerausstattungen und vieles andere haben nicht zu unterschätzende Umwelteffekte. Dies alles wird heute in größeren Häusern fast standardmäßig erfasst, zum Beispiel nach dem Standard der Global Reporting Initiative (GRI), und in öffentlichen Nachhaltigkeitsberichten dargestellt.

Demgegenüber bleibt die Produktseite und deren wesentlich weitreichenderen Umwelt- und Sozialwirkungen bisher deutlich intransparenter. Spricht man in den USA von einem Anteil von 20 bis 30 % sogenannter „ethischer Geldanlagen", so bleiben die Kriterien für eine solche Einstufung meist weitgehend offen. Da werden Anlagen dann nachhaltig oder ethisch genannt, weil ein Investment in die Produktion von Streubomben ausgeschlossen ist – eine wohl doch recht niederschwellige Ethikhürde. Neben der oben genannten Verbesserung von Ratingverfahren wird deshalb hier intensiv auch an Nachhaltigkeitslabels gearbeitet, in Deutschland etwa seitens des Forums für Nachhaltige Geldanlagen (FNG).

## 1.18   Internes und externes Reporting

Eine zentrale Rolle beim Ausbau einer nachhaltigen, sozial verantwortlichen Finanzwirtschaft, wird die Entwicklung der zugehörigen Berichtssysteme spielen,
das heißt die Schaffung von Transparenz über Nachhaltigkeitszusammenhänge.
Dies beginnt bei der internen Berichterstattung, dem internen Controlling und Reporting und reicht bis zur externen Berichterstattung, also der Transparenz von
Nachhaltigkeitswirkungen, die eine Gesellschaft von wirtschaftlichen Unternehmen erwartet. Beidem, dem internen Reporting wie der externen Berichterstattung,
wird bei der Entwicklung einer nachhaltigen Ökonomie, einer „Green Economy",
eine zentrale Bedeutung zukommen.

Intern orientieren sich Entscheider in Unternehmen auf Basis der ihnen vor-
liegenden Informationen, Daten, Indikatoren, üblicherweise über die sogenannten
Reportingsysteme verdichtet. Wenn diese Systeme aber keine oder nicht ausreichende Nachhaltigkeitsinformationen enthalten, kann auch nicht nachhaltigkeits-
orientiert entschieden werden. Dies betrifft etwa auch die Kreditpolitik einer Bank.
Wenn die Kreditwürdigkeitsprüfung keine ökologischen und sozialen Risiken prüft
und die zugehörigen Informationen in entsprechenden Berichts- oder Indikatoren-
systemen verdichtet und zur Verfügung stellt, wenn also die Entscheider keine
Nachhaltigkeitsinformationen haben, dann können sie auch nicht nachhaltigkeits-
orientiert entscheiden. Die hierfür erforderlichen Informations-, Indikatoren- bzw.
Reportingsysteme sind aber heute vielfältig auch erst in der Entwicklung begriffen,
etwa zur Berücksichtigung von „Financed Emissions": Wenn bei Anlageoptio-
nen keine Informationen über die jeweilige Emissionsintensität vorliegen, können
Anleger, Portfolio- oder Fondsmanager ihre Anlageentscheidungen diesbezüglich
auch nicht optimieren. Wenn entsprechend die in Frage kommenden „Investees"
vom Analysten auch nicht zu Art und Menge ihrer Emissionen befragt werden,
haben sie auch wenig Anreiz, selbst hier Transparenz herzustellen oder gar vorbeu-
gend und emissionssenkend aktiv zu werden. Hier wird bereits der Zusammenhang
zwischen internem und externem Reporting sichtbar.

Zunächst müssen die Daten überhaupt erst einmal intern vorliegen, um dann zu
entscheiden, welche davon extern zu berichten sind oder welche extern abzufragen
sind. Die erste Anforderung ist also, das interne Reporting um nachhaltigkeits-
relevante Informationen zu erweitern. Auf dem, was intern gewusst wird, kann
dann auch erst ein externer Bericht aufbauen. Erst auf einer solchen Grundlage
können Nachhaltigkeitsratings über ökologische, soziale und ökonomische Risiken
(und auch Chancen) ein umfassenderes Urteil abgeben, können die Investoren über
die Zukunftsfähigkeit eines Unternehmens fundierter befinden, oder können auch
politische Steuerungsmaßnahmen gezielt ansetzen. Geht man davon aus, dass die

klassische betriebswirtschaftliche Berichterstattung sich erst Anfang des 20. Jahrhunderts als Grundlage fiskalischer Besteuerung etabliert und standardisiert hat, so eröffnen sich hier mit einer gerade erst in den Anfängen begriffenen erweiterten Berichterstattung erhebliche Potenziale politischer Steuerung. Doch bisher konnte, von einzelnen Pionierleistungen abgesehen, sich weder ein angemessenes internes noch ein entsprechendes externes Reporting national oder international etablieren. Die bereits existierenden Nachhaltigkeitsberichte, anhand derer etwa Nachhaltigkeitsratings heute urteilen, sind erste Anfänge.

Sie sagen zum Beispiel über Nachhaltigkeit in der Produktpolitik und deren Umsetzung noch wenig aus. Da ist noch ein weiter Weg zu gehen. Und das Lehman-Brothers-Beispiel zeigt, wie weitreichend die Risiken im Finanzsektor hier sein können.

Der VfU als Nachhaltigkeitsverband für Finanzdienstleister versucht auf den verschiedenen oben aufgezeigten Ebenen den Erfahrungsaustausch in Praxis und Wissenschaft voranzubringen. Zuletzt ist der Schwerpunkt „Klimaforschung" hinzugenommen. Auf all diesen Ebenen versuchen wir, eine erweiterte Sichtweise durchzusetzen. Die um ökologische und soziale Fragestellungen erweiterte Kreditwürdigkeitsprüfung war eines der frühen Themen. Es ist für mich heute noch nicht nachvollziehbar, warum diese Verfahren sich nicht längst flächendeckend durchgesetzt haben, geht es doch letztlich ebenso um ökonomische Risiken.

## 1.19 Um zum Schluss zu kommen

Finanzdienstleister sind in unser gesellschaftliches System eingebunden. Sie spielen bei der Sicherung dieses vernetzen Systems und seiner sozialen, ökonomischen und ökologischen Funktionsfähigkeit eine wichtige Rolle und tragen deshalb auch Mitverantwortung für diese Funktionsfähigkeit. Sie profitieren selbst davon, von seiner sozialen Sicherheit, den qualifizierten Arbeitskräften, seiner Infrastruktur, der Rechtssicherheit usw.; sie verdanken ihre Existenz, ihre Bestandssicherung der gesellschaftlich erteilten „Licence to Operate". Das heißt, Finanzdienstleister sind dazu aufgerufen, eine aktive Rolle bei der Verantwortung für eine sozial, ökologisch und ökonomisch funktionsfähige und also nachhaltige Gesellschafts- und Wirtschaftsform zu übernehmen.

Unabhängig von einem solchen Verantwortungsanspruch liegt es aber auch im unmittelbaren eigenen ökonomischen Interesse, die Belange der Nachhaltigkeit strategisch ernst zu nehmen, nicht nur aus Reputationsgründen. Nachhaltigkeitsmanagement heißt Bestandssicherung. Selbst A. T. Kearney, kein Verfechter ökosozialer Romantik, kommt in einer Analyse der Finanzkrise 2008 zum Ergebnis, dass nachhaltigkeitsorientierte Unternehmen (und mit ihnen nachhaltigkeitsorientierte Geldanlagen) stabiler und erfolgreicher durch die Krise gekommen sind. Auch wird ihnen ein hohes Wachstumspotenzial zugesprochen. Finanzdienstleister haben erst begonnen, die Nachhaltigkeit ihres Geschäftsbetriebs und ihrer Produkte, der Geldanlagen, Kredite oder Versicherungen, genauer zu prüfen, zu kontrollieren und zu managen. Und sie haben erst begonnen, darüber zu berichten – intern wie extern. Seit gerade einmal 20 Jahren werden die zugehörigen Reportingverfahren entwickelt. Demgegenüber konnte die kaufmännische Buchhaltung über mehrere Jahrhunderte Traditionen, Standards und akzeptierte Konventionen entwickeln. Finanzdienstleister haben hier erst begonnen zu lernen, tun dies auch, wenn auch zum Beispiel im Hinblick auf Anforderungen des Klimawandels, der globalen Ressourcenverbräuche und sozialen Verwerfungen, von sozialer Ungleichheit bis zur globaler Migration, vielleicht viel zu langsam. Manche sind schneller, manche Sonderbank reagiert flexibel. Alle aber haben Handlungsspielräume, die es zu nutzen gilt, im Interesse der eigenen Bestandserhaltung, aber auch im Interesse des Gemeinwohls. Beides sind zwei Seiten einer Münze und bedingen sich gegenseitig. Das ist der Kern. Wir können etwas tun für eine nachhaltige Entwicklung und gerade die Finanzdienstleister können über den Kapitalmarkt, der unser ökonomisches System dominiert, viel tun. Aber dafür sind auch alle anderen Stakeholder mitverantwortlich. Es sind also nicht nur die vielkritisierten „Banker", die verantwortlich sind, sondern das sind auch wir als Kunden, als Mitarbeiter, das sind Investoren, Versicherungen, Ratingagenturen, Pensionsfonds, Produktionsunternehmen, Verbraucher, Politiker und Wissenschaftler. Finanzdienstleister jedoch haben wichtige Steuerungshebel in der Hand, vielleicht die wirksamsten.

**Prof. Dr. Bernd Wagner**, war bis 2007 Leiter des Zentrums für Weiterbildung und Wissenstransfer (ZWW) der Universität Augsburg; er ist heute Scientific Direktor am Wissenschaftszentrum Umwelt und Vorstand des RessourceLab der Universität Augsburg sowie Gründer und Vorsitzender des VfU –Verein für Umweltmanagement und Nachhaltigkeit in Finanzinstituten e. V.

# Bedrohen die Finanzmärkte die europäische Demokratie?

## Sven Giegold

Nach der Insolvenz der Großbank Lehman Brothers im Jahr 2008 offenbarte die fortschreitende Krise, dass auf den Finanzmärkten Grundlegendes im Argen liegt. Daraus resultierte innerhalb der Partei Bündnis 90/Die Grünen der Wunsch, einen Abgeordneten in das Parlament zu schicken, der der Liberalisierung des Finanzsystems bereits im Vorhinein kritisch gegenübergestand. Glücklicherweise beschäftigte ich mich im Laufe meines Studiums schwerpunktmäßig mit Finanzkrisen, mit Finanzmärkten sowie deren Regulierung, mit Steueroasen und Steuerflucht. Insofern war ich zunächst durch das Studium und später durch mein langes Engagement bei Attac, einer globalisierungskritischen Organisation, auf die Arbeit als Abgeordneter vorbereitet. Seit 2009 bin ich Mitglied des Europäischen Parlaments und vertrete damit mein Mandat in einer Institution, in der die Regeln der Finanzmärkte in Europa gesetzt werden. Die wichtigsten Gesetze im Bereich der Regulierung des Finanzsystems sind europäische Gesetze, die in Deutschland lediglich in nationales Recht umgesetzt werden. Durch Mehrheitsentscheidungen wird sich im Rat der Mitgliedsländer mit dem Europaparlament auf einen gemeinsamen Text jedes Gesetzes geeinigt. Wie aber kann angesichts dieses demokratischen Prozesses die Demokratie durch Finanzmärkte bedroht sein? Im Laufe der vergangenen vier Jahre konnte ich zu dieser zentralen Fragestellung ganz eigene Erfahrungen sammeln.

Wenn ich von den Finanzmärkten und ihren Folgen für die Demokratie spreche, so meine ich damit nicht das Spar- und Kreditgeschäft der Volksbank um die

Dieser Beitrag ist die überarbeitete Fassung eines frei gehaltenen Vortrags, den der Verfasser am 24. Oktober 2013 im Rahmen der Ringvorlesung „Social Banking 2013" an der Alanus Hochschule, Alfter, gehalten hat.

S. Giegold (✉)
Europäisches Parlament
Rue Wiertz 60, 1047 Brüssel, Belgien

© Springer Fachmedien Wiesbaden GmbH 2017
G. Krämer (Hrsg.), *Finanzwirtschaft in ethischer Verantwortung*,
DOI 10.1007/978-3-658-12584-4_2

Ecke, sondern den heute weitgehend deregulierten, oder besser einseitig regulier-
ten, Finanzmarktkapitalismus, der kaum noch demokratisch eingebettet ist. Was
wir heute als Finanzsystem bezeichnen, ist etwas völlig anderes als beispielsweise
der Frühkapitalismus zu Zeiten Jakob Fuggers. Zwar gab es zu dieser Zeit bereits
transnationale Wechsel und Geschäfte, aber die Dimension des global tief ver-
strickten Finanzsystems ist heute eine völlig andere. Geld fließt in unglaublichem
Ausmaß um den Globus. Diese Entwicklung begünstigte, dass in Amerika angelegte Finanzprodukte weltweit von Banken, Versicherungen und Fonds in großem
Maße gekauft und gehandelt wurden. Das Platzen der amerikanischen Immobili-
enblase führte durch diese Verflechtung die größten Finanzinstitutionen der Welt
an den Rand des Abgrunds. Wie allerdings können die Finanzmärkte neben der
wirtschaftlichen Bedeutung die Demokratie bedrohen?

Abraham Lincolns berühmte Rede beschreibt das Ideal der Politik im noch jungen amerikanischen Staat als „of the people, by the people and for the people", also
„des Volkes", „durch das Volk" und „für das Volk". Auch die Frage einer Bedrohung demokratischer Politik durch die Finanzmärkte kann unter Berücksichtigung
dieser drei Dimensionen untersucht werden. Die Ausübung einer demokratisch le-
gitimierten Politik umfasst das ganze Volk, beteiligt das ganze Volk und dient dem
Interesse des ganzen Volkes unter Achtung der gleichen Grundrechte aller. Sind
diese Grundprinzipien der Demokratie durch die globale Dimension der Finanzmärkte bedroht? Ist es noch möglich, Entscheidungen zu fällen, die im Interesse
der Mehrheit sind? Oder wird eine solche Politik sogar unmittelbar bestraft?

Durch die Globalisierung der Finanzmärkte erwarten die Anleger, dass global
mobiles Kapital tendenziell überall auf der Welt die gleiche Renditeerwartung hat.
Unabhängig von dem Land, in das investiert wird, kann folglich für ein bestimm-
tes Risiko eine äquivalente Rendite erwartet werden. Aus dieser Perspektive ist
es eine logische Konsequenz, dass Politiken, die diese Renditeerwartung behin-
dern, durch Kapitalentzug bestraft werden. Umgekehrt führt diese Logik zu einem
Anreiz, Politik so zu gestalten, dass durch höhere Renditeerwartungen möglichst
viel mobiles Kapital in das Land fließt, mit den erwarteten förderlichen Effekten.
Selbstverständlich gibt es Aktivitäten des Staates, die völlig konform mit dem Interesse einer höheren Renditeerwartung sind. Nicht jede Handlung des Staates ist
automatisch schädlich für die Gewinnerwartung. Investiert der Staat beispielsweise
in Bildung, erhöht dieses Investment tendenziell die Standortgunst und fördert die
Interessen der potenziellen Investoren von mobilem Kapital. Soziale Investments
des Staates (beispielsweise um menschlicher mit Armen, Kranken und Schwa-
chen umzugehen, die keine Wertschöpfung erzielen) sind allerdings im Rahmen
des sich globalisierenden Finanzsystems nicht von Bedeutung und könnten abgebaut werden. Und so ist letztlich die Grundhypothese, dass die Globalisierung der

Finanzmärkte ein Mahlwerk ist, das nach und nach alles zermalmt, was in relevantem Maße der Renditeerwartung des globalisierten Kapitals im Wege steht. Die Demokratie ist heute insofern nicht mehr „des Volkes" im Sinne Lincolns, da die globalen Finanzmärkte wesentlich für die Politik sind, aber außerhalb selbst der Reichweite der demokratischen Entscheidungen liegen. In wichtigen Bereichen der Finanzpolitik ist die heutige Politik jedoch auch nicht mehr „für das Volk". Im Bereich der Steuern wird das besonders deutlich. Der Anteil der Steuern am Bruttoinlandsprodukt der EU-Länder ist laut aktuellen Studien erstaunlich groß. Die Unterschiede zwischen West- und Osteuropa sind natürlich auf die differenzierte wirtschaftliche Stärke der Länder zurückzuführen, doch in Westeuropa sind die Unterschiede gleichermaßen sehr erheblich. Der Anteil der Besteuerung am Bruttoinlandsprodukt beispielsweise zwischen Schweden und Irland unterscheidet sich um über 20 Prozentpunkte! Betrachtet man die Produktionsbedingungen an einem Standort, sind Steuern ein nicht unwesentlicher Kostenfaktor für die Unternehmen. Geht man davon aus, dass große Teile dieser Steuern nicht nur in Bildung, sondern auch in Sozialstaatlichkeit oder in Bürokratie fließen, so sind die Unterschiede in einem gemeinsamen Markt, in dem die Schengener Freiheiten, die Waren- und Dienstleistungsfreiheit, die Kapitalverkehrs- und die Niederlassungsfreiheit gesetzlich garantiert sind, noch ganz erstaunlich hoch. Im Gegenzug sind die Lebensqualität und der Umfang des Sozialstaates in Skandinavien natürlich von einer anderen Qualität als dies in Osteuropa der Fall ist.

Als weiteres Beispiel können die Ergebnisse einer aktuellen OECD-Studie zur globalen Verteilung des Wohlstandes dienen: Die Unterschiede zwischen Arm und Reich sind auf einem Konvergenzpfad zu mehr Ungleichheit. Grundsätzlich steigt die Vergütung für akademisch ausgebildete, global mobile Personen; während Arbeitsplätze, die potenziell durch Maschinen ersetzbar wären, durch die intensive Konkurrenz aus den Billiglohnländern zunehmend unter Druck geraten. Parallel zu diesem Vorgang ist die Besteuerung hoher Einkommen und Gewinne seit Jahren international rückläufig. Wie schnell dieser Verfallsprozess verläuft, ist zum Beispiel an der sogenannten Körperschaftsteuer (dem Umfang der erhobenen Steuern auf die Gewinne von Kapitalgesellschaften) zu erkennen: Noch 1980 betrug der nominale Körperschaftsteuersatz in der damaligen EG stolze 44 % des Gewinns, die der Allgemeinheit zugutekamen. Heute liegt der Wert bei unter 24 %. Dies zeigt einen international sehr effektiven Steuerwettbewerb zugunsten einkommensstarker Unternehmen, in dessen Konsequenz der Anspruch der Allgemeinheit auf die Gewinne von Kapitalgesellschaften zunehmend zurückgeht.

Auch im Bereich der Besteuerung privater Einkommen beobachten wir bei der Entwicklung der Spitzensteuersätze ähnliche Tendenzen. Die Finanzierungsprobleme einiger Staaten innerhalb der Staatengemeinschaft der Europäischen Union

(als Konsequenz der Stabilisierungsmaßnahmen) führten zu einem deutlichen An-
stieg der Umsatzsteuer. Gerade diese Entwicklung des Steuersystems entspricht
den Erwartungen der Grundhypothese des alles Störende zermahlenden Finanzmarktkapitalismus: Die erhobenen Steuern auf die mobilen Gewinne von Kapitalgesellschaften wurden abgesenkt, der Spitzensteuersatz der Einkommensteuer tendenziell zurückgenommen, aber die Konsumbesteuerung, die natürlich im Inland
auf Produkte des In- und Auslands erhoben wird und damit deutlich weniger mo-
bil ist, erhöht sich zulasten der Steuerzahler. Das heißt: Die Möglichkeiten, durch
das Steuersystem soziale Ungleichheit im Rahmen einer angemessenen Gewinnbe-
steuerung zu begrenzen, sind ganz offensichtlich in Europa schwieriger geworden,
weil nationale Wirtschaftsräume, in denen Steuersysteme gestaltet werden, unter
Druck stehen. Ein Zwischenfazit wäre: Man kann nach wie vor hohe Abgabenquo-
ten erreichen, um die Basis der Sozialstaatlichkeit aufrecht zu erhalten. Allerdings
ist die Besteuerung von Kapitalgesellschaften durch die Mobilität des Kapitals
in globalisierten Finanzmärkten ein Spannungsfeld geworden, in welchem eine
konsequente Besteuerung in einem Umfang, wie dies beispielsweise zu Zeiten
Adenauers üblich war, stets mit der Gefahr eines Kapitalabzuges verbunden ist.

Wie weit diese Kräfte des Umgestaltens noch gehen werden, ist schwer einzuschätzen. Ob irgendwann der Druck der Finanzmärkte weiter zunimmt, die Ausga-
ben für den Sozialbereich zu beschränken, ist offen. Es ist allerdings bisher nicht
möglich, auf Basis quantitativer Daten nachzuweisen, dass aufgrund der Globalisierung weniger für die schwächsten Glieder der Gesellschaft ausgegeben wird.

Besonders vor dem Hintergrund der Finanzkrise erscheinen grundlegende
Zweifel an einer Politik „für das Volk" angemessen. So wurden unmittelbar nach
dem Platzen der Immobilienkrise Handlungen mit weitreichenden Konsequenzen
in die Wege geleitet, über die tatsächlich keine Wählerin und kein Wähler bestimmt
hatten. Es gab keine Wahlentscheidung, die Konjunktur- und Stabilisierungspro-
gramme zur Rettung maroder Banken in der Europäischen Union legitimierte.
Die Auswirkungen der Finanzmärkte lösten vielmehr eine Art Sachzwang aus,
der die Staaten zu scheinbar alternativlosen Reaktionen verpflichtete. Kaum ein
Staat war bereit, die Risiken einer Pleite von Großbanken wie Lehmann Brothers
einzugehen.

Diese Rettungspolitik war kein Ergebnis einer Politik „für das Volk" im Sinne Lincolns. Ganz offensichtlich erzeugte die Finanzkrise Politikergebnisse, die in
keiner Hinsicht mit den Gesetzen der Markwirtschaft zu vereinen sind. Unabhängig von einer liberalen, sozialistischen oder konservativen politischen Auffassung
kann das Retten von Banken durch das Aufwenden großer Steuersummen weder
mit der Ethik einer freien noch einer regulativ eingebetteten Marktwirtschaft zusammengebracht werden. Es ist im Übrigen ein Kernpunkt des liberalen Denkens,

dass die Ausfallrisiken einer Investition allein von der investierenden Person zu tragen sind. Die staatlichen Bankenrettungen sind zwar in der konkreten Situation immer noch „für das Volk" begründet. Denn die kurzfristige Alternative wäre eine Serie von Bankpleiten und ein Kollaps des Finanzsystems gewesen. Betrachten wir jedoch das Rennen um die Deregulierung der Finanzmärkte seit den Sechzigerjahren, so zeigt sich, dass es zuletzt zu einer leistungslosen Umverteilung gigantischer Summen kam, die mit der Idee des „für das Volk" nicht zu rechtfertigen ist: Investitionen und Mitarbeiter im Finanzsystem wurden lange hoch entlohnt, aber letztlich durch die Steuerzahler von ihren Risiken verschont.

Neben der Auseinandersetzung mit der Frage einer Bedrohung der Demokratie durch Entscheidungen auf Kosten der Allgemeinheit zum Nutzen Weniger ist die Betrachtung der Politik nach dem Kriterium des „durch das Volk" aufschlussreich. Denn an der Demokratie „durch das Volk" hat sich nichts Grundsätzliches geändert: Nirgendwo ist die Monarchie oder die Diktatur eingeführt worden, wobei es natürlich diverse Akteure gibt, die Länder unter der Verwaltung der Troika in konvergierenden Verhältnissen sehen. Doch unabhängig von diesem Sonderfall bilden nach wie vor die Wählerinnen und Wähler die Basis demokratischer Entscheidungen. Man kann weiter Bürgerinitiativen gründen und versuchen, direkt demokratisch Einfluss zu nehmen. Die Volkssouveränität ist nirgendwo aufgrund der Finanzkrise abgeschafft worden. Aber ist die Politik noch „durch das Volk"? Sind es noch das Volk, die Bürgerinnen und Bürger, die Wählerinnen und Wähler, die in dem Maße entscheiden können, wie Abraham Lincoln das Verständnis einer Volksherrschaft idealisiert hatte?

Meiner persönlichen Erfahrung als Abgeordneter zufolge muss man an diesem Idealbild eindeutig einige Zweifel haben. Durch die Globalisierung des Finanzsystems können viele Regeln nicht mehr effektiv nationalstaatlich umgesetzt werden. Will man das Finanzsystem konsequent regulieren und soll das Land für internationale Kapitalströme geöffnet bleiben, ist es völlig unmöglich, mit rein nationalen Regelungen Erfolge zu erzielen. Wirkungsvolle Regulierung lässt sich in vielen Bereichen ganz eindeutig nur durch internationale Regelungen erzielen. Diese überstaatlich geltenden Regeln sollen in einer Situation etabliert werden, in der von einem internationalen Staat nun wirklich keine Rede sein kann: Es gibt weder eine globale regierungsähnliche Vereinigung noch gibt es mit Ausnahme der Europäischen Union transnationalen Wahlen, und es gibt auch nur sehr wenige globale oder internationale Bürgerinitiativen.

Das beutet: Jegliche Gestaltung einer Demokratie „durch das Volk" ist auf eine Ebene begrenzt, in der zunehmend keine effektiven Regeln „für das Volk" durchgesetzt werden können. Nur Europa bildet eine klare Ausnahme von dieser Tendenz: Es existieren ein Europäisches Parlament, europäische Gesetze und so etwas wie eine europäische Verfassung, die deutlich umfassender ist, als die internationalen Verträge. Doch kann auf dieser übergeordneten Ebene, auf der Entscheidungen zunehmend zentral getroffen werden müssen, mit dem gleichen Maß an Demokratie im Sinne des Gemeinwohls entschieden werden?

Meiner Ansicht nach stehen wir bei dieser Frage vor fundamentalen Herausforderungen. Vielen Bürgerinnen und Bürgern fehlt das Verständnis für die Kompetenzen und Verantwortlichkeiten der Institutionen, die auf den verschiedenen politischen Ebenen agieren. Führt man Befragungen durch, sind die Ergebnisse bereits auf bundesstaatlicher Ebene – zu dem Verständnis der nationalen Demokratie – sehr bescheiden. Wirklich verheerende Ergebnisse ergeben sich bei Befragungen zu übergeordneten politischen Ebenen, wie der Europäischen Union oder global agierenden politischen Institutionen, wie beispielsweise dem Financial Stability Board (FSB). Dieses zentrale Gremium ist von den zwanzig größten Wirtschaftsmächten der Welt, den so genannten G20-Nationen, gebildet worden. Grundsätzlich beschäftigen sich die Mitglieder des FSB mit gemeinsamen Prinzipien für Gesetze zur Regulierung des Finanzsystems. Viele Gesetzesentwürfe, die uns Abgeordneten im Europaparlament vorgelegt werden, sind tatsächlich Übertragungen von solchen globalen Standards des FSB in das europäische Recht. Als Abgeordnete sind wir natürlich nicht gezwungen, deren Regelungen umzusetzen. Durch die große Komplexität und den intensiven Standortwettbewerb des globalen Finanzmarktes existiert gleichwohl ein hoher Anreiz, sich an diesen Standards zu orientieren.

Die Publikationen des FSB werden ausschließlich auf Englisch und in einer den wenigsten Menschen geläufigen Fachsprache veröffentlicht. Demokratische Kontrolle beruht jedoch darauf, bei der Wahlentscheidung über die bisherige Amtsausübung des Gewählten zu reflektieren und diese auf eine Übereinstimmung mit den eigenen Interessen überprüfen zu können. Entfällt der Anspruch oder die Möglichkeit dieser Überprüfung, entfällt auch die direktdemokratische Perspektive eines informierten und konstruktiven Protests, wenn eine Entscheidung gegen die eigenen Interessen verläuft. Diese Entwicklung ist für die Ausübung der Demokratie „durch das Volk" eine substanzielle Herausforderung. Um wirklich erfolgreich zu sein, bedürfen viele Regulierungen heute eines internationalen Rahmens. Je internationaler eine Regelung formuliert ist, desto größer ist die Abstraktion und desto schwieriger ist das Verständnis für die Wählerinnen und Wähler.

Natürlich kann es angesichts dieser Tatsachen naheliegend sein, die steigende Komplexität als undemokratisch abzulehnen, die durch eine Interessengemeinschaft wie die Europäische Union entsteht. Gerade als Deutsche sollten wir bei schnellen Schlüssen vorsichtig sein. Die Entstehung des Deutschen Reiches aus der Feudalstruktur und Kleinstaaterei weist viele Parallelen zur europäischen Integration auf. Es gab im Deutschen Reich keine tiefe gemeinsame Öffentlichkeit, sondern politisches Wissen war noch stark lokal oder auf den eigenen Feudalzusammenhang bezogen. Das Entstehen echter, „funktionierender" deutscher Demokratie begann erst mit der Weimarer Republik vor nicht einmal einhundert Jahren. Eine deutsche Öffentlichkeit im Sinne von Bürgerbewegungen, die sich auf ganz Deutschland bezogen, begann aus der Kleinstaaterei und damit aus dem Wunsch einer Vereinigung in einen gemeinsamen Deutschen Staat. Dieser Blick in die Geschichte offenbart, dass sich ein öffentliches Bewusstsein für politische Prozesse ausweiten kann, sofern die Möglichkeit einer Entwicklung besteht. Und dieser Prozess findet sich auch heute in Deutschland auf bundesstaatlicher Ebene wieder, indem das politische Bewusstsein auf Bundesebene fast überall deutlich stärker ausgeprägt ist als auf Landesebene. Es gibt viele Bundesländer, in denen die Demokratie tatsächlich nur bedingt funktioniert, etwa weil eine politische Öffentlichkeit, die sich auf das eigene Bundesland bezieht, nur begrenzt existiert und auch die Wahlbeteiligung gering ist. Am Beispiel unserer eigenen Geschichte sehen wir, dass sich politisches Bewusstsein durchaus auf eine höhere Ebene entwickeln kann. Allerdings setzt eine solche Entwicklung Transparenz, das Verständnis dieser übergeordneten Ebene und verbesserte Einflussmöglichkeiten darauf voraus.

Im Augenblick ist der direkte Einfluss der Bürgerinnen und Bürger auf die sich internationalisierende Demokratie praktisch nicht vorhanden. Um am Beispiel des FSB anzuknüpfen: Zurzeit existiert kein international organisierter Verbraucherverband, der im Finanzmarktbereich Einfluss nehmen könnte auf die Entscheidungen der G20-Staaten oder des FSB. Aber sehr wohl gibt es einen globalen Verband der Großbanken, welcher sehr viel leichter in der Lage ist, sich global zu organisieren, sich auf bestimmte grundpolitische Ziele abzustimmen und diese in allen Mitgliedsstaaten der G20 durch wirksamen Lobbyismus umzusetzen. Solche vergleichsweise einfach organisierbaren Interessen haben immer einen Vorsprung an Ressourcen, dem gegenüber die Zivilgesellschaft im Nachteil ist. Ziel der Bevölkerung sollte sein, ebenfalls Wissen und Ressourcen zu organisieren und diesen Vorsprung so weit wie möglich aufzuheben. Historisch ist natürlich nicht vorherbestimmt, ob eine Aneignung heutiger globaler Institutionen ebenso möglich ist, wie sich die organisierte Arbeitnehmerschaft des Deutschen Reiches für ihre politischen Ziele bedienen konnte.

Es gibt bereits Beispiele, wie sich die Zivilgesellschaft über Ländergrenzen hinweg effektiv organisieren kann. Anschaulich wird das an dem Vorhaben der Wasserprivatisierung in Europa: Michel Barnier, ein französischer Politiker, als Kommissar für Binnenmarkt und Dienstleistungen in der EU tätig, wollte den Interessen großer französischer Unternehmen folgend erreichen, dass die Konzessionen, um Wasserdienstleistungen anbieten zu dürfen, zukünftig öffentlich ausgeschrieben werden müssen. Dass dabei etliche Stadtwerke faktisch in die Privatisierung getrieben worden wären, schien er zu vernachlässigen. Die europäische Bürgerinitiative „Wasser ist ein Menschenrecht!" sammelte daraufhin mehr als 1,8 Millionen Unterschriften und übte so erfolgreich politischen Druck aus, dass Herr Barnier das Vorhaben mit Bezug auf das Wasser zurückzog. Aus dem Erfolg solcher Initiativen muss die transnationale Demokratie lernen, genauso wie die nationale Demokratie erlernt worden ist.

Zur Veranschaulichung des bestehenden Missverhältnisses greife ich gerne auf die erste große Gesetzgebung zurück, die ich im europäischen Parlament zu Beginn dieser Legislaturperiode begleitete: die Hedgefonds-Regulierung „AIFMD". Grundsätzlich ist im Europaparlament jeder Abgeordnete berechtigt, zu einem Gesetzesvorschlag Änderungsanträge zu stellen. Im Bundestag ist diese Vorgehensweise eher unüblich; die Änderungsanträge werden im Regelfall von den Fraktionen eingereicht. So kam es, dass zu dem sowieso nicht übermäßig anspruchsvollen Vorschlag der EU-Kommission, die Hedgefonds unter homogene Regeln zu stellen, rund 2600 Änderungsanträge eingereicht wurden. Die Herausforderung, den gesamten Ausschuss über die Änderungsanträge zu informieren, schien angesichts der großen Anzahl beinahe unmöglich. Doch nachdem die Anträge in alle 23 Amtssprachen übersetzt worden waren, entdeckte man, dass viele dieser Texte exakt wortidentisch waren. Die Anträge wurden von den Lobbyisten ganz offensichtlich an verschiedene Abgeordnete gesendet und von diesen, ohne jede Änderung, eingereicht. Die Tendenz der Interessen dieser Anträge war sehr aussagekräftig: Kein einziger Antrag plädierte für eine schärfere Regulierung, sondern lediglich für verschiedene Aufweichungen des bisherigen Gesetzesentwurfes. Das bedeutet: Diejenigen Personen, die über die Fachexpertise verfügen, um zu einer derart komplizierten Gesetzgebung Änderungsanträge zu stellen, waren allesamt bezahlte Interessenvertreter, während Gemeinwohlakteure in diesem Bereich so gut wie nicht vorzufinden waren.

Natürlich lehne ich den Lobbyismus nicht grundsätzlich ab: Es ist völlig legitim und sogar notwendig, dass sich in einer Demokratie die verschiedenen Interessensgruppen organisieren und ihre Expertise an die Entscheidungsträger weitergeben. Wäre dies nicht der Fall, ergäbe sich ein Bild von autistischer Machtausübung, und Gesetze würden völlig unabhängig von den Menschen oder Unternehmen, die direkt oder indirekt betroffen sind, beschlossen. Was mich in diesem Sinne höchst skeptisch stimmt, ist die Verletzung des Grundprinzips der Demokratie. Das besagt, dass die Macht jedes Einzelnen durch die Abgabe seiner Stimme in etwa gleich groß sein soll – „one wo/man, one vote". Vor diesem Hintergrund sollten jede Bürgerin und jeder Bürger auch über gleichen Einfluss auf die Entscheidungsfindung der Entscheidungsträger verfügen.

Diesem Ideal entspricht die Realität keinesfalls: Während es in Brüssel mindestens 700 professionelle Finanzmarktlobbyisten mit einem Jahresbudget von etwa 300 Mio. Euro gibt, konnten auf Seiten anderer Interessen im Finanzmarktbereich nur ein Verbraucherschützer und ein Gewerkschafter identifiziert werden. Neben diesen beiden Personen hatte sich in Brüssel offensichtlich niemand professionell hauptsächlich mit der Finanzmarktregulierung beschäftigt. Es war erschreckend, dass die Minderheit, die sich im Augenblick dagegen wehrt, dass Banken deutlich mehr Eigenkapital halten müssen, sich so umfangreich Gehör verschaffen konnte, und dass die Interessen der Bürgerinnen und Bürger, die im Zweifelsfall die nächste Bankenkrise finanzieren, hingegen derart unterproportional repräsentiert sind.

Für die meisten Bürger ist es schwer, über konkrete Fachfragen zu entscheiden, weswegen gerade die Gemeinwohlinteressen einer berechtigten Vertretung bedürfen. Diese Erkenntnis führte innerhalb der Partei der Grünen im Europaparlament zu dem Entschluss, eine wirkungsvolle Gegenlobby auf den Weg zu bringen. Wir brachten eine Mehrheit des Ausschusses für Wirtschaft und Währung (ECON), dem ich als Koordinator der Grünen angehöre, hinter einen öffentlichen Aufruf an die Zivilgesellschaft. Ziel war der Aufbau einer fachlich kompetenten Gegenlobby, die Gemeinwohlinteressen vertritt und den Abgeordneten überhaupt erst einmal ermöglicht, bei Gesetzesabkommen eine dem Finanzmarktlobbyismus gegenüber kritische Stimme anzuhören. Die daraufhin gegründete Vereinigung „FinanceWatch" besteht heute aus zwölf Experten, die in Gewerkschaften, als Wissenschaftler oder im Verbraucherschutz tätig waren. Das Budget von rund 1,5 Mio. Euro wird aus dem europäischen Haushalt für gemeinwohlorientierte Institutionen und aus Spenden finanziert. Diese Institution hat viel verändert: Zu den Anhörungen können nun Referenten mit glaubwürdigem Namen und einem gewissen Bekanntheitsgrad in der Öffentlichkeit geladen werden. Die Mitglieder von FinanceWatch nutzen grundlegend ähnliche Instrumente, um sich Gehör zu verschaffen: Es werden Änderungsanträge an Abgeordnete herangetragen, Öffentlichkeitsarbeit betrieben, Tagungen organisiert und Studien durchgeführt oder in Auftrag gegeben. Auf diesen Erfolg bin ich sehr stolz, denn selbst wenn ich eines Tages nicht mehr Mitglied des Europäischen Parlamentes sein werde, wird sich diese Institution weiterentwickeln und ihre Wirkung weiterhin entfalten.

Hinsichtlich der Interessenvertretung mangelt es erheblich an Transparenz: Im Gegensatz zu den Vereinigen Staaten gibt es weder in Brüssel noch in Berlin ein verbindliches Register zur Erfassung der Aktivitäten und der Finanzierung von Lobbyisten. Um für die Allgemeinheit nachvollziehbar zu sein, sollte jede Interessenvertretung, ob es sich um eine Gewerkschaft, eine Umweltorganisation oder eben einen Bankenverband handelt, die Herkunft und den Zweck des eingesetzten

Geldes nachweisen. Zum jetzigen Zeitpunkt ist ein solcher Nachweis in Brüssel freiwillig und fehlt in Berlin vollständig. Es ist augenblicklich völlig offen, wie viel Geld von Interessensgruppen für welches regulative Ziel eingesetzt wird. Darüber hinaus fehlt bei der Entwicklung europäischer Gesetze nach wie vor der sogenannte „legislative Fußabdruck", wie er in den USA selbstverständlich ist. Dieser sollte Aufschluss darüber geben, welche Verbände bei der Entwicklung eines Gesetzes von der Kommission oder den Ministerien angehört wurden. Es ist nach der Verabschiedung eines Gesetzes nur noch mit größerem Aufwand festzustellen, welche Verbände bei der Entstehung mitgewirkt haben und ob etwa Verbraucherschutzorganisationen überhaupt einbezogen worden sind.

Ein weiterer, für mich sehr wichtiger Punkt, ist die konsequente Behandlung des sogenannten „Dreh-Tür-Effektes". Darunter versteht man den Wechsel einer Person, die politische Mandate oder öffentliche Ämter ausgeübt hat, in die Interessensvertretung der Privatwirtschaft. Ein Beispiel, über das ich mich ganz besonders geärgert habe, ist der Wechsel des ehemaligen höchsten Verantwortlichen der Europäischen Börsenaufsichtsbehörde, die einen klaren Konsumentenschutzauftrag innehat, zu einer der führenden Bankenverbände Europas. Dass in diesem Fall zumindest eine Frist von rund einem Jahr zwischen den Tätigkeiten gelegen hat, ist dem Zufall und keiner rechtlichen Vorschrift geschuldet. Die Weitergabe von im öffentlichen Interesse erworbenem Wissen an Unternehmen oder Interessenvertreter geht in der Regel zu Lasten der Verbraucher und des Gemeinwohls und sollte gesetzlich stark eingedämmt werden. Denn bisher existieren solche Regelungen oft nur für die höchsten Positionen, wie beispielsweise in der neuen Bankenaufsichtsbehörde in der Europäischen Zentralbank. Diese Positionen unterliegen einem Ethikkodex, der für die leitenden Angestellten eine zweijährige Karenzfrist gesetzlich vorschreibt.

Um ein Fazit zu ziehen: Der Klimaschutz, die Menschenrechte oder Fragen der Regulierung von Konflikten um knapper werdende Ressourcen – es wird immer mehr Bereiche geben, in denen lediglich internationale Regelungen tatsächliche Durchschlagskraft im Sinne des Gemeinwohls besitzen. Um die Grundsätze demokratischer Politik zu wahren, muss verhindert werden, dass mächtige Sonderinteressen wirkungsmächtiger werden als die der Gesellschaft. Dass das Gemeinwohl gegenüber mächtigen Partikularinteressen nicht den Kürzeren zieht, ist die wirklich große Herausforderung der Globalisierung der Demokratie wie der Europäischen Demokratie. Die zentrale Frage der Globalisierung wird nicht sein, ob wir eine relevante Internationalisierung unserer öffentlichen Bereiche befürworten oder nicht. Sofern wir unsere politische Freiheit nicht radikal beschränken möchten, bleibt uns nur die Möglichkeit der zunehmenden Setzung internationaler Standards.

Die Globalisierung der Demokratie erfordert einerseits eine institutionelle sowie andererseits eine gesellschaftliche Entwicklung: Zum einen müssen internationale und europäische Institutionen, die den öffentlichen Interessen besonders
verpflichtet sind – wie etwa das Europäische Parlament – ausgeweitet und gestärkt werden. Im Rahmen dieser Globalisierung wird eine wirksame europäische
Regierung vonnöten sein und nicht nur ein für die Bürger intransparenter Beamtenapparat. Zudem erfordert diese Weiterentwicklung eine Internationalisierung
der Zivilgesellschaft. Ebenso wie es historisch gelungen ist, dass deutschlandweit
agierende Verbände, Medien und Institutionen zu der Entwicklung eines nationalen demokratischen Bewusstseins beigetragen haben, ist die Entwicklung des
Bewusstseins für die transnationale Demokratie des europäischen und auch des
globalen Raums notwendig. Der naive Glaube an eine Rückkehr zum Nationalstaat, der insbesondere in stark rechts- aber auch linksorientierten Parteien in vielen
Ländern Europas wahrzunehmen ist, propagiert, die Probleme des Gemeinwohls
besser in nationalem Umfang lösen zu können. Eine Politik des „für das Volk"
wird auf dieser Ebene allerdings zunehmend unmöglich. Und angesichts der elenden Geschichte des Nationalismus ist das eigentlich eine gute Nachricht. Denn die
Welt wird lernen müssen, dass nur durch internationale Kooperation die Zukunft
zu gewinnen ist.

**Sven Giegold**, Mitglied des Europäischen Parlaments

# Social Investment and Social Entrepreneurship in the UK – A Leading or Misleading Track?

**3**

Pauline Hinchion

## 3.1 Summary

Social Investment and Social Entrepreneurship in the UK[1] is the story of an increasingly congested space and contested direction of travel. The emergence of social entrepreneurship since the 1990's, and the development of social investment since the formation of the Social Investment Taskforce by the then Chancellor of the Exchequer Gordon Brown in 2000, are important developments, but it still remains to be seen if the direction of travel is a misleading track, or indeed if the still nascent state of the social investment sector renders its appearance chaotic and misguided, but ultimately a progressive direction for the Third Sector[2].

In the UK there has long been a debate about the role of the state and its relationship to the Third Sector. David Cameron saw the sector as an integral part of his 'Big Society' policy vision when he formed his first government in 2010. The concept of the Big Society was an attempt to merge neo liberal economics with social solidarity and was a major policy development of the Cameron Conservative

---

[1] Please note that this essay will primarily focus on England and Wales as the Scottish Sector and the Scottish Government has adopted a slightly different approach.

[2] Please note that the UK sector is called many things including Social Economy Sector, Charitable Sector, Social Enterprise Sector, Voluntary Sector and Not-for-Profit Sector. Although there are subtle differences between these terms, it is beyond the scope of this lecture to go into these differences, so I will use the term Third Sector throughout this paper.

---

Dieser Beitrag ist die überarbeitete Fassung des Vortrags, den die Verfasserin am 17. März 2015 im Rahmen der Ringvorlesung „Social Finance 2015" an der Alanus Hochschule, Alfter, gehalten hat.

---

P. Hinchion (✉)
Scottish Community Reinvestment Trust (SCRT)
21 Walker street, EH3 7HX Edinburgh, UK
E-Mail: pauline@scrt.scot

© Springer Fachmedien Wiesbaden GmbH 2017            39
G. Krämer (Hrsg.), *Finanzwirtschaft in ethischer Verantwortung*,
DOI 10.1007/978-3-658-12584-4_3

government. The UK is currently nine years into a programme of severe financial austerity with potentially a further five years of austerity measures still to come under a Conservative government. In this situation the services that the Third Sector delivers are much needed. Some commentators argue that the Third Sector is best placed to deliver state services as the sector can tap into a wider variety of financing options that make it the ideal vehicle to deliver at a time of declining government expenditure. Research by the Social Investment Business Group shows that every £1.00 of public sector money invested in the Third Sector generates between £6.25–£8.33 (a 6–8 fold increase) of gross value added. This compares really well with a much lower return of £3.57 (a 3.5 fold increase) across all sectors (Social Investment Business Group 2013, Pg 11).

Conversely, others say that the Third Sector has facilitated and acted as a 'Trojan Horse' for the wholesale privatisation of public services. That the neutrality of Third Sector is undermined it is now so tightly bound up with the state, particularly financially, that it undermines the ability of the sector to criticise that relationship too strongly or to act critically in the interest of society against the state.

One thing is certain, in the last twenty years, the Third Sector is recognised by all political parties as having a fundamental role to play in shaping our socioeconomic future alongside the public and private sectors.

What this essay hopes to demonstrate, is that the arguments advanced by those for and against the way in which the Third Sector and social investment are unfolding in the UK are highly nuanced, complex and subtle, rather than completely oppositional and contradictory. Social Investment is challenging the traditional ways of securing finance and by so doing is bringing a debate about the values and ethos of the Third Sector to the fore. It is bringing entrepreneurship into the sector and with declining grants offering a more sustainable delivery model.

Indeed, I would argue, that no-one really challenges the general direction of the need for new money going into the sector as grants and government spending steadily decreases; rather what is important to debate is the extent to which social investment has become an 'asset class' in its own right, and puts investor returns ahead of social returns with all the concomitant consequences that this has for society and the environment. In particular it has been argued that if social investment becomes the normal way of securing finance, there is a real danger of undermining the ideals and values of the Third Sector and the confidence of the general public in the sector as a whole.

## 3.2    An Historical Overview of the Third Sector as It Has Developed in the UK Since the Late Victorian Period

The development of the Third Sector in the UK is one of continuous change but it has long been linked to the role that the state plays in society. In the late 19th Century when the role of the state was very small and really only encompassed defence of the realm and taxation, wealthy individuals or families and churches undertook philanthropic charitable actions such as feeding and clothing the poor, building public libraries and public baths. This 'Noblesse Oblige' approach was undertaken by a minority wealthy elite, who saw it as their Christian duty and their response to the social problems of the 'deserving poor' during the period of mass industrialisation.

At that time, however, there was a growing sense that charity alone is not sufficient to deal with deep social problems. For example, there were pioneering social investigation surveys by Booth and Rowntree who publicised issues of poverty, unemployment and poor housing (Pantaris et al. 2006, Glennerster et al. 2004). The findings of these surveys and the issues they raised were taken up by the newly formed Labour Party and social liberals who argued that these problems are structural – and thereby so great that they are beyond the capacity of wealthy philanthropists and charity – therefore only large scale interventions by the state can solve them. The 1906–1914 Liberal government started to deal with these issues by introducing a series of welfare reforms in the area of pensions and poor relief – a process which was extended by the first but short lived Labour government of 1924. These reforms were negligible by the standards of today in terms of the role of the state, and charities continued throughout the period of the early 20th century to play the key role in supporting the poor, vulnerable, elderly and sick.

In the immediate post 2nd world war period, the modern British Welfare State was created (a clear outcome and continuation of the role of the state during WW2 – when the state ran all aspects of economy and society). A clear mandate for far-reaching reform was given by the landslide election of a radical Labour government led by Atlee in 1945. This resulted in a marked expanded role for the state in the provision of services such as education, health and employment with the explicit aim of developing a more equal society. In response, the role of individual charitable action diminished over time, and instead a more professionalised Third Sector gradually emerges that engages with government at the local and national level to provide services in a complementary manner alongside the welfare state. British 'citizens' started utilising the welfare state services provided for them by government and rates of poverty related social problems began to decline sharply. Successive governments of both Labour and Conservative varieties continued the process of welfare reform. From the 1950s through to the 1970s, there was a general political and economic consensus around Keynesian economic intervention and an expanded role for the state in welfare, education and health.

Radical questioning of the role of the state in providing public services began during the economic crisis of the 1970s when the 'dead hand of the state' came to be blamed by assorted right-wing economists and political theorists for the problems facing the UK and USA economies. This is part of a wider move towards neo-liberal economics which was taken forward by the Thatcher government of the 1980s when a new free market orthodoxy was forged which required the state to move from being a direct provider of services to a 'commissioner' of services contracting with private and voluntary organisations. This neo-liberal narrative was based on a strongly enhanced role for the private sector, as it was argued that profit making companies could provide public services more efficiently and cheaply than the state. In response, the Third Sector started to become more entrepreneurial and developed business models that included tendering for contracts to deliver public services to 'consumers' or 'clients'.

The drive by successive UK governments to procure more public services from the private and third sector sectors develops even more significantly after 2010 with the election of a Conservative Government committed to austerity as a way of managing the fallout from the 2008 financial crisis. The Institute of Fiscal Studies (2014) has shown that this economic approach has resulted in £35bn in cuts to public expenditure, and it is anticipated that austerity economics will continue for at least another 5 years with a further £55bn in projected savings still to come.

The impact of austerity politics on the Third Sector since 2010 is fourfold. Firstly, austerity economics has created unprecedented demand for the services provided by the sector from the poor who are adversely affected by it. Secondly, there is less money available from the government in the form of grants and other subsidies (in effect the perfect storm of more demand for Third Sector services but less money to deliver those services). Thirdly, the government shift to contracting out services has meant that the sector has had to become more business like to win tenders to deliver services, whilst simultaneously facing greater competition from the private sector who have entered the market. Fourthly, by financially squeezing public expenditure budgets, the government is driving the sector towards alternative sources of social investment, whilst at the same time, pump-priming the social investment infrastructure as a way of utilising private sector money in the provision of public services.

All of these actions have resulted in a sector in radical transition from the grant dependent provider of free services of the mid to late 20th Century, to a more entrepreneurially savvy procurement driven sector seeking social investment to deliver its traditional services, whilst also under pressure to take on the provision of services previously provided by the state.

## 3.3   A Review of Key Developments in Social Investment in the UK Since 2000

The birth of social investment as it is practiced today in the UK goes back to the formation of the Social Investment Taskforce (SITF) established in April 2000 by the then Chancellor of the Exchequer, Gordon Brown, who alongside Tony Blair, was a key architect of the New Labour project. The creation of this Taskforce was the first real indication that the UK government was serious about the potential scale, size and role of the Third Sector in the delivery of public services. This project would be driven forward in four fundamental ways:

- Replacing the state in the provision of welfare services,
- Delivering where there was clear evidence of market failure,
- Working within the most deprived communities and with the most economically disengaged people,
- Leveraging private sector and institutional investor money into the provision of welfare services.

The remit of the Social Investment Taskforce (SITF) was

to set out how entrepreneurial practices could be applied to obtain higher social and financial returns from social investment; to harness new talents and skills; to address economic regeneration and to unleash new sources of private and institutional investment. In addition to exploring innovative roles that the third sector, businesses and government could play as partners. (Social Investment Taskforce 2000, Pg 3)

In October 2000, SITF produced its first report which made five key recommendations outlined below and all of which have been delivered to various degrees.

- Create a new form of tax relief to encourage investment,
- Create the first Community Development Capital Fund,
- Encourage greater disclosure by mainstream banks of their lending activities,
- Introduce legislative and regulatory changes to encourage large charitable trusts and foundations to undertake social investment,
- Create a new body called the Community Development Finance Association (CDFA) to support the newly emerging Community Development Finance Initiatives (CDFI) infrastructure.

Unlike the rest of Europe, the UK financial infrastructure is dominated by five or six Merlin banks. Very little social or mutual banking infrastructure exists, especially since almost all of the UK's Mutuals and Building Societies demutualised in the 1980's and 1990's. Hence, the CDFI's were a mechanism to channel money into local 'unbankable' people and communities in the most deprived areas.

The timeline for the development of the social investment infrastructure develops rapidly from this point and is directly linked to:

- Moving the state from a deliverer of services to an enabler of services by contracting out the provision of state services to a broad range of supplies including the private and third sector providers,
- Restriction of government expenditure on public services,
- Government encouraging employees within state units such as NHS Mental Health services to become independent Mutual organisations or Community Interest Companies (C.I.Cs), with a contracting relationship with the state rather than an employee relationship to the state.
- The withdrawal of grants to the Third Sector as part of a broader Austerity agenda.

The second big milestone in the development of social investment in the UK was the introduction in 2003 of Tax Relief for investors, of which the first instance was Community Investment Tax Relief (CITR). CITR was devised to stimulate the flow of private finance to support enterprise in the UK's most deprived communities. It was created specifically to incentivise investment in disadvantaged communities by giving tax relief to investors who backed businesses and Third Sector organisations. Since its introduction in 2003, it has raised £86 m for CD-FI's. An average of £10 m raised per year, against an expected £200 m being raised per year or £2 bn a decade. This was followed up in the 2013 Budget with a second tax relief mechanism called the Social Investment Tax Relief offering a similar tax incentive only this time for investors into social enterprises (HM Treasury 2013, Pg 73).

2007–2010 saw the third big step with the development of the UK and a world first Social Impact Bond (SIB), a new financial mechanism where investors pay for a set of preventative interventions that improve social outcomes that are of interest to a government. As the first significant PBR (Pay by Results) model, it was hailed as a breakthrough on how private investment might be used for social good. If the social outcome improves, the government repays the investor for their initial capital investment PLUS a return for their financial risk. If the social outcomes are not achieved, the investor stands to lose their investment.

Ronald Cohen sees the Social Impact Bond mechanism as allowing the Third Sector to secure 'risk capital' as the capital only has to be repaid if the agreed targets were achieved. SIB's are also perceived to be the vehicle to force the Third Sector to set targets and accurately measure their performance. This is crucial step for the emerging Impact Investment sector as it facilitates a more structured approach to investment decision making. Today there is a slowly developing market for Social Impact Bonds across the world. There are 16 in the UK, 4 in the USA, 2 in Australia, 1 in the Netherlands, 1 in Belgium and 1 in Germany. Collectively they have raised $100 m in social investment globally.

The fourth major development was the creation in 2012 of Big Society Capital by the current Conservative Chancellor of the Exchequer George Osborne. Effectively a wholesale bank for social investment, the BSC is an independent financial institution with a social mission to grow the social investment market.

The importance BSC plays in the development of the social investment sector in the UK cannot be over emphasised. It has a huge influencing role within all levels of government and investors. It plays a decisive role in determining the shape, size and direction of the social investment market, as well as channelling significant resources to Social Investment Intermediaries such as CDFI's. Recently however, concerns have been raised about both the Venture Capital model the BSC utilises, and the cost of the money it provides. In particular there is a concern that it could potentially lead Third Sector organisations into high levels of debt, which considering it operates in terms of marginal economies, could be disastrous.

The fifth and final development was the outcome of the Social Impact Investment Forum at the 2013 UK Presidency of G8 summit. The UK Prime Minister David Cameron (2013) outlined how governments across the world were heading towards a large gap between expected demand for welfare services and their ability to pay for them. There was broad agreement across the G8 countries that social investment was one of the most promising mechanisms for tackling social challenges across the globe when faced with decreasing public expenditure. It was at the G8 event that David Cameron set out his vision for the City of London to become the global leader in the social investment market; an initiative which has since been promoted strongly by the British Council and others.

The G8 summit resulted in a number of broad outputs and actions. These include commitments to:

- Build a collaborative global social investment community.
- Establish a new Social Investment Taskforce with the goal of catalysing the development of the Social Investment market place and to explore its potential in the wider G20 countries.

- Move towards standardisation in Impact measurement supported by OECD reporting mechanisms.
- Develop & share best practice between governments and market actors supported by a new Global Learning Exchange.

In summary the period between 2000 and 2013 saw the rise and rise of social investment until it hit the dizzy heights of the G8 summit. In parallel with this, the UK saw the rapid development of a social investment infrastructure emanating from London influencing and piloting new approaches and new investment models to social issues via the Third Sector. According to the Bmg Research paper (2013), the social investment market grew by a quarter between 2010/11 and 2011/12. Whilst Brown & Swersky (2012) estimates that demand will grow by 38 % per annum from £165 m (2011) to reach £1 bn by 2016.

## 3.4    An Examination of the Debate Within the UK Third Sector About the Direction of Travel

Despite the championing of the Third Sector's abilities to address significant structural disadvantage within society by successive governments, and the promotion of social investment at the heart of government departments since 2000, by 2014, an Alternative Commission on Social Investment was assembled to investigate the question 'What is wrong with the UK Social Investment Market' and to make recommendations on how the market could be made more accessible and relevant to a wider range of Third Sector organisations working to bring about positive social change. This reflects a broad unease about the impact of social investment on the sector and the manifold ways it is shaping the priorities of the sector.

Broadly there are five main areas of concern about the general direction of travel. The first two are very operational and focus on why the social investment market is not working for the Third Sector. According to Big Lottery CEO Dawn Austwick (2015) "... it's too expensive, too time-consuming, too complex, social and financial returns are out of balance, the language is investment-speak, and so on". The latter three are more fundamental and reflect a real concern for the loss of ethos, values and traditions of the sector.

### 3.4.1    The Cost and Type of Available Social Investment

The scale and cost of available social investment products and the demand needs of the sector are completely at odds with each other and some would say are akin to 'ships that cross in the night' such is their remoteness to each other. According to Big Society Capital (BSC) it is just not possible to make profitable or attractive social investment deals under £250,000. However, most research, including that of the SCRT, has found that the majority of organisations within the Third Sector want investment at levels below £250k, typically about £70k. According to BSC, for sub £250k deals to be viable the cost of capital needs to be at least 10 %. At a time of historically low interest rates and direct consumer facing online operational models social investment is emerging as a highly intermediated, very expensive market place. This is the opposite of the dis-intermediation that is happening with other forms of lending such as Peer to Peer lending. According to social entrepreneur Davison (2015) "… social finance is ultimately in the wrong place for community-based social enterprise (about 90 % of the marketplace)". This chimes with the research carried out by Scottish Community Re:Investment Trust (2013) and Gregory (2013, Pg 15) that demonstrated there was little provision of financial products of sub £50k loans; unsecured lending, cheap or risk capital.

### 3.4.2    The Complexity and Structure of Social Investment Deals

The deals that are available are highly intricate for a Third Sector that still has little financial understanding of the complexity of the investment market. The Social Impact Bond is one example, but there are also attempts to create models of equity release, in a sector that tends not to have shareholding organisational forms. The terminology used in these deals is that of the investment market which disadvantages nearly all Third Sector organisations who have little understanding of the investment lexicon or its operational practices. Thus within a very short period of time, the Third Sector has gone from a very simple grant based financing model to highly sophisticated financing models, without any recourse to education or training. According to Austwick (2015) "… the foundation is … borne out of a recognition that small and medium sized organisations, often the life blood of civil society, have found it difficult to navigate social investment to date".

### 3.4.3 Privatisation of Public Services and the Role of the Third Sector

As stated earlier, the Third Sector has existed, since its emergence in the post war period, alongside the welfare state, where it has complemented and supported the ideals of the welfare state. Thus the privatisation agenda of successive governments is now forcing the sector into a marketised procurer/contractor relationship with the state whilst simultaneously shifting financial risk from the state to Third Sector organisations and investors. Privatisation has resulted in the sector gradually delivering more and more payment by results services in addition to tendering for services often as subcontractors to private companies as the procurement entry costs are often beyond the resource capacity of most Third Sector organisations. According to Huckfield (2015), a leading Third Sector commentator, the government practice of "Spinning out government services via privatisation and public service mutuals and encouraging social investment is shifting provision of services, costs and risks to private and Third Sector organisations. The public purse ends up funding only the marginal cost of outputs, e. g. via SIB's or payment by results' and not the infrastructure and indirect costs which are borne by the private and Third Sectors". Miller (2015) further argues that "Non-profits often take more risk than they should and investors take less". As the Third Sector organisations have always operated with marginal business models, they are at greater risk of collapse then their private sector counterparts if things go wrong or contracts are withdrawn, potentially leaving only the private sector as providers of public services in the longer term.

### 3.4.4 Mission Drift

There are significant anxieties about mission drift and the shift of focus from meeting the needs of the disadvantaged to meeting the needs of investors. Gregory in his blog argues that the relationship between the investors and the Third Sector is beginning to shift, in a real sense, in favour of investors. In the early days, the focus was on a bottom up approach to addressing the financial needs of the Third Sector. Now it appears that the focus is on looking down from the needs of the social investor. The European Venture Philanthropy Association (EVPA) 2011/12 survey shows that almost half of its members are looking for a financial return from their 'impact investment' portfolios (up from with 38 % in 2010); and a quarter are putting social gains and financial return on an equal footing (up from 10 %

in 2010). The emphasis on investor returns could potentially result in the wholesale monetisation of the Third Sector by the wider investment markets leading to a loss of social mission for the public good. However, research by Gregory et al. (2012, Pg 32) states, that 75 % of Third Sector respondents believe that charitable income should be focused on delivering services and not on repaying loans. Further Gregory (2015), argues social investment models like SIB's "turns 'not for profits' into or 'for profits' via an intermediary". This could potential impact negatively upon public donations if donors think it will be used to profit investors. There are also concerns, I would argue, that investors might intervene in the operations of an organisation if they are at risk of losing their investment or returns are insufficient or not meeting agreed SIB targets. This could lead to investors putting pressure on Trustees to replace a perceived underperforming management team with one that might achieve the required results for them irrespective of the reasons for the performance.

### 3.4.5   The Role of the Sector Vis-à-vis the Nature of Contemporary Capitalism

Most Third Sector organisations see their role as assisting people and communities most affected by poverty and other disadvantages. In addition, the sector also seeks to address issues arising from market failure and the inherent inequalities within capitalism. However, the ongoing impact of austerity and rising inequality in general has forced many organisations to question the role of the sector. Is it there merely to ameliorate the worse impacts of contemporary capitalism? Or is its role to subvert it, particularly the financial and economic infrastructure, so that it becomes the vehicle for a more socially and environmentally just society? These questions are becoming progressively more important as many critics now believe that at the heart of social investment is an attempt to use 'poverty and disadvantage' to create a new asset class. A report by JP Morgan (2010) and the Rockefeller Foundation 'estimated a Social Impact Investment opportunity of between $400 bn and $1 trillion and profit opportunity of between $183 bn and $667 bn over the next decade'. If allowed to continue unabated, this trend has the potential to undermine the public good sentiment that is vital to the Third Sector and will sap the confidence of the general public.

The concerns expressed about the role and influence of social investment on the Third Sector, are not just semantics, but reflect the growing unease of the direction of travel for a sector that sees itself as providing support and services to those most in need in society. The championing of the sector by the Government is turning into a double edged sword. On the one hand it is recognition that the Third Sector plays a vital role in addressing inequality in society and on the other that it has become one of the principle vehicles by which the Government is bringing in private money and the private sector into the delivery of public services.

## 3.5 Conclusion: Alternative Futures for the Third Sector?

Since 2000, the UK has seen the development of the social investment market driven by successive centre left and right governments. The emergence of a plurality of different financial initiatives including the creation of Social Impact Bonds and Tax Relief for Social Investment; the realising of social investment funds from high net worth individuals and institutions via models adapted from the Venture Capital world such as the Bridges Community Development Venture Fund (the 1st community development venture capital company); the creation of a social investment bank (BSC) that is making large financial loans into the sector via CDFIs and SIFIs and the introduction of new Third Sector organisational forms e.g. Community Interest Communities (CICs): B Corps: CIC with Shares: Community Benefit Societies etc. is changing ang challenging the traditional approaches of the Third Sector.

The developments are also resulting in a gradual blurring of the demarcation lines between the non-profit distributing Third Sector and for profit 'Socially Impactful Businesses' as identified by the Mission Alignment Working Group of the Social Impact Investment Taskforce (2014, Pg 3) established under the UK's presidency of the G8. Perry (2014) writes about the development of B Corps, a business form that seeks to "build a new economy that ends the binary divide of 'public' and 'private' and instead looks to combine capital with care and profit with purpose". Such developments are contributing to an increasingly obfuscated picture of the Third Sector which in turn is shaping the emerging social investment landscape to the detriment of traditional Third Sector approaches. In particular there is a real danger that the two complementary forces of 'social investment' and 'for profit social purpose businesses' will result in a mutually reinforcing drive towards a narrow singular Third Sector financing model, with the needs of the smaller, more conventional Third sector squeezed out of the social investment sector altogether, or forced into structures that realises investor return.

Although a few of the larger Third Sector organisations may develop Profit with Purpose or Socially Impactful Businesses, in general these organisational forms are relatively recent entities emerging to absorb social investment money that is flowing into the Third Sector, but is not being utilised quickly enough, or at a large enough scale by that sector. Indeed in his final interview before retiring as Chair of Big Society Capital, Sir Ronald Cohen 'says that he expects to see the growth of For Profit organisations with a defined social purpose' (Cohen 2014). Consequently, social investment of the magnitude mentioned in the JP Morgan/Rockefeller (2010) report will start to be directed to Profit with Purpose Businesses that have business models which operate in ways that are more clearly understood by private sector investors; have more recognisable profit motive business forms, and are able to offer more attractive returns. Indeed, the Social Impact Investment Taskforce report (2014, Pg 3) specifically states that "We focused on the aim of attracting capital for investment in profit distributing businesses that lock in a social mission and that deliver social impact". This would appear to indicate that just thirteen years after the setting up of the Social Investment Task Force, and only two years after the establishment of the G8 taskforce, the focus for social investment has shifted from a financial vehicle for not for profit Third Sector organisations to a financing model for profit making Socially Impactful businesses.

However for the traditional small scale frontline organisations that characterise most of the Third Sector their financing needs are still as great, if not greater than ever given the impact of the fiscal austerity agenda in the UK. Increasingly shut out of the social investment world, they are beginning to finance themselves in different but perhaps more appropriate ways that are more consistent with their community or client focused ethos. Rather than 'High Net Worth' individuals engaging in social investment, Gregory's research (2013, Pg 15) shows that some organisations would prefer to engage with 'Low Net Worth' individuals, e.g. individuals within a community of interest or residents within a geographical community. Thereby ensuring investment is better aligned to the values and the focus of their activity. This is perhaps best demonstrated by the speed at which community share offers to purchase community windfarms and community shops and pubs etc. have taken off. Accessing of reward and donation based Peer2Peer and Crowdfunding platforms is another example as is seeking to borrow from those within the Third Sector using models that the Scottish Community Re:Investment Trust (2013) is developing. Not only are these mechanisms providing investors but they are cementing social networks and allowing communities to engage more fully with their local Third Sector organisations.

What remains uncontested is that social investment is altering the Third Sector with some maintaining that it is bringing the Third Sector into the 21st Century (O'Donohoe 2015), and others stating that it is turning the sector into a sub branch of the private sector with the creation of 'profit with purpose' hybrid businesses.

As social investment is increasingly missing the mark in relation to the needs of its original Third Sector market (Perry 2013), it is perhaps inevitable that new socially profit making business hybrids models emerge to soak up the available social investment. Whilst these more socially and environmentally aware hybrids are to be welcomed, they have little in common with the traditional Third Sector other than perhaps as competitors for social sector business or as competitors for the delivery of privatised public services. As the differences in business models, values and ethos between the Third Sector and the 'Socially Impactful' sector become obvious, particularly vis-à-vis public sector reform and accessing social investment, the future of the Third Sector comes down to whether it believes that market based approaches can actually offset the failures and inequalities of the market or if different more people centred and community based approaches are needed. If it is the former then more of the Third Sector will morph into organisations that can deliver social and financial returns as anticipated by advocates of a new Asset Class. If it is the latter, the future lies in continuing to provide goods and services where there is clear evidence of market failure. It will lie in starting new organisations that respond to challenges in our poorer communities as typified by the growth in Community Food banks. It will lie in seeking financial resources from those with a similar ethos and a mindfulness of where and who the money comes from. It will lie in ensuring that clients and communities are the main priorities of the sector and it will lie in working within the broader civil society movement in trying to shift society towards a fairer and more sustainable allocation of resources.

## References

Austwick D (2015) Why Social Investment can't just come in a Size Large (http://www.pioneerspost.com/news-views/20150320/big-lottery-ceo-why-social-investment-cant-just-come-size-large).

Bmg Research (2013) Growing the Social Investment Market: The Landscape and Economic Impact.

Brown A, Swersky A (2012) The First Billion: A forecast of social investment demand – Report for BSC and BCG.

Cameron, D (2013) Social Investment can be a great force for Social Change – Speech to Social Impact Investment Forum (https://www.gov.uk/government/speeches/prime-ministers-speech-at-the-social-impact-investment-conference).

Cohen R (2014) Charities in a Sorry State – Lecture to the Lord Mayors Charity Leadership Programme (http://www.civilsociety.co.uk/finance/news/content/16764/charities_in_a_sorry_state_and_need_to_grow_much_larger_ronnie_cohen_tells_citys_giving_lecture).

Davison R (2015) Little has changed in Social Finance and now we have Profit with Purpose vehicles (https://foodpoverty.wordpress.com/2015/01/05/2014-little-has-changed-in-social-finance-and-now-we-have-profit-with-purpose-vehicles-lets-hope-2015-turns-out-better/#more-1102).

European Venture Philanthropy Association (2013) European Philanthropy & Social Investment Survey 2011/2012.

Glennerster H, Hills J, Piachaud D, Webb, J (2004) One Hundred Years of Poverty and Policy. York, Joseph Rowntree Foundation.

Gregory D (2013) Angels in the Architecture: Building the infrastructure of Social Investment.

Gregory D (2015) Will SIBs change Policy for the Better – Presentation to OECD Paris (http://www.slideshare.net/OECDLEED/will-si-bschangepolicyforthebetterdangregorycommoncapital).

Gregory D, Hill K, Joy I, Keen S (2012) Investment Readiness in the UK.

Gregory D: Blog 'Telling Tales of Social Investment' (http://commoncapital.org.uk).

HM Treasury (2013) Budget 2013.

Huckfield L (2015) Why we've got it wrong on Social Investment (http://www.pioneerspost.com/news-views/20150306/why-weve-got-it-wrong-on-social-investment-former-mp).

Institute for Fiscal Studies (2014) Autumn statement briefing – Introductory remarks.

JP Morgan Global Research (2010) Impact Investments: An emerging Asset Class.

Miller C (2015) Social Impact Bonds' Slippery Slope (http://www.huffingtonpost.com/clara-miller/social-impact-bonds-slipp_b_7170474.html).

Mintzberg H (2015) Time for the Plural Sector. Stanford Social Innovation Review.

O'Donohoe N (2015) Developing the Social Enterprise Market could take decades (http://www.thirdsector.co.uk/developing-social-investment-market-decades-big-society-capitals-nick-odonohoe-says/finance/article/1345333).

Pantaris C, Gordon D, Levitas R (2006) Poverty and Social Exclusion in Britain. Bristol, Policy Press.

Perry J (2013) Big Society Capital: The Performance Review (http://www.pioneerspost.com/news/20130508/big-society-capital-the-performance-review).

Perry J (2014) B Corps: James Perry urges UK businesses to join the party (http://www.pioneerspost.com/business-school/20150414/b-corps-james-perry-urges-uk-businesses-join-the-party).

Scottish Community Re:Investment Trust (SCRT) (2013) Report: Re:Investing in Scottish Communities.

Social Impact Investment Taskforce (2014) Profit with Purpose Businesses. Subject Paper of the Mission Alignment Working Group.

Social Investment Business Group (2013) Place Based Social Investment: A prospectus for Growing the Local Social Economy.

Social Investment Task Force (2000) Enterprising Communities: Wealth beyond Welfare. Report to the Chancellor of the Exchequer from the SITR.

**Pauline Hinchion,** Director of Operations for the Scottish Community Re:Investment Trust (SCRT), Edinburgh.

# Der Beitrag der DEG für eine nachhaltige und sozial verantwortliche Entwicklung des Finanzsektors in Entwicklungsländern

**4**

## Andreas Zeisler

In meinem Vortrag möchte ich Ihnen die Tätigkeit der Deutschen Investitions- und Entwicklungsgesellschaft (DEG) vorstellen und diskutieren, was die DEG unter nachhaltiger und sozial verantwortlicher Finanzierung in Entwicklungsländern versteht. Außerdem werde ich aufzeigen, wie die DEG dieses Verständnis praktisch umsetzt und wie die Wirkung ihres Konzepts gemessen wird.

Das Unternehmensziel der DEG ist fest mit dem Auftrag verbunden, sozialverträglich, umweltverträglich und nachhaltig zu investieren. Die DEG ist 1962 auf Initiative der Bundesregierung gegründet worden, namentlich durch Walter Scheel, den damaligen Minister für Entwicklungszusammenarbeit. Das Konzept der DEG war von Beginn an darauf ausgerichtet, Hilfe zur Selbsthilfe zu leisten. Dies äußert sich darin, dass keine direkten Zuschüsse in die Entwicklungsländer gegeben werden sollen, sondern privatwirtschaftliche Unternehmen finanziert werden. Diese Unterstützung soll die Unternehmen in die Lage versetzen, selbstständig rentabel zu arbeiten und damit eine positive Wirkung in ihren Ländern zu erzielen. Außerdem werden keine Staatsunternehmen, sondern ausschließlich privatwirtschaftliche Unternehmen gefördert.

Die DEG hatte relativ geringe Ausfälle in der Finanzkrise zu verzeichnen, eigentlich nur in zwei osteuropäischen Ländern, in Kasachstan und in der Ukraine. Mit Ausnahme des Jahres 2009 wirtschaftet die DEG seit über 20 Jahren rentabel. Zunächst mit einem Kapital in Höhe von 750 Mio. Euro ausgestattet, wurde im Jahr 1993 wegen einer Erweiterung auf die Transformationsländer in Osteuro-

Dieser Beitrag ist die überarbeitete Fassung des Vortrags, den der Verfasser am 25. April 2013 im Rahmen der Ringvorlesung „Social Finance 2013" an der Alanus Hochschule, Alfter, gehalten hat.

A. Zeisler (✉)
DEG – Deutsche Investitions- und Entwicklungsgesellschaft mbH
Kämmergasse 22, 50676 Köln, Deutschland
E-Mail: Andreas.Zeisler@deginvest.de

© Springer Fachmedien Wiesbaden GmbH 2017
G. Krämer (Hrsg.), *Finanzwirtschaft in ethischer Verantwortung*,
DOI 10.1007/978-3-658-12584-4_4

pa eine Kapitalerhöhung durchgeführt. Seitdem erhält die DEG keine Mittel mehr aus dem Bundeshaushalt, sondern muss sich selbst refinanzieren und ist folglich bestrebt, über die Projektfinanzierung einen Gewinn zu erwirtschaften. Dabei sind die Finanzierungskonditionen an den marktüblichen Konditionen orientiert. Um das Geschäft weiter betreiben zu können, ist eine positive Eigenkapitalverzinsung notwendig; wenn die DEG nicht rentabel arbeitet, dann tun es wahrscheinlich auch die finanzierten Unternehmen nicht. Erfolgreich sein bedeutet in diesem Zusammenhang also auch, rentabel zu sein. Die DEG erreicht nur etwas, wenn sie sich an der Generierung positiver Effekte für das jeweilige Land beteiligen kann.

Im Jahr 2001 erfolgte die Übernahme der DEG durch die Kreditanstalt für Wiederaufbau (KfW). Seit nunmehr über zehn Jahren gehört die DEG also zum KfW-Konzern. Die KfW ist national unter anderem im Bereich der Wohnraumfinanzierung, der Förderung erneuerbarer Energien, der Mittelstandsfinanzierung und der Unterstützung von Existenzgründerprogramm stark tätig. Das Geschäft der DEG dagegen liegt im internationalen Bereich. Neben der DEG deckt die KfW IPEX-Bank mit Sitz in Frankfurt am Main diesen Bereich ab, die aber vornehmlich Export- und Projektfinanzierungen für deutsche Unternehmen im Ausland und dabei auch in Entwicklungsländern durchführt. Außerdem gibt es die KfW-Entwicklungsbank, ebenfalls mit Sitz in Frankfurt am Main, die die sogenannte finanzielle Zusammenarbeit betreibt. Das heißt, sie leitet die öffentlichen Mittel, die die Bundesrepublik Deutschland den Entwicklungsländern zur Verfügung stellt, über bestimmte Programme in diese Länder weiter. Die KfW-Entwicklungsbank fördert dort (mit einer Ausnahme: dem Mikrofinanzierungsgeschäft) nur staatliche Unternehmen, während die DEG die privatwirtschaftlichen Unternehmen aus eigenen Mitteln finanziert.

Die Bilanzsumme der DEG belief sich im Jahr 2012 auf 4,7 Mrd. Euro; in diesem Zeitraum wurden Finanzierungen in einem Volumen von 1,33 Mrd. Euro zugesagt. Direktinvestitionen werden in den Partnerländern zum Beispiel in den Bereichen Infrastruktur, erneuerbare Energien, Verkehrsinfrastruktur, Agrar-, Forst- und Ernährungswirtschaft und im verarbeitenden Gewerbe getätigt. Im letztgenannten Bereich reicht das Portfolio beispielsweise von Hotelobjekten bis hin zu Zementwerken. Im Jahr 2012 stellten 40 % des Neugeschäfts der DEG Risikokapital (das heißt Mezzanine-Kapital und Eigenkapital) dar. Eigenkapital wird in der Regel nur bereits existierenden Unternehmen zur Verfügung gestellt. Die DEG ist also relativ zurückhaltend bei der Finanzierung von Neugründungen, weil die Risiken in dem Bereich sehr groß sind.

Von 2009 bis 2011, in der Zeit unmittelbar nach dem Zusammenbruch von Lehmann Brothers, musste sich die DEG mit Risikokapital arrangieren. Im Zuge dessen wurden verschiedene Beteiligungen erworben, das heißt Aktien an Banken oder Finanzierungsinstituten und mezzanine Finanzierungsprodukte bei Banken. Die DEG bemühte sich in dieser Zeit verstärkt, Einfluss auf die Strategie und die operativen Entwicklungen in den Banken zu nehmen. Dabei wurden zahlreiche Begleitmaßnahmen durchgeführt, das heißt technische Assistenz geleistet und externe Berater eingesetzt. Viele Banken sind in der Finanzkrise in Osteuropa daran gescheitert, dass ihre Bilanzen hohe Fremdwährungspositionen aufwiesen. Als dann Schwierigkeiten auftraten und die Währungen abgewertet wurden, hatten die Kreditnehmer dieser Banken (häufig Exporteure) Probleme, die Kredite zu bedienen. Die DEG hat die Banken in dieser Situation beraten, zum Beispiel über Sparprodukte in lokalen Währungen, über eine Verbesserung der Risikomanagementsysteme, über Corporate Governance sowie Umwelt- und Sozialmanagementsysteme. In diesem Prozess wird den Banken gezeigt, wie Umweltrisiken analysiert werden, welches Know-how dazu benötigt wird, wie dies in der IT der Banken zu implementieren ist usw.

Bei der Betrachtung des Neugeschäfts des Jahres 2012 ist festzustellen, dass der Finanzsektor hier mit 29 % den größten Anteil einnimmt. Dem folgen die Bereiche „verarbeitende Industrie" (27 %), „Infrastruktur" (21 %), „Agrar- und Ernährungswirtschaft" (18 %) sowie „Dienstleistungen" (8 %). Den wesentlichen Förderbereich der DEG bildet also die Finanzierung des Finanzsektors, das heißt die Vergabe langfristiger Darlehen über die Banken an privatwirtschaftliche Unternehmen in den Entwicklungsländern. Ein weiterer Förderbereich umfasst die Unterstützung von Unternehmen bei ihrer Entwicklung durch Zuschüsse. In diesem Bereich erhalten wir geringe Mittel aus dem Bundeshaushalt; darüber hinaus stellt die DEG aus ihrem eigenen Gewinn Mittel insbesondere für Machbarkeitsstudien und für technische Assistenzmaßnahmen bereit. Im Bankenbereich setzen wir zum Beispiel Berater ein, die unseren Projektunternehmen beim Aufbau eines adäquaten Risikomanagements, von Management-Reportingsystemen, von Umwelt- und Sozialmanagementsystemen usw. behilflich sind.

Betrachtet man die Dienstleistungen in regionaler Aufteilung, dann war die DEG im Jahr 2012 besonders stark in Lateinamerika tätig. Dies hängt damit zusammen, dass Lateinamerika relativ wenig von den Nachwirkungen der Finanzkrise betroffen war. Einen weiteren Schwerpunkt bildet Asien, wo das Engagement historisch gewachsen ist und immer stark vertreten war. Bedingt durch die Folgen der Finanzkrise war das Neugeschäft in Europa in den letzten Jahren sehr schwach. Die Banken dort werden nach wie vor durch hohe, notleidende Kredite belastet, aber auch das Wirtschaftswachstum hat nicht zugenommen, und damit ist die Nachfrage nach neuen Finanzierungen relativ gering. Afrika ist ein schwieriges Feld, da sich dort sehr viele Entwicklungsfinanzierer tummeln, zum Beispiel die Weltbanktochter International Finance Corporation, die European Investment Bank und neuerdings die European Bank for Reconstruction and Development. In der Folge ist dort viel Geld im Markt, das nicht ordentlich abfließen kann. Afrika hat dennoch viele Perspektiven, und einige Länder machen große Fortschritte in der Corporate Governance. Märkte wie Kenia, Ghana und Nigeria haben sich in den letzten Jahren enorm verbessert; gerade im Finanzsektor werden dort enorme Wachstumsraten prophezeit.

Nun zu der Frage, was die DEG unter nachhaltiger, sozialverantwortlicher Finanzierung versteht. Wir finanzieren Unternehmen in Entwicklungsländern mit dem Ziel, dass diese Unternehmen rentabel wirtschaften können. Damit soll ein positiver Beitrag zur Entwicklung in den jeweiligen Ländern geleistet werden. Denn wenn die Unternehmen rentabel sind, dann generieren sie Steueraufkommen, Arbeitsplätze, unter Umständen Exporte usw. Diese Entwicklung muss langfristig sein. Die DEG ist also nicht an kurzfristigen Erfolgen interessiert, sondern will verlässlich und auf lange Sicht Partnerschaften eingehen. Dabei ist es sehr wichtig, dass die angestoßene Entwicklung umwelt- und sozialverträglich ist. Eine Umweltabteilung prüft daher bei jedem Projekt, ob es bestimmte Umweltaspekte erfüllt. Die Projekte werden dabei nach Risiken kategorisiert, und je nach Kategorie werden stärkere oder schwächere Eingriffe durch die DEG vorgenommen. Das bedeutet, dass den Unternehmen über externe Berater Know-how und Systeme zur Verfügung gestellt werden, über die sie ihre Umweltrisiken steuern können.

In den Entwicklungsländern sind die Mikrofinanzierungsinstitute relativ stark vertreten, über die Kleinstkredite (teilweise über wenige hundert Euro lautend) vergeben werden; zum Beispiel an Bauern, die einen Traktor finanzieren wollen. Großunternehmen dagegen werden über die Geschäftsbanken bedient. Dann gibt es aber noch den Mittelstand, und in diesem mittleren Bereich ist zu wenig Geld vorhanden. Häufig sind die Banken vom Risikoappetit her nicht bereit, dort zu investieren. Oftmals sind auch die formalen Strukturen nicht in ausreichendem Maß vorhanden, und das Risiko ist für die Banken häufig einfach zu hoch.

Die Finanzierung mittelständischer Unternehmen in Entwicklungsländern erfolgt über die Finanzierung des Finanzsektors. Aus Deutschland heraus ist es nicht rentabel, in diesen Ländern ein mittelständisches Unternehmen direkt zu finanzieren. Unser durchschnittliches Finanzierungsvolumen liegt pro Projekt durchschnittlich bei zwölf Millionen Euro, was für einen Mittelständler in einem Entwicklungsland ein viel zu hoher Betrag ist. Daher geben wir dieses Geld an die Banken, verbunden mit gewissen Vorgaben hinsichtlich der Weiterreichung an den Mittelstand. Im Finanzsektor ist also der Förderzweck nicht vordergründig die Stärkung des Finanzinstitutes, sondern das eigentliche Ziel ist es, die dahinter stehenden Mittelständler zu erreichen. Im Zuge dessen wird auf der Grundlage des Umsatzes, der Bilanzsumme und der Zahl der Arbeitskräfte genau definiert, was unter einem mittelständischen Unternehmen zu fassen ist und wie hoch die Kreditbeträge maximal sein dürfen. 80 % aller Kreditlinien werden von der DEG mit einer Mittelverwendungszusage für die Weiterleitung an KMU versehen.

Bei der Finanzierung setzt die DEG umfangreiche Ausschlusslisten ein. Ausgeschlossen ist zum Beispiel die Finanzierung von Waffenproduktion und von Alkoholproduktion. Die Frage der Ethanolproduktion aus Agrarrohstoffen ist zum Beispiel öffentlich in der Diskussion. Bei der DEG ist das in der Ausschlussliste enthalten, weil wir die negativen Auswirkungen auf die Nahrungsmittelsicherheit größer einschätzen, als die positiven Auswirkungen, die beispielsweise durch die Produktion vor Ort erreicht werden können. Außerdem achtet die DEG darauf, dass sowohl bei den Projektpartnern, in diesem Falle also der Bank, als auch bei deren Kunden sozial verträgliche Arbeitsbedingungen herrschen. Dies wird in der Regel daran gemessen, ob die Norm der internationalen Arbeitsorganisation (ILO) zum Einsatz kommt. Oftmals ist das ein schwieriger Annäherungsprozess, weil unsere Anforderungen und die Möglichkeiten und Umstände der Länder weit voneinander entfernt sind.

Die DEG fördert sowohl rein lokale Unternehmen als auch Tochtergesellschaften von ausländischen, beispielsweise europäischen Unternehmen in diesen Ländern. Besonders im Finanzsektor waren das in der Vergangenheit relativ verlässliche Adressen; aufgrund ihrer vorhandenen Systeme und ihres Risikomanagements passen diese Tochtergesellschaften gut zu unseren Anforderungen.

Das Ziel der DEG ist es nicht, mit den Finanzierungsprojekten einen möglichst großen Profit zu erreichen, sondern marktgerechte Konditionen anbieten zu können. Allerdings sollen auch keine Subventionen über einen reduzierten Zinssatz weitergegeben werden. Den Unternehmen selbst, also in dem Falle den Banken, werden außerdem keine Vorgaben gemacht, zu welchem Zinssatz die Gelder weitergereicht werden sollen; das sollen die Banken in Abhängigkeit von den jeweiligen Marktverhältnissen in den Ländern selbst entscheiden können. Dies lässt sich auch damit begründen, dass die DEG keine Haftung bei einem Ausfall der Unternehmenskredite übernimmt; in dem Fall bleibt die Bank weiterhin der DEG gegenüber zahlungspflichtig.

Von klassischen Darlehen unterscheiden sich die DEG-Finanzierungen in der Regel dadurch, dass sie langfristig sind. Langfristig bedeutet, dass die Darlehen über eine Frist von vier Jahren bis hin zu 15 Jahren laufen. Das ist wichtig, denn langfristige Mittel sind in diesen Ländern in der Regel nicht verfügbar. Banken finanzieren sich üblicherweise zum großen Teil über Kundeneinlagen, die relativ kurzfristig überlassen werden. Zum Teil handelt es sich dabei um täglich abrufbare Sichteinlagen, zum Teil auch um Termingelder und Festgelder, die aber häufig nicht länger als drei Jahre laufen. Durch die längerfristige Finanzierung wird den

Banken ermöglicht, ihr Aktivgeschäft ebenfalls längerfristig auszugestalten. Da sich Investitionsprojekte häufig erst nach mehreren Jahren amortisieren, ist dies auch erforderlich.

Aber auch wenn die DEG den Banken die Finanzierung mittel- bis langfristig überlässt, können die Banken selbst entscheiden, mit welcher Fristigkeit das Geld wieder angelegt wird. Auch hierbei soll nicht in den konkreten Geschäftsprozess einer Bank eingegriffen werden, da sie sich je nach ihrer Risikoaversion und den Marktressourcen frei bewegen können soll. Es kommt also durchaus vor, dass wir der Bank ein Darlehen mit sechs Jahren Laufzeit geben, und dass ein darüber finanziertes Portfolio dann aber nicht ebenfalls über sechs Jahre läuft. Stattdessen werden die Mittel umgeschlagen, beispielsweise werden daraus Kredite über eine Laufzeit von zwei Jahren vergeben, die zum Teil wiederum verlängert werden können. Was die DEG aber kontrolliert, ist die Mittelverwendung. In den Kreditverträgen wird ein Nachweis über den Einsatz der vergebenen Mittel vereinbart. Zur Kontrolle werden Stichproben durch externe Berater durchgeführt und externe Evaluierungen über die erzielten Effekte vorgenommen.

Normalerweise bietet die DEG die Finanzierungsprodukte in Euro oder US-Dollar an. Für die Förderung mittelständischer Unternehmen erweist sich das aber als ungünstig, da diese in der Regel nicht exportorientiert sind und folglich keine Einnahmen in diesen Währungen generieren. Wenn diese Unternehmen von der Bank dann einen auf Euro oder US-Dollar lautenden Kredit erhalten, entsteht eine offene Währungsposition, die sich zu einem Problem entwickeln kann, wenn die Lokalwährung abgewertet wird. Daher bieten wir in einigen Ländern mit fortgeschrittenen Märkten, in denen wir langfristig Swaps eingehen können, Lokalwährungen an. Wir geben an die Geschäftsbank in dem jeweiligen Land, also unseren Swap-Partner, einen Euro-Zahlungsstrom und erhalten im Gegenzug einen Lokalwährungszahlungsstrom. Das betrifft zum Beispiel Länder wie Brasilien, Türkei, Russland, Thailand und Hongkong. Dieser Bereich ist allerdings sehr schwierig, da die DEG zurzeit keine eigenen Währungsrisiken eingehen will.

Die DEG ist außerdem an einem Fond, dem TCX (The Currency Exchange Fund), beteiligt, der Währungsrisiken managt. Hierbei handelt es sich um eine holländische Initiative, die wir über langfristige Darlehen mitfinanzieren. Diese Initiative hat ein diversifiziertes Lokalwährungsportfolio von über 30 Lokalwährungen aufgebaut und versucht, durch Portfoliosteuerung mögliche Währungseffekte auszugleichen. Mit diesen Mitteln konnten wir ungefähr 4400 kleine und mittlere Unternehmen erreichen und darüber viele Arbeitsplätze finanzieren.

Mit der Auswahl der Länder, in denen wir investieren, und der Akquisition der Projekte befassen sich eigene Länderabteilungen. Zum Teil wird die Akquisition aus Köln heraus betrieben, und die Kollegen reisen in die jeweiligen Zielländer, suchen Unternehmen und versuchen Projekte zu identifizieren. Wir haben inzwischen aber auch mehrere Außenbüros, die diese Aufgabe ebenfalls übernehmen.

Für die Mittelvergabe haben wir ein sogenanntes geschäftspolitisches Rating entwickelt, in dem wir mehrere Bereiche mit verschiedenen für uns wichtigen Indikatoren messen. Dabei geht es um Effekte, die in den Ländern durch die Finanzierungen erzielt werden sollen und die wir vor dem Projektstart einzuschätzen versuchen. Das geschäftspolitische Rating hat ein Schulnotensystem von eins bis fünf, wobei eins die Bestnote und fünf die schlechteste Note ist. Im weiteren Projektverlauf wird außerdem überprüft, ob die prognostizierten Effekte tatsächlich eintreten. Relevant sind hierbei zum Beispiel die Effekte auf die Staatseinnahmen, die durch Steuerzahlungen der Unternehmen generiert werden; aber auch Beschäftigungseffekte, Ausbildungseffekte sowie Umwelt- und Sozialstandards in den Unternehmen sind hier zu nennen.

Anhand bestimmter Größen wird im Rahmen dieses Ratings also beispielsweise gemessen, mit welchen Finanzierungsbeträgen wie viele Arbeitsplätze bei den Endkunden der Banken geschaffen werden können. Die dabei verwendete Software wurde inzwischen an etwa 20 internationale Entwicklungsinstitutionen verkauft. Wenn das Projekt dann ausgezahlt ist, erfolgt über das Portfoliomanagement die laufende Bestandsbetreuung. Dort wird jedes Jahr ein geschäftspolitisches Rating durchgeführt, und eine zentrale entwicklungspolitische Abteilung überprüft, inwieweit unsere Prognose in Bezug auf das Projekt eingetreten ist. Die Zahlen zu den Projekten liefern uns die Banken, mit denen wir kooperieren. Durch Feedbackschleifen wird im weiteren Verlauf versucht, die Prognosen weiter zu verbessern und noch genauer zu messen.

Eines unserer Ziele ist, einen zunehmenden Anteil unseres Geschäfts in riskantere Märkte zu treiben. Viele unserer Schwesterorganisationen dürfen heute schon nicht mehr in Ländern tätig sein, in denen wir noch Finanzierungen anbieten. Wir haben die Möglichkeit, unser Portfolio und die Qualität besser zu diversifizieren und dadurch auch die Risiken besser zu steuern. Eines unserer Strategieziele ist, gerade in den schwierigen Ländern das Geschäft weiter auszubauen. Aber natürlich unterliegt die DEG dort auch Grenzen. Seit der Krise der IKB Deutsche Industriebank ist das Risikomanagement für die Tochtergesellschaften der KfW extrem verstärkt worden, sodass wir sehr konservativ in unserem Investitionsverhalten sind. In den risikoreichen Ländern ist es außerdem äußerst schwierig, zuverlässige Geschäftspartner zu finden.

Zusätzlich zum geschäftspolitischen Rating lassen wir externe Evaluierungen durchführen, um die erzielten Effekte über unabhängige Berater überprüfen zu lassen. Die Frankfurt School of Finance & Management hat im Jahr 2012 eine solche Evaluation durchgeführt und die positiven Effekte unseres Geschäfts bestätigt. Dabei zeigte sich, dass es wichtig war, gerade in dem Zeitraum nach der Finanzkrise in Banken in Entwicklungsländern zu investieren und darüber ein Signal auch an die Sparer zu senden. Für die Kunden der Bank ist es positiv, wenn die DEG aus Deutschland eine Finanzierung gibt. Die Bank wird dann als relativ sicher eingeschätzt, ihr wird vertraut und Geld investiert und auch andere Dienstleistungen werden dann verstärkt abgerufen.

Mit einem großen Teil der Neuzusagen leistet die DEG einen Beitrag zu mindestens einem der acht Millenium-Entwicklungszielen (Millenium Development Goals, MDG). Dies gilt besonders im Bereich der Beseitigung des Hungers und der Armut sowie der Sicherung der ökologischen Nachhaltigkeit. Dabei ist zu berücksichtigen, dass die DEG keine Einrichtung ist, die sich klassischerweise mit Armutsbekämpfung beschäftigt. Wir sind in Afrika in einigen Projekten tätig, auch in Zusammenarbeit mit der Bill-Gates-Stiftung, durch die tausende Kleinbauern beraten werden, wie sie am effizientesten ihre Felder bestellen können, und wo ganze Abnahmeketten organisiert werden, damit die Ware bis in die entwickelten Länder transportiert werden kann. Dabei handelt es sich um Produkte, die wir hierzulande als Fair-Trade-Produkte kaufen, zum Beispiel Kakao und Kaffee. Aber hauptsächlich finanziert die DEG Wirtschaftsunternehmen, sodass wir grundsätzlich in einem mittleren Segment einer Volkswirtschaft tätig sind.

Viele Banken in den Entwicklungsländern haben nicht das ausreichende Knowhow, um die Kunden aus dem Mittelstandsektor zu bedienen. In diesem Geschäftsfeld ist eine andere Kredittechnologie gefragt als im Mikrobereich oder bei den großen Unternehmen. Bei der DEG befasst sich ein eigener Bereich mit dieser Thematik, der die Kreditprozesse, die Marktanalysen, die IT und das Reporting der Banken betrachtet und Verbesserungspotenziale identifiziert. Dann wird mit externen Beratern und durch Zuschüsse aus unseren Beratungsprodukten Knowhow aufgebaut, damit die Banken wirksam arbeiten können. Es reicht also nicht aus, nur Geld zur Verfügung zu stellen, sondern die Banken benötigen auch Beratung und Unterstützung zum Aufbau dieses Finanzierungsbereichs. Diese Banken noch weiter zu beraten und bei der Entwicklung zu unterstützen, ist eine große Herausforderung, der die DEG auch zukünftig begegnen wird.

**Dr. Andreas Zeisler**, Director, Financial Sector, DEG – Deutsche Investitions- und Entwicklungsgesellschaft mbH, Köln.

# Ursachen der Finanz- und Wirtschaftskrise 5

Peter van den Brock

Die Aufregung um die Erschütterungen im Zuge der letzten Finanz- und Wirtschaftskrise hat sich gelegt. Zwar sind die Folgen noch längst nicht überwunden und dauern die politischen und wissenschaftlichen Bemühungen an, sie in den Griff zu bekommen, doch hat die Krise ihren eigentlichen Schrecken, der in ihrer anfänglichen Unberechenbarkeit und Unkontrollierbarkeit lag, verloren. Die Frage ist nur: Haben wir wirklich aus dieser Krise gelernt? Und ziehen wir die richtigen, das heißt auch die wirklichen wirksamen Konsequenzen? Immerhin hat die Krise ihren Ursprung ausgerechnet in dem, was uns stark gemacht hat: dem wirtschaftlichen Verstand. Das macht sie zugleich so gefährlich; sie bewegt sich nicht in Außenbezirken der modernen Gesellschaft, sondern – unter Gesichtspunkten des allgemeinen Wohls – in ihrem Kern. Wo Wirtschaft und Finanzen ihre Orientierung verlieren, verliert sie auch die Gesellschaft.

Die Wirtschaft, auch eine gut gehende, beruht auf Bedingungen, die sie nicht selbst herstellen kann. Diese Bedingungen sind gesellschaftlicher und kultureller Art. Probleme entstehen, wenn sich das wirtschaftliche System verselbständigt, seine eigenen Gesetzmäßigkeiten von den gesellschaftlichen und kulturellen abkoppelt, wenn es – wie zum Beispiel im Finanzbereich – innovativ auf Kosten der allgemeinen gesellschaftlichen und kulturellen Entwicklung wird oder diese als Bedingungen seines eigenen Gelingens missachtet.

Dieser Beitrag ist die leicht überarbeitete Fassung des Vortrags, den der Verfasser im Herbstsemester 2010 im Rahmen des Moduls „Social Banking" an der Alanus Hochschule, Alfter, gehalten hat.

Peter van den Brock war von 1957 bis 2007 für die Pax-Bank eG, Köln, tätig, zuletzt als Direktor und Leiter Asset Management; seit seiner Pensionierung 2007 ist er Vorstandsmitglied der Mikrofinanz-Beratungsgesellschaft Incofin Investment Management, Antwerpen.

P. van den Brock (✉)
76530 Baden-Baden, Deutschland
E-Mail: peter.van-den-brock@netcologne.de

Das bedeutet nicht, dass diese Bedingungen quasi gottgegeben und unveränderbar wären. Auch sie verdanken sich Entwicklungen, in denen die jeweiligen wirtschaftlichen Verhältnisse selbst wieder eine wesentliche Rolle spielen, und auch sie haben sich zu rechtfertigen – gegenüber einer Vernunft, die sich jeweils als gesellschaftliche, als kulturelle und dann auch als wirtschaftliche Vernunft zu erkennen gibt oder sich als solche Geltung verschafft. Die Wirtschaftswissenschaften sind – recht verstanden – der Ort, an dem sich diese Vernunft nicht nur in beschreibender, die Empirie erhebender Weise, sondern auch in normativer, auf das Wirtschaftsgeschehen Einfluss nehmender Weise theoretischen Ausdruck verschafft oder verschaffen sollte. Richtig ist allerdings auch, dass es um diese Vernunft nicht immer zum Besten bestellt ist. Dazu vier Stichworte:

**Wachstum**  Eine Wachstumsideologie beherrscht durch die Bank den wirtschaftenden und den wirtschaftspolitischen Verstand, als wäre auch eine Ordnung, in der sich alles auf Wachstum reimt, gottgegeben. Dabei sollte sich, wer predigt, dass Stillstand Rückschritt bedeutet, genau überlegen, wo dies gelten könnte und wo nicht. In der Wissenschaft, zum Beispiel der Naturwissenschaft, sicher ja. Angesichts der natürlichen Evolution – die Natur experimentiert Tag und Nacht – sichert allein sie den Bestand unserer Handlungs- und Reaktionsfähigkeiten. Aber gilt das so allgemein auch angesichts unserer Lebensformen, deren Teil die wirtschaftlichen Formen sind?

**Risiko**  Häufig – und darin besteht ein Teil der Lektion, die wir erhalten haben – stimmt das Verhältnis zwischen eingegangenem Risiko und gegebener Haftung oder ausreichender Kapitaldeckung nicht mehr, zumal dann nicht, wenn das Risiko nicht selbst getragen, sondern weitergegeben wird, also Geschäfte zu Lasten Dritter gemacht werden.

**Rendite**  Hier geht es häufig – und schon wieder hört man in Bankenkreisen von erwarteten Renditen von 20 oder mehr Prozent, als sei nichts passiert – um schnelles Geld mit einer sehr kurzfristigen Perspektive. Auf Dauer überwältigt hier der Erwartungsdruck die Realität – mit schlimmen Folgen. Dabei kommt es doch, auch und gerade in der Wirtschaft, auf eine längerfristige Perspektive an. Wer auf schnelle Erfolge, schnelles Geld setzt, hat oft nicht die Luft, um lange Distanzen zu gehen.

**Shareholder Value**  Eine Ideologie des Shareholder Value, allein orientiert am Marktwert des Eigenkapitals und dessen Maximierung, zeugt von einem Tunneldenken, in dem die Orientierung am Wohl des Kunden, am längerfristigen Wohl des eigenen Unternehmens und am Allgemeinwohl, dem auch der wirtschaftende Verstand verpflichtet ist, verloren geht. Wo die kurzfristige Wertsteigerung der dominante Maßstab ist, verliert eine nachhaltige Unternehmensführung, um die es doch eigentlich gehen sollte.

Nun ist in diesen Dingen vieles in erster Linie symbolisch, steht für etwas, was tiefer reicht und anders erklärt sein will. Doch unterschätze man das Symbolische – auch in der Wirtschaft – nicht. Dazu gehören zum Beispiel ein Managerversagen und ein Managerverhalten, wenn das Kind in den Brunnen gefallen ist. An ihm machen sich gegenwärtig die öffentliche Debatte um Finanz- und Wirtschaftskrise und der in ihr manifestierte Vertrauensverlust fest. Das ist zwar nur ein Teil der Wahrheit, aber ein in der öffentlichen Wahrnehmung sehr wirksamer. Mit den wirklichen Gründen für das Versagen eines Finanzsystems hat das wenig zu tun, doch ist es eben symbolisch äußerst aufgeladen und besitzt dann eine erhebliche soziale Sprengkraft. Dasselbe gilt für den an der Formel einer Privatisierung der Gewinne bei gleichzeitiger Sozialisierung der Verluste festgemachten Verdacht kalkulierter Verantwortungslosigkeit.

Das Ganze kulminiert an symbolischer Stelle im Stichwort Gier, wobei es schließlich auch die Anleger waren, deren Gier die Gier der professionellen Geldvermehrungsexperten kräftig steigerte, assistiert von der erwähnten Shareholder-Value-Mentalität, die in manchen Unternehmen alles über Bord werfen ließ, was ein zukunftsstarkes Unternehmen ausmacht. Doch auch hier ist das nur die halbe Wahrheit. Gierig sind Menschen, nicht Strukturen oder Systeme. Diese können allerdings der individuellen Gier Vorschub leisten, indem sie es ihr leicht machen, erfolgreich (oder eben auch nicht) zu sein.

Die Wahrheit ist wohl, dass wir die Ursachen und Wirkmechanismen der gegenwärtigen Finanz- und Wirtschaftskrise im Einzelnen oder gar vollständig noch nicht überblicken. Wer hier alles auf den Faktor Gier zurückführt, hat sicher ein zutreffendes Element erkannt, aber wohl kaum das einzige. Zum Zusammenbruch von Strukturen und Systemen – das lässt sich auch an biologischen Beispielen zeigen – gehören stets mehrere Faktoren, und dies dürfte auch für die Wirtschaft gelten. Dazu zählen:

- das merkwürdige Verschwinden des Unternehmers, auch aus der Wirtschaftstheorie, zu dessen Wirklichkeit stets ein langfristiges und nachhaltiges Denken gehört, und der gleichzeitige Aufstieg des eher an kurzfristigen Zielen orientierten Managers;
- die Wucherung von Finanzprodukten, deren Wirkung im wirtschaftlichen Gesamtmechanismus immer unkontrollierbarer werden;

- die Entkoppelung des Finanzsystems vom Wirtschaftssystem und des Wirtschaftssystems vom Gesellschaftssystem in dem Sinne, dass sie unterschiedliche Gesetzmäßigkeiten für sich reklamierten.

In der jetzigen Situation ist Folgendes zu sagen: Ein Wirtschaftssystem kann sich nicht außerhalb eines Gesellschaftssystems setzen und umgekehrt. Insofern geht es auch nicht darum, irgendwelche reinen Gesetze wirken zu lassen, seien es wirtschaftliche oder gesellschaftliche, sondern darum, der gesellschaftlichen und sozialen Entwicklung ihre wirtschaftlichen Dimensionen und der wirtschaftlichen Entwicklung ihre gesellschaftlichen und sozialen Dimensionen zurückzugewinnen. Ebendas ist die ordnungspolitische Idee der Sozialen Marktwirtschaft, wie sie die sogenannte Freiburger Schule vertrat und die noch immer die tragfähige Basis einer nachhaltigen und verantwortungsbewussten Wirtschaftsordnung sein dürfte. Sozial hier nicht im Sinne einer Wirtschaftsordnung, die sich irgendwie, je nach politischen Neigungen und Wünschen, sozial gebärdet oder sozial wird, sondern in Form des Modells einer Marktwirtschaft, die Gesichtspunkte der Freiheit, ohne die keine freie Gesellschaft möglich ist, ins Gleichgewicht bringen soll.

Der Missstand, der sich in der gegenwärtigen Finanz- und Wirtschaftskrise Ausdruck verschafft, liegt nicht in der Qualität eines gemeinsamen Kodex, wie ihn etwa der „Deutsche Corporate Governance Kodex" darstellt, sondern darin, dass dieser von seinen eigenen Vertretern nicht eingehalten wird, dass aus Theorie nicht gelebte Praxis, dass aus Ethik nicht Ethos wird. Was ist gemeint? Dazu einige kurze Bemerkungen über den Zusammenhang von Ethik, Moral und Ethos.

Die Ethik ist innerhalb der philosophischen Architektur Teil der praktischen Philosophie. In Form der angewandten Ethik befasst diese sich mit den ethischen Grundlagen einzelner Disziplinen, zum Beispiel in Form von Medizinethik, Bioethik, Technikethik oder auch Wirtschaftsethik.

Wichtig im Falle einer Wirtschaftsethik – nicht nur in theoretischer, sondern auch in praktischer Absicht – sind die begrifflichen Bestimmungen von Ethik, Moral und Ethos. Ethik ist kritische Theorie der Moral; sie ist insbesondere damit befasst, institutionelle, häufig miteinander konfligierende Moralen, das heißt gesellschaftlich implantierte Systeme von Handlungsregeln, Zwecken und Zielen, zu beurteilen und zwischen ihnen zu entscheiden oder Argumente bereitzustellen, die eine derartige Entscheidung ermöglichen. Dazu müssen diese Argumente allgemein gelten, muss die entsprechende Ethik also selbst universal sein, was wiederum bedeutet, dass sie universale Geltungsansprüche zu formulieren und zu begründen hat. Die Ethik Kants ist ein Beispiel für eine derartige universale Ethik. Ein Ethos wiederum konstituiert sich in der Orientierung an meist implizit wirkenden Regeln, die selbst und deren Befolgung als selbstverständlich und im Blick auf individuelle wie gesellschaftliche Handlungszusammenhänge als geboten gelten. Ethos ist Teil einer Moral und einer universalen Moral dann, wenn diese durch eine universale Ethik ausgezeichnet ist. Hier bezieht sich ein Ethos selbst auf eine universale Ethikkonzeption, das heißt, es „vertritt" deren Geltungsansprüche oder realisiert sie.

Was hier die Begrifflichkeit von universale betrifft, so gilt für eine universale (oder universalistische) Ethik, dass sie ihre Geltung nicht aus den Werten bestimmter (partikularer) Kulturen ableitet, sondern aus einem allgemeinen Willen, der wiederum am treffendsten durch eine Formulierung des kategorischen Imperatives Kants zum Ausdruck kommt: „Handle so, dass du die Menschheit, sowohl in deiner Person als in der Person eines jeden anderen, jederzeit zugleich als Zweck, niemals bloß als Mittel brauchst." Gegenüber einer in diesem Sinne universalen Ethik sind alle Moralen, weil kulturabhängig, partikular, es sei denn, es handelte sich um eine Moral, die unmittelbar der Konzeption einer universalen Ethik folgt.

Doch damit wären wir auf den höchsten Höhen der Philosophie angelangt. Zu hoch eigentlich schon, um mit den üblichen Problemen pragmatisch umgehen zu können. Im Wirtschaftszusammenhang geht es denn auch nicht so sehr im theoretischen oder philosophischen Sinne um Ethik und Vernunft, sondern um das richtige Ethos. Ethos im Sinne von gelebter Moral, die ihrerseits ihren Ausweis in einer universalen Technik findet. Mit der Wirksamkeit eines solchen Ethos ist es wiederum häufig schlecht bestellt. Das machen gerade wieder die gegenwärtigen Umstände deutlich, zum Beispiel wenn Boni – häufig in schwindelerregender Höhe – von denjenigen eingefordert werden, die ein finanzielles Desaster mit zu verantworten haben oder dieses sogar nachweislich verursacht haben. Ethos: Fehlanzeige. Wer wundert sich da noch über eine andauernde Vertrauenskrise?

Stichwort noch einmal: Bedeutung des Symbolischen. Dabei sind Bonusregelungen – recht verstanden – etwas Gutes, ein leistungsförderndes Stimulans. Nur wird mit ihnen häufig der kurzfristige und möglicherweise der vergängliche Erfolg, nicht der nachhaltige belohnt. Um den aber geht es, nicht nur in Stabilitätsdingen. Eintagsfliegen sind auch in der Wirtschaft eine vernachlässigbare Spezies; wer auf sie setzt, handelt sich nichts als Sterbliches ein.

Mit der edlen Absicht, hier mit institutionellen Mitteln gegenzusteuern, ist es leider auch nicht getan. Das gilt zum Beispiel für die Einrichtung einer UN-Organisation mit dem stolzen Namen „Principles for Responsible Management Education", der mittlerweile rund 250 Wirtschaftshochschulen beigetreten sind, oder gar für den formalen Akt eines hippokratischen Eides für Manager, wie er 2006 an der amerikanischen „Thunderbird School of Global Management" etabliert wurde, auch wenn was er besagt, beherzigenswert ist, nämlich „verantwortungsvoll mit natürlichen Ressourcen umzugehen, niemanden auszubeuten, die Menschenrechte zu respektieren und Korruption zu bekämpfen".

Der Volksmund weiß es: Papier ist geduldig – und Prinzipien, die Teil von feierlichen Erklärungen und penibel ausgearbeiteten Regelwerken sind, sind es leider auch. Sie wollen gelebt werden, und das heißt: auf das Tun und das richtige Bewusstsein, das richtige Ethos kommt es an. Und doch betreten wir mit der Formulierung von Prinzipien und Regeln der genannten Art und der Betonung ethischer und moralisch bestimmter Haltungen auch im wirtschaftlichen Prozess den richtigen Weg. Ethik muss wieder ein integraler Bestandteil der ökonomischen Bildung und Ausbildung werden, sozusagen gegen den Strich der institutionellen Wirklichkeit gebürstet.

Konkret bedeutet das, die Soziale Marktwirtschaft aus den üblichen politischen Beschwörungsritualen zu befreien und sie wieder als ein wirtschaftliches Modell zu begreifen, das auf einer als ethisch begriffenen Grundlage die Tugenden der Freiheit und der Gleichheit, das heißt der Verpflichtung gegenüber dem allgemeinen Wohl, miteinander verbindet. Es geht darum, der Dialektik der Prinzipien Freiheit und Gleichheit – das heißt dem Postulat „Sei frei!", „Sei verschieden!", „Verwirklicht den individuellen Willen!" und dem Postulat „Sei gleich!", „Verwirkliche den allgemeinen Willen!" – auch in der Wirtschaft wieder Geltung zu verschaffen. Diese Dialektik, auf der die bürgerliche Gesellschaft beruht, auszuhalten, ja sie immer wieder aufs Neue zur Wirkung zu bringen, darauf kommt es an. Und dies sollte das Ethos auch des wirtschaftenden Verstandes sein.

Bleibt zu hoffen, dass wir die richtigen Schlüsse aus der Krise gezogen haben oder noch ziehen werden. Bekanntermaßen ist es schwer – und das empfiehlt sich ja gelegentlich –, sein Leben zu ändern. Und was für das individuelle Leben gilt, gilt auch für das institutionelle, also auch das der Wirtschaft. Neue Situationen erfordern neue Initiativen, neue Ordnungen. Im Falle der wohl erst halb durchgestandenen Finanz- und Wirtschaftskrise könnte eine neue Ordnung im Wiederanschluss an das wohlbekannte, aber schlecht befolgte ältere Modell der Sozialen Marktwirtschaft liegen. Und wie wäre es in diesem Zusammenhang wieder mit einer Stärkung eigener Urteilskraft statt eines mehr oder weniger blinden Vertrauens auf die vermeintliche Weisheit von Ratingagenturen, das diese reich und einen selbst selten klüger macht? Entscheidend wird bei alledem sein, wieder zu lernen, dass ein Ethos im beschriebenen Sinne kein bloß privates Vergnügen und kein institutioneller Luxus, sondern das entscheidende Moment eines nachhaltigen und verantwortungsvollen, dem individuellen wie dem Gemeindewohl verpflichteten Wirtschaftens ist, also eine neue Kultur.

Die Wirtschaft, so hat es Oswald von Nell-Breuning einmal formuliert, sei das „honorige Erdgeschoss der Kultur". Ohne eine kulturethische Grundlegung lässt sich nichts über eine dem Menschen dienliche Wirtschaft aussagen. Was „weltfremd" erscheint, zeigt den einzigen Weg, um die Misere einer krisengeschüttelten Wirtschaftsgesellschaft zu „heilen", soweit dies in einer „sündigen" und betriebsblinden Welt überhaupt möglich ist.

Kultur entsteht und kann nur bestehen, wenn die in ihr lebenden Menschen sich über die Grundwerte ihres Zusammenlebens einig sind, die zu ihrer Verwirklichung nötigen sozialen Strukturen bejahen und jenes Tugendethos leben, das sowohl die Werte bewahrt, als auch den Strukturen den nötigen Halt gibt. Dies ist – zunächst formal gesprochen – jene „Wahrheit" der Katholischen Soziallehre, in der sich die von der Enzyklika geforderte „Liebe" zeigt.

Ohne Werte, ihnen dienende soziale Strukturen und Tugenden hängt der gesamte soziotechnische Apparat in der Luft und ist von jenem „Wertrelativismus" bedroht.

Satz: „Das Maß der Wirtschaft ist der Mensch und das Maß des Menschen ist Gott".

Das Ergo, die Politik muss jetzt jene „Rahmenordnung" schaffen, welche die Ziele der „Einzelwirtschaften" mit dem wirtschaftlichen Gemeinwohl der Gesellschaft – heute aller Gesellschaften dieser Welt – verknüpft. Inzwischen wurde aber diese Einsicht von vielen vergessen. Unter dem Eindruck der jüngsten Finanz- und Wirtschaftskrise fängt man wieder an, darüber nachzudenken, welches Menschenbild, welche Moral und welche Ordnung hinter einer Wirtschaft stehen müssen, die wirklich jedem und allen Menschen dienen will.

Es würde sich lohnen, einmal systematisch zusammenzustellen, wie die Vielfalt „kultureller, sozialer, regionaler oder religiöser Art" von Organisationen und Initiativen aussehen, die man mit dem Begriff einer unternehmerischen „Zivilgesellschaft" zusammenfassen kann. Dabei wären auch jene Vereinigungen und Initiativen zu nennen, die im Bereich der „Mikrofinanz" Männern und vor allem Frauen (an sie gehen rund 80 % der Kleinkredite) in ärmlicher Umgebung helfen, durch ökonomische Selbständigkeit sich und ihre Familie zu ernähren.

Eine dynamische Wirtschaft, die zur Entfaltung der Produktivkräfte fähig ist, bedarf der Menschen, die dank ihrer beruflichen Qualifikation für die notwendige „Produktivität" sorgen. Dazu gehören vor allem kompetente, risikobereite und verantwortliche Unternehmer, die marktwirtschaftlich lebensfähige Unternehmen aufbauen und leiten.

**Peter van den Brock**, Bankdirektor a.D.

# Sozial verantwortlich Geld anlegen am Beispiel von Oikocredit

**6**

## Ulrike Chini

Der volle Name von Oikocredit lautet „Ökumenische Entwicklungsgenossenschaft". Oikocredit bietet die Möglichkeit, Rücklagen sozial verantwortlich zu investieren. Durch diese Anlagen werden weltweit Kredite an benachteiligte Menschen finanziert und fördern somit deren wirtschaftliche Eigenständigkeit. Oikocredit ist in diesem Sinne eine Entwicklungsorganisation, die jedoch nicht als Spendenorganisation konzipiert ist, wie beispielsweise „Brot für die Welt", sondern wie eine Bank. In der Vermittlung von Oikocredit erleben wir, dass viele Menschen in unserem Land das Wort „Entwicklung" mit Spenden assoziieren. Diese Verknüpfung setzt in der Regel früh ein: Bereits in der Schule veranstaltet man Basare, Benefizkonzerte und ähnliches. Das macht es für uns selbst nach 40 Jahren des Bestehens noch schwer, Oikocredit wirklich als „Finanzinstitut" zu vermitteln.

Oikocredit ist vom Weltrat der Kirchen gegründet worden. Trotz kirchennaher Gründung ist Oikocredit aber als selbstständige Organisation tätig. Die Idee kam in amerikanischen Kirchen auf, die in den Sechzigerjahren feststellten, dass das von ihnen bei konventionellen Banken angelegte Geld indirekt den Vietnamkrieg subventionierte. Gleichzeitig wurde der Widerspruch erkannt, dass kirchliches Geld Leben tötete, während es jedoch der Auftrag ist, Leben zu erhalten und Leben zu fördern. Daraufhin wandten sich die Kirchen an den Weltrat mit dem Auftrag der Gründung eines Institutes, das die Gelder den ethischen und moralischen Werten entsprechend anlegen sollte. Da ein Auftrag der Kirchen darin besteht, sich

Dieser Beitrag ist die überarbeitete Fassung des Vortrags, den die Verfasserin am 16. Mai 2013 im Rahmen der Ringvorlesung „Social Banking 2013" an der Alanus Hochschule, Alfter, gehalten hat.

U. Chini (✉)
Oikocredit Westdeutscher Förderkreis
Adenauerallee 37, 53113 Bonn, Deutschland
E-Mail: uchini@oikocredit.de

© Springer Fachmedien Wiesbaden GmbH 2017
G. Krämer (Hrsg.), *Finanzwirtschaft in ethischer Verantwortung*,
DOI 10.1007/978-3-658-12584-4_6

für die Armen zu engagieren, sollte das Kreditinstitut das Geld armen Menschen zur Verfügung stellen – und daraus ist Oikocredit erwachsen. Die anfängliche Begeisterung der Mitarbeiter, die das Konzept des Kreditinstitutes umsetzen sollten, wurde durch die Skepsis der Finanzreferenten gedämpft: Die Investition sei zu unsicher und im Übrigen spende man ja für die Entwicklung – was ohnehin besser sei – da man doch von armen Leuten nicht erwarten könne, dass diese ihre Kredite zurückzahlen. Folglich dauerte die Umsetzung der Idee relativ lange. Mittlerweile haben alle Kirchen entsprechende Richtlinien verabschiedet und möchten ihr Geld verantwortlich anlegen. Ob das wirklich gelingt, ist eine andere Frage: Denn während der Finanzkrise haben neben den Kreditinstituten auch Kirchen Geld verloren. Anspruch und Wirklichkeit widersprechen sich manchmal.

Mit dem angelegten Geld vergibt Oikocredit Darlehen, insbesondere im Bereich Mikrofinanzen, an bedürftige Menschen sowie deren Unternehmen in Afrika, Asien, Süd- und Lateinamerika sowie in Mittel- und Osteuropa. Unter diesen Unternehmen sind viele Genossenschaften, die über den fairen Handel (zum Beispiel mit Kaffee, Kakao, Tee, Quinoa und Nüssen) vermarkten, aber auch Handwerksbetriebe wie Schreinereien, kleine Bäckereien etc. Oikocredit selbst ist eine Genossenschaft und versucht diese Form der Struktur bei ihren Partnern zu fördern. Im Bereich Mikrofinanz finden sich neben einigen Genossenschaften viele Non-Governmental-Organisationen und Banken. Die Idee der Mikrofinanzen wird häufig Herrn Yunus, dem Gründer der Grameen Bank, zugeschrieben. Sicherlich wurde sie durch ihn professionalisiert, aber man kann nicht sagen, dass er das Mikrofinanzsystem erfunden hat, denn in traditionellen Gemeinschaften existiert diese Idee schon lange. Eine unserer Regionalbeauftragten aus Westafrika sagt immer: „Ich kenne viele Frauen, die etwas Geld in einer gemeinsamen Schachtel sammeln. Wenn genug Geld in der Schachtel ist, dann kann eine Frau sich davon Saatgut kaufen. Im Prinzip ist das so etwas wie ein Mikrokredit, allerdings nicht so professionalisiert, wie das heutzutage bei der Grameen Bank oder bei anderen Finanzinstitutionen stattfindet." Dieses System ist nicht besonders neu. Neu ist allerdings, dass vielen armen Menschen, die sonst keinen Zugang zu Krediten haben, eine Möglichkeit der Finanzierung angeboten wird. In der Biographie von Herrn Yunus wird von einer mittellosen Frau berichtet, die auf Geldverleiher mit immensen Zinsen zurückgreifen musste, da ihr der Zugang zum Kapitalmarkt ansonsten verwehrt war. Um diesen Kreislauf zu durchbrechen, versuchte Yunus, die etablierten Banken zu überzeugen, den armen Menschen Kredite zu gewähren. Diese argumentierten, sie seien nicht für arme Leute zuständig, sondern ausschließlich für solvente Kunden, die ihr Kapital auch wieder zurückzahlen können. Herr Yunus hat daraufhin der Frau selbst einen Kredit, nehmen wir an in Höhe von 20 €, gewährt, und auf diese Weise begonnen, ein Mikrofinanzinstitut aufzubauen. Zeitgleich gab es auch in anderen Ländern ähnliche Initiativen und der erste Kredit, den Oikocredit 1975 vergab, war ein Mikrokredit an eine Organisation in Ecuador. Manche Mikrofinanzinstitutionen nehmen Sicherheiten auf Güter wie beispielsweise eine Rikscha oder ein Fahrrad, aber meistens handelt es sich um ungesicherte Kredite mit ganz kleiner Summe, die wöchentlich oder monatlich zurückgezahlt werden können. 80 bis 90 % der Kreditnehmer sind Frauen aus dem informellen Bereich – also Markthändlerinnen, Schneiderinnen oder Verkäuferinnen aber auch Frauen, die in der Landwirtschaft tätig sind. Häufig können diese, da sie das erste Mal in den Besitz von Geld kommen, besonders gestärkt werden. Dazu fällt mir ein Beispiel einer Organisation aus Tansania ein, die den Frauen keine Geldkredite zum Erwerb von Werkzeugen gewährte, sondern Leihgeräte. Die Frauen zahlten eine Nutzungsgebühr ähnlich eines Leasing-Vertrages. Der Hintergrund war, dass die Nähmaschine oder das Bügeleisen, das auf Kredit-Basis in den Besitz der Frau übergegangen wäre, vom Mann oftmals veräußert wurde. Das ist zuvor leider häufig passiert. Ist die Nähmaschine allerdings nur geliehen, so kann die Organisation in diesem Fall zu dem Mann gehen und die Nähmaschine herausfordern. Insofern ist landesabhängig abzuwägen, wie der Mikrokredit optimal genutzt werden kann. Natürlich gibt es auch unterschiedliche rechtliche Bedingungen; das Prinzip eines Mikrokredits ist jedoch ersichtlich: kleine Summen in kleinen Tranchen für kleine Geschäfte.

Viele Frauen schließen sich auf diese Weise zusammen, weil sie bei den wöchentlichen oder monatlichen Rückzahlungsterminen, an denen sie zusammenkommen, neben dem Kredit auch über andere Fragen wie Kindererziehung, Gewalt in der Familie oder Ernährung und Hygiene sprechen. Die Erfahrung zeigt, dass in vielen patriarchal geprägten Gesellschaften, die Frauen zunächst unter noch größerem Druck ihrer Männer stehen: Denn plötzlich gehen die Frauen jeden Donnerstagabend zu einem Treffen, zu dem der Mann nicht mitgehen darf. Die Machtverhältnisse in einer Beziehung verschieben sich durch den Besitz, und dies kann erst einmal dazu führen, dass der Hausfrieden weniger stabil ist als in den „geregelten" Verhältnissen zuvor. Die Frauen erfahren Stärkung in der Gemeinschaft und können publik machen, dass sie Gewalt in der Familie erleben. Durch das Wahrnehmen von kleineren Führungsaufgaben in der Gruppe wird außerdem das Selbstbewusstsein der Frauen häufig verbessert.

Oikocredit macht es sich zur Aufgabe, die lokalen Mikrofinanzinstitutionen, die in den entsprechenden Ländern tätig sind, zu fördern. Praktisch wird ein Kredit an eine örtliche Mikrofinanzinstitution vergeben, die über ein lokales Kommunikationsnetz verfügt und vor Ort im Einzugsbereich beraten und betreuen kann. Als international tätige Organisation ist es kaum möglich, direkt an die Endverbraucherinnen und Verbraucher heranzutreten. Oikocredit verfügt zwar über 35 Länderbüros, doch diese stellen in erster Linie den Kontakt zu den lokalen Mikrofinanzinstitutionen her und vergeben keine Kredite an Endverbraucher. Die Aufgabe dieser Büros besteht in der Prüfung der lokalen Partner und deren Identifizierung mit den Zielen von Oikocredit. International existieren tausende Mikrofinanzorganisationen, von denen Oikocredit mit etwa 600 Beziehungen unterhält. Zur Überprüfung der Partner dient den Länderbüros die so genannte „ESG Score Card". ESG steht für Environment, Social, Governance und soll eine konsequente und erfolgreiche Überprüfung der Mikrofinanzinstitute sicherstellen. Zu diesem Zweck überprüfen die Büros nicht nur Fragen der Transparenz und Fairness des Partners, sondern befragen auch vor Ort die Kunden des Institutes nach deren Zufriedenheit, um Verfälschungen oder Beschönigungen der Angaben des Partners auszuschließen. Die Kreditvergabe an die Partner erfolgt zu 60 % in der entsprechenden Landeswährung. Die Erfahrungen der Asienkrise zwischen 1997 und 1999 haben gezeigt, dass eine ausschließliche Verschuldung in Devisen bei einer Abwertung der Landeswährung zu einer Vervielfachung der Schulden aus der Perspektive des Schuldners führen kann. Um den Schuldner vor derartigen Turbulenzen zu schützen, hat Oikocredit interne Fonds geschaffen, die als eine Art Versicherung fungieren und das Devaluationsrisiko ausschalten. Bis zu 60 % der vergebenen Kredite sind mittlerweile über diese Fonds abgesichert.

Eine weitere wichtige Aufgabe von Oikocredit besteht in der Bereitstellung von Geld für so genanntes „Capacity Building". Stellen Sie sich vor, in gewissen Regionen besteht ein absolutes Überangebot eines einzelnen Produktes, wie zum Beispiel Tomaten. Die Mitarbeiter von Oikocredit bzw. externe Fachkräfte beraten die Menschen, sodass vielleicht eine Nähstube betrieben oder eine Bügelstube eröffnet wird. Als Konsequenz der Marktberatung kann durch den Abbau des Überangebotes Preisdumping verhindert werden. In diesem Rahmen werden außerdem Gelder für Aus- und Weiterbildungen (beispielsweise für einen Kurs in Buchhaltung) zur Verfügung gestellt. Die teilnehmenden Organisationen müssen bis 20 % der Kosten des Kurses selbst tragen – um das persönliche Engagement zu gewährleisten – aber 80 % steuert Oikocredit bei. Gerade bei Menschen, die ihren ersten Kredit in Anspruch nehmen, ist Fortbildung – wie die Erfahrung zeigt – sehr wichtig, um die Investition, in die der Kredit fließen soll, zu fokussieren.

Ein weiterer Bereich von Oikocredit ist die Finanzierung von Partnern, die Fair-Trade-Produkte herstellen, wie etwa die Genossenschaft Manduvirá aus Paraguay. Wenn Sie Produkte im Weltladen kaufen oder im fairen Handel, werden die meisten Zucker von den Philippinen oder aus Paraguay enthalten. Gerade letztes Jahr besuchte uns der Geschäftsführer von Manduvirà, die zu diesem Zeitpunkt kurz davor standen, eine eigene Zuckerfabrik zu bauen. Er war ganz erfüllt, weil gerade der Spatenstich stattgefunden hatte, und sagte: „Das ist unser größter Traum. Wir

werden die erste Zuckerkooperative von Kleinbauern sein, die eine eigene Zuckerfabrik haben und damit unabhängig vom Zwischenhandel agieren. So können wir
mehr Gewinn aus unserer Arbeit ziehen, als wenn wir nur den Zucker anbauen,
diesen in die Zuckerfabrik bringen und den Einfluss auf unser Produkt verlieren."
Er ist sehr stolz darauf gewesen, die ganze Produktionskette von der Produktion bis
zur Verarbeitung und Vermarktung in eigener Hand zu haben. Um die Realisierung
zu ermöglichen, vergab Oikocredit ein vergleichsweise großes Darlehen in Höhe
von 2,9 Mio. €.

Das größte, bis zu diesem Zeitpunkt von Oikocredit gewährte Einzeldarle-
hen, ging an die Sozialinitiative Sekem in Ägypten und hatte einen Umfang
von 7 Mio. €. Dieser nach anthroposophischen Kriterien geführte Betrieb vertritt in seiner Philosophie einen ganzheitlichen Ansatz. Zum einen gibt es den
landwirtschaftlichen Betrieb, zum anderen die Universitätsausbildung, die Sozial-
programme und die Weiterbildung. Derart hohe Beträge an eine einzelne Initiative
sind jedoch für Oikocredit eher ungewöhnlich. Im oben beschriebenen Fall konnte
durch die Förderung eine ganze Zuckerfabrik finanziert werden und entsprechend
groß ist die Reichweite des Kredits gewesen.

Ein anderes Beispiel wäre „Divine Chocolate". Dabei handelt es sich um eine
Firma, die in den USA und in England vertreten ist. Fast 60 % der Anteile werden
von ghanaischen Kakaobauern gehalten und damit von den Produzenten der Rohstoffe, was sehr ungewöhnlich ist. Die Bauern in Ghana produzieren nun einerseits
die benötigten Rohstoffe zur Herstellung von Schokolade; über Divine Chocolate
sind sie darüber hinaus aber auch an der Vermarktung in den USA, in England
und in Deutschland beteiligt. Dieses Konzept ist in der Praxis relativ selten, denn
im Regelfall agieren die Rohstoffproduzenten nur vor Ort und haben keinen Einfluss auf den Verkauf und die Vermarktung des Endproduktes. Im Übrigen trägt
die Gewährung eines Kredites durch Oikocredit häufig zu einem höheren Vertrau-
en weiterer Geldgeber in die Solvenz der Initiative bei. Denn Oikocredit hat einen
guten Ruf, und der Umstand, dass ein internationaler Financier wie Oikocredit die
Unternehmung unterstützt, schafft Vertrauen.

Obwohl aus der Gesamtheit des eingesetzten Kapitals nur etwa fünf bis 10 %
in den fairen Handel fließen, sind die Projekte doch immer ein gutes Anschau-
ungsobjekt. Denn der Faire Handel versucht, bereits im Konsum ein anderes Wirt-
schaftsverhalten herbeizuführen, indem ein großes Interesse an den Umständen
der Produktion besteht. Wie wird das Produkt, das wir konsumieren, hergestellt?
Sind die Bedingungen wie in Bangladesch, wo die Arbeit unter unmenschlichen
Bedingungen erfolgt? Oder wird wirklich unter sozial verträglichen Umständen
produziert? Tatsächlich sind die Konsumenten letztlich bereit, für diese fair pro-
duzierten und gehandelten Produkte etwas mehr zu bezahlen. In gewisser Weise

stellt sich bei der Kreditvergabe dieselbe Frage. Oikocredit schaut genau darauf, was mit dem eingesetzten Geld passiert. Dabei ist für uns nicht vordergründig relevant, ob diese Investition eine möglichst hohe Rendite erwirtschaftet, sondern uns interessiert vielmehr, was das Geld bewirkt und welche Entwicklungen gefördert werden.

Die Vergabe von Krediten ist nur ein Teilbereich der Mikrofinanz. Darüber hinaus gibt es Versicherungen und Transferleistungen, beispielsweise zur Abdeckung von Rückzahlungsschwierigkeiten aufgrund einer Arbeitsunfähigkeit oder eines Unfalls. Besonders wichtig ist die Gründung von Kreditgenossenschaften, die dazu führen, dass die Leute angeregt werden zu sparen. Zum einen werden sie durch ein Sparguthaben vertrauenswürdigere Kreditnehmer; unabhängig davon haben sie zum anderen ein Sparkapital für Notfälle bereitgelegt. Dieses Angebot, könnte man sagen, ist fast so etwas wie ein zusätzliches Menschenrecht: Ein Menschenrecht auf Nahrung oder auf Teilhabe an der Wirtschaft. Es bietet eben das Recht auf eine Inanspruchnahme von Finanzdienstleistungen, was für Menschen in Wohlstandsländern selbstverständlich ist.

Für Oikocredit ist es besonders wichtig, dass die Mikrofinanzinstitutionen, mit denen wir zusammenarbeiten, auch im ländlichen Bereich tätig sind. Viele Anbieter konzentrieren sich lediglich auf den städtischen Bereich, da die Kommunikation mit den Kreditnehmern hier natürlich deutlich einfacher ist. Der Zugang zu den Kunden fällt einer Mikrofinanzorganisation in den Anden Perus deutlich schwerer als einem Anbieter auf dem Markt von Accra. Wir haben uns allerdings zum Ziel gesetzt, die gesamte Produktionskette in der Landwirtschaft zu fördern – von der Produktion bis zur Vermarktung – und in jedem dieser Sektoren Arbeitsplätze zu schaffen. Um das zu ermöglichen, ist eine Präsenz auch in entlegenen, landwirtschaftlichen Gebieten notwendig. Als Beispiel könnte eine Organisation in Osteuropa dienen, die Finanzdienstleistungen für Kleinbauern und Kleingewerbebetreiber erbringt. Diese Organisation bietet das gesamte Angebot von Sparanlagen, Krediten, Schulungen, Beratungen und speziellen Programmen auch in ländlichen Regionen sehr erfolgreich an. Die Zusammenarbeit mit dieser Organisation verläuft so positiv, dass Oikocredit bereits mehrere weitere Kredite an die Organisation vergeben hat. Die gelungene Entwicklung der Organisation dient hierbei als Beweis des gegenseitigen Vertrauens. Auf meinen Reisen erlebe ich immer wieder im Gespräch mit Menschen, die Mikrokredite aufgenommen haben, wie stolz und froh sie über das Vertrauen und die Möglichkeit, etwas Eigenes zu schaffen, sind. Trotzdem gibt es Kritiker der Idee der Mikrofinanz, die argumentieren, dass die Kreditnehmer nur in das kapitalistische Wirtschaftssystem eingebettet würden. Das kann man so sehen, aber ich denke ohne Finanzdienstleistungen, die transparent und fair gehandhabt werden, haben die Menschen – wie die Erfahrung zeigt – Schwierigkeiten, selbstständig zu wirtschaften.

Bei einer internationalen Generalversammlung von Oikocredit im Jahre 2008 in Indien berichtete eine Zeitung, dass die Mitarbeiterin einer Mikrofinanzorganisation das Kind einer Kreditnehmerin entführt haben soll, weil diese nicht zurückzahlen konnte. Wir waren zunächst sehr aufgeregt und erschrocken, da die Zeitung berichtete, es handle sich um einen Partner von Oikocredit. Obwohl sich diese Geschichte schließlich als völlig falsch herausstellte, gibt es leider durchaus skrupellose Finanzinstitute, die ihre Kreditnehmer mit derartigen Praktiken unter Druck setzen.

Es gibt leider auch Organisationen, die ihre Kreditnehmer durch außergewöhnlich hohe Zinssätze ausbeuten. Ein Mikrokredit stellt im Allgemeinen ein sehr personalintensives Geschäft dar. Für eine Bank ist es natürlich einfacher, einen einzelnen Kredit über 1 Mio. € zu gewähren, als beispielsweise 10.000 Kredite in Höhe von nur 100 €. Aus diesem Grund können Mikrokredite mit einem Zinssatz von zwei bis 3 % nicht realisiert werden, und die Konditionen erscheinen häufig für europäische Verhältnisse hoch. Doch die Menschen, die von Mikrokrediten profitieren, erhalten eine völlig andere Dienstleistung: Es erfolgt eine wöchentliche Betreuung, in deren Rahmen die Mitarbeiter zu den Menschen kommen. Es gibt Schulungen, in denen die Menschen Dinge wie Lesen und Schreiben lernen, um überhaupt fundiert entscheiden zu können. Alle diese Maßnahmen sind sehr personalintensiv, jedoch sinnvoll und notwendig. Die für europäische Verhältnisse hohen Zinssätze sind außerdem auf die häufig zweistelligen Inflationsraten der lokalen Währung zurückzuführen. Selbst bei kurzfristigen Krediten würde eine Verzinsung von zwei bis 3 % unter diesen Rahmenbedingungen zu einer Unwirtschaftlichkeit seitens des Instituts führen, die auf Dauer nur schwerlich getragen werden kann.

Der Kapitalkreislauf von Oikocredit ist also wie folgt: Menschen legen Geld bei Oikocredit an, das wir wiederum als Kredit in Genossenschaften, kleinere und mittlere Unternehmen oder Mikrofinanzinstitutionen investieren. Der Westdeutsche Förderkreis fungiert in diesem Kapitalkreislauf besonders in der Öffentlichkeits- und Bildungsarbeit und als Treuhänder für das investierte Kapital. Das Geld, welches die Menschen bei uns anlegen, überweisen wir als Treuhänder an die „Oikocredit International", die das Kreditgeschäft organisiert. Die Volumina des gesamten Kreditportfolios bewegen sich dabei im Augenblick bei etwa 650 Mio. €. Aus den Rückzahlungen dieser Kredite schüttet Oikocredit seit über 25 Jahren eine Dividende von 2 % jährlich an die Anleger aus. Diese Dividende von in der Regel 2 % war bei der Gründung von Oikocredit besonders wichtig, um in den Niederlanden von der Steuer befreit zu werden. Bedingung hierfür war, dass Oikocredit langfristig unter dem Marktniveau der Banken bleibt.

Mit Ausnahme der Zeit während der Finanzkrise in Südostasien sind diese 2 % über die letzten 25 Jahre konstant geblieben. Aufgrund der Abschreibung von Krediten, die auf den Philippinen, in Thailand und in Indonesien gewährt worden waren, ging die Auszahlung der Dividende auf 1 % zurück. Die größte Krise, die Oikocredit bis heute getroffen hat, war also die Finanzkrise in Südostasien. In diesem Zeitraum sank die Dividende über zwei Jahre lang auf 1 %. Viele Menschen verbinden mit einer Krise häufig den vollständigen Verlust ihres Vermögens. Das war eben nicht der Fall, denn der Wert des Anteils ist seit der Gründung stabil. Oikocredit-Rücklagen werden von Ethibel (einer kleinen Ratingagentur in Belgien) regelmäßig überprüft, und bei Bedenken seitens dieser Experten wird das Portfolio umstrukturiert. Diese Geschichte habe ich besonders gerne während der Finanzkrise 2008/2009 erzählt, da Oikocredit ganz offensichtlich aus den Erfahrungen der Südostasienkrise Rückschlüsse gezogen hat. Im Gegensatz zu den Schwierigkeiten vieler internationaler Institute konnte in dieser Zeit die Dividende von 2 % kontinuierlich ausgeschüttet werden. Es gibt Gender- und Umwelt-Policies, und gerade während dieser Zeit hat es sich ausgezahlt, dass die von Oikocredit gewährten Kredite zu beinahe 100 % eigenkapitalfinanziert sind.

Bemerkbar ist eine gewisse Verunsicherung der Anleger, denn Oikocredit ist eine eher außergewöhnliche Anlage im Vergleich zu konventionellen Banken. Wir bieten nicht das gesamte Spektrum der Bankprodukte, sondern lediglich Anlagen und Darlehen. Um die Menschen über Oikocredit besser aufzuklären, sind wir um eine möglichst große Nähe bemüht. Das gilt nicht nur für die Kreditnehmer, die von den Regionalbüros auf der ganzen Welt betreut werden, sondern auch für die Anleger hier in Europa. Oikocredit hat 600 direkte Mitglieder. Darunter fallen Kirchen, kirchliche Organisationen, Projektpartner und Förderkreise. Etwa 90 % des Kapitals wird über die Förderkreise von privaten Anlegern und Institutionen wie Verbänden, Stiftungen und Gemeinden investiert. Anfangs handelte es sich bei unseren privaten Anlegern häufig um Personen, die sich für die Entwicklungshilfe engagieren. Heute kommen viele Menschen zu uns, die eine Alternative zum normalen Bankensystem suchen und denen der Entwicklungsgedanke, der hinter der Investition steht, besonders wichtig ist. Es gibt viele Kinder, die von Eltern und Großeltern einen Anteil bei Oikocredit geschenkt bekommen – als sinnvolle Anlage. Im Allgemeinen lässt sich eine Entwicklung hin zu jüngeren Anlegern beobachten: Während die meisten Anleger bis vor kurzer Zeit über 60 Jahre alt waren, sinkt das Durchschnittsalter der Kunden kontinuierlich und liegt mittlerweile zwischen 40 und 50 Jahren. In Deutschland gibt es acht Förderkreise, in den Niederlanden einen und in der Schweiz zwei. Außerdem verfügen wir über fünf Förderkreise in Frankreich. Diese sind das Gegenstück zu den Regionalbüros von Oikocredit in Europa und bilden die Struktur, um auch eine Nähe zu den Anlegern sicherzustellen.

Oikocredit vergibt Kredite nach bestimmten Kriterien, die sicherstellen, dass durch das Darlehen Arbeit und Einkommen für benachteiligte Menschen geschafften werden. Das Unternehmen muss wirtschaftlich tragfähig sein und über ein geeignetes Management verfügen. Wäre die Auswahl bei der Kreditvergabe nicht so genau, würden viele Unternehmen relativ schnell in eine Verschuldung oder sogar Zahlungsunfähigkeit geraten. Besonderer Wert wird außerdem auf eine maßgebliche Beteiligung von Frauen, eine Berücksichtigung von Umweltschutzkriterien und den Tierschutz, sowie auf die allgemeine Notwendigkeit und die gesetzliche Möglichkeit für ausländische Finanzhilfe in dem entsprechenden Land gelegt. Wie wichtig gerade die gesetzlichen Regelungen sein können, zeigt das Beispiel des im Jahre 1984 in Simbabwe eröffneten Regionalbüros: Es kam sehr schnell zu Schwierigkeiten, da die Regierung den Zufluss von Finanzmitteln in das Land befürwortete, jedoch den Abfluss erschwerte.

Im Allgemeinen ist die Abschreibungsquote der von Oikocredit gewährten Darlehen sehr gering. 2010 lag die Abschreibungsquote der Kredite beispielsweise bei nur 0,2 %. Mit Ausnahme der Mikrofinanzkrise in Indien ist diese auch in den letzten Jahren stetig bei unter 1 % verblieben. Während der Mikrofinanzkrise lag die Ausfallquote zwischenzeitlich bei rund 3,5 %. Der Staat hatte Gesetze erlassen, um den Mikrokreditbereich für Organisationen, die ihr soziales Profil verloren hatten und lediglich Gewinne erzielen wollten, einzudämmen. Die Abschreibungen lassen sich grundsätzlich auf vier Hauptfaktoren zurückführen: Dazu zählen Naturkatastrophen, Schwierigkeiten, gute Mitarbeiter vor Ort zu finden, sowie politische Probleme und Währungsprobleme. Die Kriterien für unsere Kreditnehmer übertragen wir auch auf die Evaluation unserer Partner. Die Höhe des Zinssatzes, den Oikocredit von den Partnerunternehmen fordert, ist nicht ausschließlich von einer Bonitätseinstufung abhängig, sondern unter anderem von dessen Angebot an Sozialprogrammen. Ebenso konsequent gibt es gewisse Kriterien, die für Anleger bei Oikocredit gelten. Anleger müssen sich im Sinne der gesetzlichen Bestimmungen ausweisen und legitimieren. Es wird überprüft, ob die Person auf der EU-Sanctions-List steht und ob es sich um eine herausragende Persönlichkeit des öffentlichen Lebens handelt, denn bei diesen müssen wir besonders vorsichtig sein. Natürlich unterliegen wir als anerkannte „Financial Institution" der Bankenaufsicht, für die in Deutschland die Bundesanstalt für Finanzdienstleistungsaufsicht (BaFin) zuständig ist.

Zur Messung der sozialen Wirkung und Entwicklung unserer Investments verwenden wir den von Oikocredit mitentwickelten Progress-out-of-Poverty Index. Damit wird jährlich das Armutsniveau der Kunden gemessen, um gerade über

einen längeren Zeitraum eine Veränderung der Lebenssituation feststellen zu können. Diese Messung kann über ganz simple Fragen erfolgen, wie beispielsweise:
„Habe ich eine Kuh? Habe ich eine Toilette? Oder habe ich ein Fahrrad?". Natürlich kommt es immer wieder vor, dass sich die Lebensumstände durch einen
Faktor unabhängig von der Darlehensgewährung ändern, wie zum Beispiel durch
eine Erbschaft oder eine Naturkatastrophe. Über diese Fragen lässt sich langfristig
eine Änderung des Lebensstandards unserer Kreditnehmer nachvollziehen und die
Wirksamkeit unserer Investments in sozialer Hinsicht überprüfen. Obwohl dieses
Instrument mit einer Umsetzung vor etwa fünf Jahren noch relativ neu ist, empfeh-
len wir unseren Partnern die Durchführung, um die Wirksamkeit dieser Messung
zu erhöhen. Außerdem werden alle Partner vertraglich verpflichtet, Kundenschutz-
richtlinien einzuhalten. Gerade dieses Jahr besuchte uns eine Mitarbeiterin des
„Center for Agriculture and Rural Development" (CARD), der größten Mikrofinanzorganisation auf den Philippinen, die mit einem Zeitraum von fünf bis acht
Jahren zur Überwindung der Armut mittels eines Mikrokredits rechnet. Ein Mikrokredit ist also ein langfristiges Investment, dessen Wirkung natürlich nur über
einen längeren Zeitraum untersucht werden kann.

Die zentrale Ausrichtung und Organisation von Oikocredit wird einmal im Jahr
im Rahmen der Generalversammlung der „Internationalen Genossenschaft Oikocredit" festgelegt. Diese findet an verschiedenen Orten auf der Welt statt – dieses
Jahr zum Beispiel in Kambodscha. Zur Generalversammlung sind natürlich alle 600 Genossenschaftsmitglieder eingeladen, von denen im Mittel 100 vertreten
sind und über Ausrichtungs- und Strukturentscheidungen beraten. Die Gender-,
Kunden- und Umwelt-Richtlinien oder die Vereinbarung zur Messung der sozialen
Wirksamkeit wurden auf der Generalversammlung erarbeitet und initiiert.

Neben der Generalversammlung treffen sich die Förderkreise außerdem min-
desten zweimal im Jahr, wobei dort eher pragmatische Fragen erörtert werden. Im
Rahmen der Entscheidungsfindung verfügt jedes Genossenschaftsmitglied über eine Stimme, aber natürlich sind wir als Förderkreise, die wir uns tagtäglich mit
Oikocredit beschäftigen, kompetenter als beispielsweise jemand aus einer katholischen Bischofskonferenz, der einmal im Jahr zu Oikocredit anreist. Darüber hinaus
ist es nicht allen Mitgliedern möglich, zur Generalversammlung zu erscheinen.
Aus den genannten Gründen ist es in begrenztem Umfang möglich, Stimmen zu
übertragen. Für die kommende Versammlung wurde mir zum Beispiel das Vertrauen der GLS Bank und der Evangelischen Kirche von Westfalen übertragen.

Für Oikocredit ist der partizipative Faktor einer Genossenschaft von besonderer Bedeutung. Die Organisationsstruktur stärker zu zentralisieren mag die Effizienz erhöhen, aber proportional nimmt das partizipative Verständnis der einzelnen
Mitglieder ab. Dieses Teilhaben an Entscheidungen reduziert sich natürlich nicht

nur auf die Generalversammlungen, sondern wird konsequent durch eine ähnliche Struktur auf Förderkreisebene fortgesetzt: Wer in den Westdeutschen Förderkreis investiert, wird Mitglied des eingetragenen Vereins und ist damit berechtigt, auf der Mitgliederversammlung sein Stimmrecht auszuüben. Schließlich gibt es das ausführende Organ im Sinne des Managements, das in Amersfoort angesiedelt ist. Die Mitarbeiter von Oikocredit kommen dabei aus sehr unterschiedlichen Bereichen: In den Regionalbüros in Übersee arbeiten vor allem Leute aus dem Finanzbereich, der Entwicklungsindustrie oder aus dem landwirtschaftlichen Bereich. In Amersfoort sind es u. a. Banker aus dem Banken/Entwicklungs- und Finanzbereich. Besonders in den Förderkreisen kommt es häufig vor, dass Mitarbeiter ihren früheren Beruf aufgegeben haben um, sich ehrenamtlich bei Oikocredit zu engagieren.

Heute ist Oikocredit in circa 70 Ländern vertreten. 26 Mio. Menschen werden über die Partnerorganisation erreicht, von denen etwa 83 % Frauen sind. Es gibt im Augenblick 854 Projektpartner. Die Schwerpunktländer sind Südamerika, Zentralamerika, Ost- und Westafrika und Südostasien. Oikocredit investiert rund 79 % des anlegten Kapitals in den Bereich Microfinance und 21 % in andere Gebiete, wie beispielsweise den fairen Handel. Oikocredit möchte einerseits in Gegenden mit sehr schwieriger Anbindung den Menschen als Finanzdienstleister zur Verfügung stehen. Andererseits wird versucht, diese ländlichen Strukturen zu stärken und in den entsprechenden Gebieten einen Beitrag zur Nahrungssicherheit zu leisten. Gerade aus dem zuletzt genannten Grund sollen die Investitionen von aktuell rund 79 % in Mikrokreditinstitute zukünftig zu Gunsten von gesteigerten Investitionen in die direkte Landwirtschaft und in Erneuerbare Energien zurückgefahren werden. Der Beitrag von Oikocredit schließt immer die Förderung von wirtschaftlicher und sozialer Eigenständigkeit ein. In diesem Sinne streben wir ein qualifiziertes und stabiles Wachstum an, bei dem stets gewährleistet ist, dass unsere Investition die Entwicklung und Selbstständigkeit der Menschen fördert.

Zukünftig ist die Schaffung neuer Regionalbüros geplant, um die Dienstleistungen für unsere Kunden noch zu verbessern. Zu diesem Zweck müssen neue Mitarbeiter angestellt werden, was einen gewissen Zeitraum in Anspruch nimmt. Wir wollen bescheiden wachsen, sodass Oikocredit einen Beitrag zur Armutsbekämpfung leisten kann, obwohl auch wir die makroökonomischen Strukturen nicht kurzfristig verändern können. Oikocredit vermittelt Wissen, schafft Arbeitsplätze, fördert regionale Wirtschaftskreisläufe und stärkt partizipatorische Strukturen. Aus unserer Sicht entspricht eine Investition einer Anlage nach sozialen Kriterien, die in die Realwirtschaft investiert und die Armut und Marginalisierung zu beseitigen versucht. Aufgrund der Refinanzierung durch Eigenkapital ist eine Investition stets eine relativ sichere Anlage mit einer stabilen Rendite und eine Investition in

Menschen und nicht in irgendwelche Baudenkmäler an der spanischen Küste oder ähnliches. Oikocredit hat einen weiteren Blick als nur das Bankgeschäft vor Ort. Wir betrachten auch das sozial-gesellschaftliche und wirtschaftliche Feld und wollen die Menschen befähigen, ihr Leben allein in die Hand zu nehmen. Unser Ziel ist folglich ein politisches, soziales und gesellschaftliches.

**Ulrike Chini**, Geschäftsführerin, Oikocredit Westdeutscher Förderkreis.

# Die Triodos Bank und ihr nachhaltiges Geschäftsmodell

# 7

## Alexander Schwedeler

Eine der Herausforderungen, denen nicht nur die Triodos Bank, sondern auch die anderen Banken derzeit begegnen müssen, ist das Thema Regulierung. Die Bankenaufsicht betrachtet die Triodos Bank nun als eine mittelgroße Bank; damit gehen weitreichende Anforderungen einher. Wie sind sehr darum bemüht, uns dennoch Räume zum Atmen zu erhalten, die Ruhe zu bewahren und weiterhin das zu leben, was die Triodos Bank ausmacht und wonach wir streben. Die Gründung der Triodos Bank erfolgte im Jahr 1980. Unsere vier Gründer, Adriaan Deking Dura, Dieter Brüll, Lex Bos und Rudolf Mees, beschäftigen sich seit den Sechzigerjahren intensiv mit Fragestellungen rund um das Thema Social Banking, aber auch stark mit der Anthroposophie. Die Gründer sind damals auch zur GLS Bank nach Bochum gereist, weil dort ähnliche Ideen lebten, und haben sich von Herrn Barkhoff, dem Gründungspionier der GLS Bank, inspirieren lassen. Zum Umfeld unserer vier Gründer gehörte damals noch Bernard Lievegoed, und in dem Zusammenhang gibt es eine kleine Gründungsanekdote. Die vier Gründer sind zu Herrn Lievegoed gegangen, der ein Arzt, Psychologe und Heilpädagoge und zudem Vorsitzender der anthroposophischen Gesellschaft war. Sie gingen einfach zu dem Vorsitzenden hin, haben die Initiative vorgestellt und gesagt: „Wir wollen eine Bank gründen", und haben ihn nach seiner Meinung gefragt. Das war in einem runden Eckzimmer, berühmt unter den damaligen Anthroposophen in Zeist. Dort hat Bernard Lievegoed also die vier empfangen und gesagt: „Ok, ihr wollt eine Bank gründen"; er schaute jeden an und sagte: „Lex Bos, willst du das machen?" „Ja, dafür bin ich ja hier."

Dieser Beitrag ist die überarbeitete Fassung des Vortrags, den der Verfasser am 5. Dezember 2013 im Rahmen der Ringvorlesung „Social Banking 2013" an der Alanus Hochschule, Alfter, gehalten hat.

A. Schwedeler (✉)
Leadership Consultant
Stockholmer Platz 5, 70173 Stuttgart, Deutschland
E-Mail: alexschwedeler@gmx.net

© Springer Fachmedien Wiesbaden GmbH 2017
G. Krämer (Hrsg.), *Finanzwirtschaft in ethischer Verantwortung*,
DOI 10.1007/978-3-658-12584-4_7

83

„Dieter Brüll, willst du das machen?" „Ja natürlich!" „Rudolf Mees, willst du das auch machen?" „Ja, ja natürlich!" Adriaan Deking Dura genauso. Und dann hat er wohl gesagt: „Ok, gut, dann sind wir fertig." Es gibt so einen holländischen Ausdruck: „Dan zijn we klaar". Dann sind die vier wieder raus gegangen, haben sich angeschaut und gesagt: „Jetzt haben wir ein Versprechen abgegeben. Jetzt müssen wir das auch tun!" Das ist ein Motiv, das maßgebend ist für den Charakter von Triodos und die Kultur der Bank: dieser Aspekt des Tuns.

Die zweite Anekdote steht im Zusammenhang damit, dass die Gründer sich Menschen gesucht haben, die die Bank tatsächlich aufbauen und gründen. Sie sind zur niederländischen Zentralbank gegangen und haben auch dort gesagt: „Wir wollen gerne eine Bank gründen". Die Zentralbank hat dann wohl geantwortet: „Das ist in Ordnung, aber warum bleibt ihr eigentlich nicht so schön klein wie ihr seid?" Dann hätten sie keine Banklizenz gebraucht. Zu dem Zeitpunkt hatten sie nämlich schon Leihgemeinschaften gebildet, in kleinem Rahmen Geld vergeben und damit erste Bankerfahrungen gemacht. Da haben die Gründer aber gesagt: „Nein, wir wollen eine richtige Bank werden, präsent und voll in der Gesellschaft etabliert; aus anthroposophischen Inhalten heraus". Und dann hat die Zentralbank das genehmigt, mit allen Bedingungen, die sie gestellt haben.

So viel also zum Gründungsimpuls; jetzt unternehme ich einen kleinen Sprung in die Gegenwart. Heute sind wir in fünf Ländern tätig: Holland, Belgien, England, Spanien und seit vier Jahren auch in Deutschland. Insgesamt haben wir über 800 Mitarbeiter, wobei in Deutschland derzeit 40 Menschen für die Triodos Bank tätig sind; hier wurde die Niederlassung im Jahr 2009 eröffnet, wir befinden uns also noch mitten im Aufbau und im Wachstum.

Im Wesentlichen ist die Triodos Bank eine Online-Bank. In Zeist in den Niederlanden befindet sich der Hauptsitz. In Frankreich gibt es ein Vermittlungsbüro und als nächstes soll daraus auch eine vollwertige Bankniederlassung entwickelt werden. Das spanische Triodos-Modell unterscheidet sich von dem der anderen Länder. Hier ist die Niederlassung in Madrid, daneben haben wir Filialen in den Regionen und Städten. Die Spanier legen stärkeren Wert auf persönliche Beziehungen und darauf, die Menschen in einer Bank, bei denen sie ein Konto eröffnen, kennenzulernen. Aus diesem Grund ist die Strategie dort, kleine Bankfilialen in zentralen Standorten zu haben, wo viel Laufkundschaft ist, und wo die Leute im persönlichen Kontakt ein Gefühl für die Bank bekommen. Inzwischen gibt es über 20 Filialen in Spanien, auch auf Teneriffa und auf Mallorca. In jedem Land kann der Aufbau der Triodos Bank also individuell nach den jeweiligen Bedürfnissen gestaltet werden; das macht die Diversität der Triodos Bank aus. Allerdings bringen die Regulatoren nun den starken Impuls hinein, alles möglichst zu vereinheitlichen; dieses Thema beschäftigt uns zurzeit daher stark.

Seit ihrer Gründung vor 33 Jahren hat die Triodos Bank eine Pionierrolle inne. Ein Beispiel ist das Thema erneuerbare Energien in den Achtzigerjahren: Triodos war die erste Bank, die Windräder in Holland finanziert hat. Heute sind wir in diesem Bereich in noch viel größerem Umfang aktiv. Die Finanzierung von Offshore-Windparks können wir allerdings zum Teil nicht durchführen, weil es sich um zu große Summen handelt. Offshore-Windparks kosten schnell 800 Mio. €; unsere maximale Kreditgröße liegt aber bei 15 Mio. €. In den Neunzigerjahren haben wir die ersten grünen Investmentfonds aufgelegt, sind im Bereich Mikrofinanz stark gewachsen und haben auch den Bereich Venture Capital hinzugenommen. Ein weiteres wichtiges Projekt ist die Global Alliance für Banking on Values (GABV). In der GABV sind bereits rund 20 Banken aus der ganzen Welt mit ähnlichen Geschäftsmodellen vertreten. Ein Ziel von Triodos ist, aus dem Gründungsimpuls der Bank heraus weltweit dieses Bankenmodell zu fördern, sich mit anderen auszutauschen und in die Diskussion zu gehen. Wenn wir vor dem Hintergrund der Finanzkrise die „Too big to fail"-Problematik betrachten, dann erkennen wir, dass wir viele, kleine, diverse Banken brauchen, die eine stabile Bankenlandschaft bilden können.

Jetzt möchte ich mit einigen Aspekten zum Geschäftsmodell fortfahren und dabei auf einer tieferen Ebene nochmal auf den Gründungsimpuls und auf die Dreigliederung nach Rudolf Steiner eingehen. Zum Geschäftsmodell: Die Triodos Bank betreibt das klassische Bankgeschäft, also das Einlagen- und Kreditgeschäft. Außerdem haben wir unsere Tochtergesellschaft Triodos Investment Management. Diese entwickelt und verwaltet nachhaltige Fonds. Hier arbeiten Menschen, die sich auch als Mitarbeiterinnen und Mitarbeiter der Bank betrachten. Dennoch ist dieser Bereich gesondert zu betrachten, da das risikoreichere Investmentgeschäft vom Bankgeschäft getrennt ist; das ist ein ganz wichtiger Grundgedanke, auf den ich später noch näher eingehen werde.

Etwa 98 % unserer Einlagen sind Spareinlagen. Wir leihen in der Regel kein Geld von anderen Banken; eine Ausnahme stellt zum Beispiel hier in Deutschland die KfW dar, wenn wir erneuerbare Energien finanzieren. Das ist eine Ausnahme, wo wir Geld auf der Einlagenseite leihen. Das Verhältnis der vergebenen Kredite zu den erhaltenen Einlagen beträgt derzeit etwa 68 %. Die Zielmarke liegt bei 75 %. Das zeigt, dass auf der Kreditseite ein Problem besteht: Wir kommen mit dem Wachstum des Geldes auf der Einlagenseite in der Kreditvergabe nicht nach, haben also mehr Geld zur Verfügung, als wir in Krediten ausgeben können. Das Problem für die Anleger ist, dass sie uns das Geld mit der Erwartung überlassen, dass wir hiermit nachhaltige Initiativen finanzieren. Etwa 32 % dieses Geldes erfüllen aber nicht den Auftrag unserer Sparer. Das müssen wir mühsam zu geringen Zinsen entweder bei der Zentralbank anlegen, in die gesetzliche Mindestreserve geben oder in zum Beispiel Staatsanleihen anlegen, die von der Risikoseite her noch vertretbar sind.

Eine zentrale Aufgabe einer Bank, und so auch der Triodos Bank, ist die Fristentransformation. Sparer haben zum Beispiel Tagesgeldkonten, diese Gelder sind sofort abrufbar. Kredite hingegen laufen über zehn bis 20 Jahre und müssen dementsprechend gegenfinanziert werden.

Ein wichtiger Gedanke ist, dass wir die Realwirtschaft finanzieren möchten. Wir betreiben also keine Spekulationen und keinen Eigenhandel, sondern vergeben ausschließlich Kredite, die in das wirkliche, reale Leben hineingehen. Warum ist das so wichtig? Die Auffassung von Triodos ist, dass das Geld der Initiative folgt. Unser Ansatz ist es mitzuhelfen, die reale Welt zu verändern und wenn wir das tun und mit Hilfe des Geldes Projekte, die nachhaltig sind, ins Leben bringen, dann folgt das Geld dieser Initiative. Das ist der Ansatz von Triodos.

Bei den Finanzierungsbereichen haben wir eine Dreiteilung: die Umwelt, das Soziale, also den Bereich der gemeinnützig orientierten Initiativen und Kultur, Erziehung, Schule, Glaubenseinrichtungen und Spiritualitätszentren. Daran erkennt man eine hohe Diversität. In Deutschland werden noch nicht alle Bereiche abgedeckt; hier fokussieren wir uns derzeit noch auf die Bereiche erneuerbare Energien, Pflegeheime, Schulen, auch den Biobereich. Aber wir machen zum Beispiel noch keine fokussierte Kulturfinanzierung oder Theaterfinanzierung. In den Niederlanden dagegen werden beispielsweise auch Cellisten oder Geiger finanziert. Die durchschnittliche Kreditgröße liegt bei ungefähr 800.000 €; das heißt, wir haben viele Kleinkredite im Portfolio, was auch durch die historische Entwicklung der Bank bedingt ist. In Deutschland allerdings müssen wir erst einmal Profitabilität erreichen und vergeben eher die größeren Kredit, möglichst ab 1 Mio. €.

Speziell bei den nachhaltig gemanagten Aktien- und Rentenfonds von Triodos Investment Management arbeiten wir mit Ausschlusskriterien. Hierunter fallen so bekannte Dinge wie Atomenergie, Pornografie oder Korruption. Wir haben beispielsweise in dem Investmentuniversum unserer Fonds auch BMW. BMW an sich ist nicht vollständig nachhaltig, hat aber unter anderem einen gewissen Anteil an E-Mobilität. Das Investment Management betreiben wir nicht in erster Linie aus Gewinngesichtspunkten, sondern es ist Teil des Gedankens, auch in Bereichen, die noch nicht vollständig nachhaltig sind, die Nachhaltigkeit zu etablieren und zu fördern. Bei der Entscheidung für ein Investment ist uns wichtig, dass im Geschäftsplan die ernsthaften Bestrebungen, die Nachhaltigkeit zu verbessern und zu vergrößern, nachvollzogen werden können. Und das prüfen wir dann nach gewissen Gesichtspunkten.

Bei der Kreditvergabe arbeiten wir auch mit den Ausschlusskriterien, hier ist es in den meisten Fällen aber eher pro forma. Bei einem Windrad ist zum Beispiel die

Einschätzung der Nachhaltigkeit recht problemlos. Gleiches gilt für einen Ökobauern. Bei diesen Beispielen ist die Nachhaltigkeit so einsichtig und deutlich, dass man nicht explizit nach Ausschlusskriterien prüfen muss, sondern vielmehr unternehmerische Kriterien und damit auch Nachhaltigkeit in Bezug auf die Wirtschaftlichkeit betrachtet. Daher werden die Ausschlusskriterien vor allem auf den Fondsbereich angewandt.

Der Investmentbereich und der Bereich des Einlagen- und Kreditgeschäfts befinden sich in getrennten Rechtsstrukturen. Die Bank ist eine Aktiengesellschaft, während die Fonds stets eigene Gesellschaften sind, die von Triodos Investment Management als Tochtergesellschaft der Triodos Bank verwaltet werden. Juristisch und risikotechnisch sind diese Bereiche vollständig voneinander getrennt. Triodos Investment Management verwaltet also lediglich die Fonds. Wenn ein Fonds insolvent wird, dann verlieren zwar die Anleger ihr Geld; die Managementgesellschaft ist davon aber nicht betroffen, und die Bank hat ohnehin keinen Schaden davon.

Transparenz verstehen wir als zentralen Aspekt eines nachhaltigen Bankmodells. Dahinter steht der Gedanke, dass man für sein Geld nur dann Verantwortung übernehmen kann, wenn man weiß, was mit dem Geld passiert. Aus diesem Grunde zeigen wir auf unserer Website und in unseren Jahresabschlüssen so transparent wie möglich auf, wo das Geld unserer Sparer und Anleger hingeht. Auf der Website sind alle finanzierten Projekte zu finden – zumindest, wenn der Kunde der Veröffentlichung zustimmt. Aber die meisten Kunden tun das auch, weil sie dadurch ebenfalls eine gewisse Sichtbarkeit erreichen. Ein wesentlicher Grund für viele Kunden, mit uns im Kreditbereich zu arbeiten, ist, in ihrem Bankenportfolio eine Nachhaltigkeitsbank zu haben. Dies können sie nach außen kommunizieren, und sie können sich darüber auch in ihrer eigenen Nachhaltigkeit wiederfinden. Geschätzt sind 99 % der Kunden damit einverstanden, dass wir sie auf der Website transparent machen. Wir veröffentlichen natürlich keine Informationen über den Kreditvertrag. Auf der Website wird nur das gezeigt, was sowieso auch öffentliche Information des Kunden selbst ist; diese Texte sprechen wir mit den Kunden ab. Unser Kreditvolumen beläuft sich international auf 3,3 Mrd. €, bei annähernd einer halben Million Einlagenkunden. In Europa sind wir damit tatsächlich die größte nachhaltigkeitsorientierte Bank. In Deutschland ist die Triodos Bank noch vergleichsweise klein mit rund 7000 Einlagenkunden.

Unsere Kernkapitalquote liegt schon seit Jahren zwischen 14 und 16 %; das machen wir ganz bewusst. Wir möchten solide dastehen und das hohe Wachstum, das wir in den letzten Jahren hatten, jeweils immer mit genügend Eigenkapital nachfinanzieren. In dieser Wachstumsphase sind das allerdings erhebliche Summen; vor einigen Jahren wurde uns klar, dass wir jedes Jahr mindestens 100 Mio. € Eigenkapital akquirieren müssen. Das ist zweifellos eine große Aufgabe.

In der Finanzkrise 2008 haben wir kein Geld verloren, weil wir kein Geld in kritischen Geschäften investiert hatten, mussten aber zum Teil auch für das Scheitern anderer Banken mitbezahlen. Das starke Wachstum bei der Triodos Bank begann allerdings bereits Ende der Neunzigerjahre – und steigerte sich dann in den Finanzkrisenjahren noch einmal deutlich. In dem Zeitraum davor, vor den Neunzigerjahren, ist die Bank lange Jahre relativ klein geblieben; und dann solide und vorsichtig gewachsen. Ähnlich wie die GLS Bank wurde die Triodos Bank stabil und Schritt für Schritt aufgebaut.

Seit einiger Zeit versuchen wir, die nachhaltige Wirkung, die wir mit unserer Finanzierung erzeugen, in Zahlen auszudrücken. Da liest man dann zum Beispiel: „5,7 Millionen Menschen haben die Theater besucht, die wir finanziert haben." Das ist einfach ein Versuch, sichtbar zu machen, welche Wirkung wir mit dem, was wir tun, erzielen. Wir sind in rund 100 Mikrokreditinstituten in der ganzen Welt investiert und haben eine Abteilung mit 40 Leuten, die ständig in diese Länder reisen. Diese Mikrofinanzinstitute wiederum vergeben Kleinstkredite, und auf diese Weise erreichen wir rund 7 Mio. Menschen. Diese Breitenwirkung zu betrachten, ist interessant. Der Bereich Impact Measurement ist ein wichtiges Thema. Wir möchten gerne noch transparenter werden als bisher, es ist aber recht komplex, das Ganze handhabbar und wissenschaftlich darzustellen.

Um die Merkmale einer nachhaltigen Bank zusammenzufassen: Nachhaltige Banken sind dadurch gekennzeichnet, dass sie zum Kerngeschäft zurückkehren, die Realwirtschaft finanzieren, transparent sind, mittelständisch orientiert sind, und dass sie nicht so groß werden, dass sie dem gesamten System schaden könnten, wenn etwas schief geht. Im Fokus steht die Maximierung der Nachhaltigkeit auf der Basis eines gesunden Gewinnes. Ohne Gewinne, ohne gesunde finanzielle Verhältnisse im Unternehmen ist Nachhaltigkeit nicht möglich. Und als Banker muss man sich seiner gesellschaftlichen Rolle bewusst sein: Bankgeschäft als ein Teil des Gemeinwesens.

In Bezug auf das Wachstum sind wir der Auffassung, dass Wachstum mit Nachhaltigkeit gut ist, weil es in der Gesellschaft auch ein entsprechendes Wachstum an Veränderungen und Nachhaltigkeit mit anregt. Ich weiß, dass einige Unternehmen, auch im Sozialbereich, ganz bewusst sagen: „Wir wollen nicht wachsen." Dieser Auffassung sind wir nicht. Wir sind aber im Moment auch ein wenig am Umdenken, gerade in Bezug auf den Kreditbereich, und wir akzeptieren, dort derzeit nicht so schnell zu wachsen. Das hat auch damit zu tun, dass wir in einigen Bereichen in Bezug auf neue Anforderungen der niederländischen Zentralbank nacharbeiten müssen.

Daher ist es viel wichtiger, dass wir von unten her kleine Banken aufbauen, die regional verbunden und eingebunden sind. Je größer wir werden, desto mehr versuchen wir auch in die öffentliche Debatte einzusteigen; aber ab einer gewissen Größe kommen auch wir an unsere Grenzen. Wachstum ist nicht endlos möglich. Die zunehmenden regulatorischen Anforderungen treten zurzeit ganz deutlich als bremsender Faktor auf. Teilweise werden durchaus sinnvolle Dinge gefordert, aber zum Teil eben auch nicht. In der jetzigen Phase halten die Anforderungen sehr auf, und das betrifft alle Banken. Meiner Einschätzung nach können die Anforderungen dann in der nächsten Phase aber eine Hilfestellung leisten. Denn sie bewirken, dass die Banken tatsächlich an wichtigen Punkten viel solider aufgestellt sind. Ich denke, das gilt vor allem für kleinere, mittelständische Banken. Die großen Banken sind ja nun schon ganz gut aufgestellt, aber finden natürlich immer wieder ihre Lücken. Durch den Aufbau einer solideren Basis kann wiederum weiteres Wachstum unterstützt werden. Insofern ist diese Verlangsamung des Wachstums ein Phänomen, auf das wir uns einstellen und bei dem wir uns bewusst sind, dass das Wachstum in dieser Größenordnung auf Dauer nicht durchzuhalten ist.

Zum Abschluss möchte ich noch auf das Thema „Eigentümerstrukturen" eingehen. Mittel- und langfristig ist eine Eigentümerstruktur, die Unabhängigkeit ermöglicht und die eine Idee schützt und bewahrt, sehr wichtig. Und das haben unsere Gründer sich ebenfalls so gedacht und entsprechende Strukturen geschaffen. 100 % der Aktien der Triodos Bank werden in einer Stiftung gehalten. Diese Stiftung wiederum vergibt aktienähnliche Rechte, über die das Eigenkapital generiert wird. Die aktienähnlichen Rechte haben eine Stimmrechts- und auch eine Kapitalbegrenzung. Es gibt keinen einzigen Anteilseigner, der mehr als 10 % des Eigenkapitals halten darf. Dadurch kann es nie passieren, dass einer oder mehrere Personen sich zusammentun, um die Bank massiv zu beeinflussen oder sogar zu kaufen. Das sind ganz entscheidende Dinge, um unsere Werte, die wir weiter leben wollen, auch leben zu können.

Ungefähr 70 % unserer Inhaber aktienähnlicher Rechte sind Kleinanleger mit Anlagebeträgen von beispielsweise 500 € oder 1000 €. Inzwischen haben wir über 27.000 Inhaber aktienähnlicher Rechte, die Privatpersonen sind. Die anderen 30 % der Anleger sind institutionelle Investoren, hauptsächlich in Holland, die dann auch größere Beträge halten. Die Anteile können gehandelt werden, sind aber nicht börsennotiert; die Dynamik der Börse möchten wir für die Triodos Bank vermeiden. Wir führen eine Liste der Personen, die verkaufen wollen, und bringen sie mit den Personen zusammen, die kaufen möchten, im Rahmen eines internen Marktes. Die Eigentümerschaft ist ein ganz zentraler Faktor, wenn man eine Bank oder ein Unternehmen gründen möchte und daher eine Sache, über die man lange nachdenken sollte.

Ich möchte nun noch ein paar Aspekte zur Dreigliederung ansprechen. Unser Name geht zurück auf die Ideen Rudolf Steiners zur Dreigliederung. TRIODOS –

das sind drei Wege, in moderner Sprache: Mensch, Umwelt und Wirtschaft. Um Steiners Idee zur Dreigliederung zu verstehen, betrachten wir den Menschen: Wir haben das „Denken", das im Kopf angesiedelt ist. Dann haben wir das „Fühlen", das wir in der Körpermitte erleben. Und wir haben das „Wollen", das unsere Glieder im Tun ausdrücken. Oder eine andere Systematik wäre: Kopf, Herz und Hand. Zu dem Thema der Physiologie des Menschen nach der Dreigliederung hat Johannes W. Rohen sehr interessante anatomische Bücher geschrieben.

Es gibt also drei Systeme in uns. Das Nerven-Sinne-System ist im Wesentlichen im Haupt verankert, mit dem Gehirn als Hauptorgan, aber auch den Augen, der Nase und den Ohren, also den Sinnesorganen. Und als Funktionen gelten hier das Wahrnehmen und das Ordnen; das ist das, was wir im Kopfbereich hauptsächlich tun. Das zweite System, das Herz-Rhythmus-System, ist im Vergleich dazu schon komplizierter, denn das spielt sich zwischen Herz und Lunge ab. Wir atmen ein, die Lunge wird mit Sauerstoff angereichert, das alte Blut kommt in die Lunge, wird durch den Sauerstoff erfrischt, geht wieder in das Herz und erneut in den Kreislauf ein. Herz und Lunge bewirken also die ständige Erneuerung des verbrauchten Blutes. Neueste Forschungen des Herzens bestätigen, was auch Steiner schon postuliert hat: Das Herz ist nicht nur eine Pumpe, denn es pumpt eigentlich, um auszugleichen. Und das ist ein interessanter Gedanke: Wenn es keine Pumpe ist, dann stellt sich natürlich die Frage: Wer bewegt das Blut? Das Herz ist keine Pumpe in dem Sinne einer Hauptfunktion, sondern es ist ein Ausgleichorgan. Das heißt, wenn ich in Spannung oder in Aufregung bin, dann schießt das Blut in den Kopf. Das unterstützt das Herz natürlich, aber dieser Vorgang hängt ganz stark mit unseren Gefühlen und mit unserem unmittelbaren Status zusammen, also wie wir uns selbst erleben.

Dann gibt es als drittes das Stoffwechsel-Gliedmaßen-System, das sechs oder sieben Organe umfasst, die miteinander funktionieren. Mit dem Stoffwechsel-Gliedmaßen-System verarbeiten wir die Nahrung. Das fängt hier im Mund an: Wir zerkauen die Nahrung, sie geht dann in den Magen, sie wird komplett zersetzt, aufgelöst, und dann mit Hilfe der Organe neu und für den Körper passend aufgebaut. Durch diese Nahrungsmittelaufnahme entsteht also eine Art Erneuerung und Belebung. In dem Buch „Die Kernpunkte der sozialen Frage in den Lebensnotwendigkeiten der Gegenwart und Zukunft" von Rudolf Steiner ist im zweiten Kapitel der folgende Satz zu lesen: „[...] dass das menschliche Denken, das menschliche Empfinden lerne, das Lebensmögliche an der Betrachtung des naturgemäßen Organismus zu empfinden und dann diese Empfindungsweise anwenden könne auf den sozialen Organismus" – er benutzt hier das Wort „Empfinden" und das ist mir wichtig. Dieser Gedanke sagt: „Studiere die drei Systeme im Menschen, entwickle eine Empfindungsweise, wie drei unterschiedliche Systeme in Harmonie miteinander zusammenarbeiten, nutze diese Empfindungsweise, die man daran gelernt hat und betrachte dann den sozialen Organismus."

Wenn wir jetzt schauen: Sozialer Organismus, Wirtschaft, Recht und Geistesleben, dann können wir eine Empfindung dafür entwickeln, was überwiegt, was wird wo ungesund, und das betrifft auch die Kreditvergabe in der Entscheidungsfindung. Das Interessante ist für mich, dass Steiner diese Empfindung ins Zentrum setzt. Urteilsbildung geschieht ja letztlich, nach Durcharbeitung sämtlicher Fakten und Daten im Gefühl, im Herzen, wenn wir sagen: „Ja, fühlt sich gut an", oder: „Nein, es fühlt sich noch nicht stimmig an." Das Konzept Herzratenvariabilität rückt in diesem Zusammenhang auch in der wissenschaftlichen Betrachtung immer mehr in den Fokus. Das Herz schlägt kontinuierlich, aber es reagiert ganz empfindlich auf jede Nuance. Die Abstände vom einen Schlag zum nächsten sind unterschiedlich, es ist Nervosität oder Ruhe drin, und das kann man messen. Und es gibt Übungen, die die Aufmerksamkeit auf die Herzregion lenken. Ganz entspannt atmen und dabei Wertschätzung ausstrahlen. Wenn man das von der Mitte her ausstrahlt, wird das messbar – die Herzratenvariabilität kommt in eine Kohärenz. Und auf einmal ist der ganze Organismus in Kohärenz. Das heißt, die drei Glieder, die ich genannt habe, sind plötzlich miteinander in einem gesunden Verhältnis. Und das ist messbar über die Herzratenvariabilität. Es ist nachweisbar, dass in dem Zustand der Kohärenz bessere Entscheidungen getroffen werden, weil man dann mehr bei sich und in Ruhe ist. Und wenn man bei sich ist, dann ist man nicht im Kopf, sondern dann ist man hier im Herzen. Und man kann auch ein gestärktes Immunsystem feststellen, das lässt sich also auch biochemisch nachweisen. Das Herz hat ein eigenes Nervenzentrum, und wenn wir in Kohärenz sind, sendet das Herz Signale zum Gehirn. Es ist also nicht nur alles vom Gehirn gesteuert. Das ist natürlich ganz wichtig und beeinflusst das Menschenbild.

In Kohärenz sind also diese drei Systeme miteinander in einem Optimalzustand. Und allein sich klar zu machen, dass drei Systeme unter verschiedenen Steuerungsaspekten miteinander funktionieren, dafür die Empfindungs- und Verständnisfähigkeit zu entwickeln und das auf den sozialen Organismus zu übertragen, ist eine Forschungsaufgabe. Und damit möchte ich zur Triodos-Mission kommen. Die Gründer haben sich mit diesen Fragen beschäftigt und darum die Triodos-Mission in dieser Dreistufigkeit versucht zu beschreiben. Der geistige Bereich ist stark darüber vertreten, dass wir anstreben, mit unserer Kreditvergabe die Lebensqualität zu erhöhen und die Menschenwürde zu achten. Im mittleren Bereich steht der bewusste Umgang mit Geld. Hier ist für mich eine Brücke: Wenn ich bewusst mit Geld umgehen möchte, dann brauche ich dazu eine Kohärenz und Entscheidungsfähigkeit, dass ich bei mir bin und richtige Entscheidungen treffe. Und dass ich die Möglichkeiten der Gier erkenne und bemerke, dass ich an manchen Stellen vielleicht zu viel will. Und wenn wir (übertragen auf die Finanzkrise) betrachten, wie die Elemente der Gier uns dort reflektieren, dann sind die Menschen, die so gehandelt haben, nicht in Kohärenz, sondern in einem Zustand, in dem man sich oftmals durch übersteigerte Aktivität erlebt. Das ist ein Zustand des schnellen Tuns, oft in riesigen Netzwerken mit anderen. Da geht es um „Deal machen" und darum, ständig etwas zu verdienen. Und dann geht's immer weiter, bis die Blase platzt. Darum ist es das Wichtigste, bei sich zu bleiben, mit einer gewissen Ruhe zu handeln.

Achtsamkeit spielt dabei eine große Rolle. Ich habe von Wertschätzung gesprochen. Achtsamkeit ist ein Impuls, der stark auch von Otto Scharmer mit der „Theorie U" betont wird. Wir arbeiten bei uns in der Bank mit bestimmten Methoden. Es geht darum, zu lernen, anders miteinander umzugehen und zu lernen, besser zuzuhören. Das Thema Achtsamkeit hat wachsende Bedeutung: Denken mit Achtsamkeit durchsetzen. Die Achtsamkeit ist dann eigentlich das Interesse, die Wärme, die Begeisterung. Die Begeisterung, die ins Denken geht. Herzkräfte, die man in das Denken sendet; oder wenn man es umdreht: Mit dem Herzen denken. Dann kommen wir zu einem fühlenden Wahrnehmen oder einem fühlenden Tun. Ein Teil der Methodik der Achtsamkeit ist, zu beobachten. Observe, observe, observe. Gut zuhören, dass man sich verbindet mit dem Herzen, mit dem, was mein Gegenüber in der täglichen Arbeit macht oder was meine Kollegin oder mein Kollege zu sagen hat.

Und dann kommen wir zur Wirklichkeit. Wir haben hohe Ideale und hohe Ziele. Wir haben aber auch Konflikte, so wie überall, und ein Konflikt in einem Team ist schwierig. Was auch ein Zeitmotiv heute ist, ist der Verlust der Eindeutigkeit. Nichts ist eindeutig; ich bin nicht nur gut, ich bin immer auch schlecht und das gilt für uns alle. Ich mache Fehler, und ich mache auch keine Fehler. Und mit dieser Vielfältigkeit umgehen zu lernen, halte ich für extrem wichtig, um solche Initiativen auch in die Zukunft zu führen. Das ganze Thema Konflikt ist also auch etwas, womit wir umgehen müssen. Und dann kehren sich die schönen Worte schnell ins Gegenteil um: Ich höre eben nicht zu, ich beobachte nicht gut, ich bin nicht verbunden mit meinem höheren Selbst oder mit meinem Herzen, und dann kommt das Anti-Selbst ins Spiel. Hier spielt das Ego plötzlich eine große Rolle, und dann kommt es zu Machtspielen usw. Wir sind alle ein Teil dieser Welt und der Wirklichkeit und auch bei der Triodos Bank ist nicht alles so schön, wie auch ich das gerne darstelle. Für mich ist eine gewisse Ehrlichkeit wichtig, denn ich glaube, dass sich das überall so wiederfindet.

Dies kann man auch in Bezug zur Bankbilanz setzen: Auch im Umgang mit Geld hängt viel davon ab, die richtigen Entscheidungen zu treffen. Hier kommt das Modell der Urteilsbildung ins Spiel. Wir leben ständig in der Vergangenheit und in der Zukunft und müssen uns so lange mit den Dingen beschäftigen, bis wir das Gefühl haben, dass wir die richtige Entscheidung treffen. Die Dinge entwickeln sich aber sehr schnell und verlangen schnelle Entscheidungen; und mitunter passiert das dann zu schnell, und wir merken erst hinterher, dass wir die falsche Entscheidung getroffen haben. Da sind wir wieder bei diesem Verlust der Eindeutigkeit. Manchmal müssen Dinge aber auch einfach entschieden werden, und dieser Prozess der Entscheidungsfindung ist mit einem ständigen Ringen verbunden.

**Alexander Schwedeler**, bis März 2014 Geschäftsleiter, Triodos Bank N. V., Frankfurt am Main.

# Social Finance als Element des Nachhaltigkeitsmanagements: das Beispiel SAP

# 8

## Matthias Heiden, Diana Pauly und Marc Müller

## 8.1 Einleitung

Das unternehmerische Streben nach Gewinnmaximierung und soziales Engagement galten lange Zeit als zwei miteinander kaum vereinbare Konzepte. Doch das Selbstverständnis von Unternehmen hat sich stark verändert. Von einem isolierten Agenten der Shareholder hin zu einem zunehmend sein Ökosystem verstehenden und miteinbeziehenden Unternehmen war und ist es ein herausfordernder, aber wertvoller Perspektivenwandel, der sich direkt und indirekt auszahlt. Direkt zahlt es sich aus über das stetige Wachstum des Unternehmenswertes und indirekt über das Wachstum des Ökosystems, welches wiederum zur Stärkung der Nachfrage der Produkte und Dienstleistungen des Unternehmens und damit wieder zu dessen Wachstum beiträgt.

Im nachfolgenden Beitrag wird die SAP als ein Unternehmen vorgestellt, bei dem die Bedeutung nachhaltigen Engagements stark zugenommen hat, was sich auf unterschiedlichste Tätigkeitsfelder des Unternehmens auswirkt. *Social Finance* stellt dabei eine Facette nachhaltigen sozialen Engagements dar, welche auch bei SAP aufgegriffen wurde und wird. Nach einem kurzen Überblick über das Verständnis von Social Finance werden Beispiele angeführt, die das Engagement der SAP in diesem Umfeld verdeutlichen. Daneben soll ein allgemeiner Überblick darüber gegeben werden, wie SAP dieses Thema im Gesamtkontext des Nachhal-

Dieser Beitrag ist die überarbeitete Fassung des Vortrags, den Dr. Matthias Heiden am 30. April 2013 im Rahmen der Ringvorlesung „Social Finance 2013" an der Alanus Hochschule, Alfter, gehalten hat.

M. Heiden (✉) · D. Pauly · M. Müller
SAP Deutschland SE & Co. KG
Hasso-Plattner-Ring 7, 69190 Walldorf, Deutschland
E-Mail: matthias.heiden@sap.com

© Springer Fachmedien Wiesbaden GmbH 2017
G. Krämer (Hrsg.), *Finanzwirtschaft in ethischer Verantwortung*,
DOI 10.1007/978-3-658-12584-4_8

tigkeitsmanagements konkret verankert hat. Zudem soll der betriebswirtschaftliche Nutzen eines kontinuierlichen Einbezugs von Nachhaltigkeit in der Unternehmenssteuerung aufgezeigt werden.

## 8.2 Überblick über die SAP

Die SAP wurde 1972 gegründet und ist weltweit führend beim Marktanteil für Anwendungs- und Analysesoftware für Unternehmen und Marktführer im Bereich Mobile Enterprise Management. Darüber hinaus ist die SAP im Bereich Lösungen für Unternehmen der Cloud-Anbieter mit der höchsten Anzahl an Nutzern und der am schnellsten wachsende Datenbankanbieter. Stetige Innovation, ein breit gefächertes Portfolio und die Fähigkeit sich ständig ändernde Kundenanforderungen vorauszusehen, trägt seit mehr als 40 Jahren zu einem kontinuierlichen Wachstum des Unternehmens bei. Zur Konzernstruktur gehören Tochterunternehmen in jedem größeren Land der Erde. Die SAP betreut Stand 4. Quartal 2015 mehr als 296.000 Kunden in über 190 Ländern und beschäftigt mehr als 75.600 Mitarbeiterinnen und Mitarbeiter.

Im Mittelpunkt der Unternehmenskultur steht der Erfolg der Kunden. Gemäß dem Leitprinzip *Run Simple* ist es dem Unternehmen ein wichtiges Anliegen, die Kunden bei der Bewältigung der schwierigsten Herausforderungen zu unterstützen, vor denen Unternehmen heute stehen und Potenziale für Geschäftserweiterungen nutzen: Komplexität abzubauen, effizienter zu arbeiten und die Möglichkeiten der digitalen Transformation voll ausschöpfen zu können. Viele Unternehmen wachsen beispielsweise durch Akquisitionen, wodurch gleichzeitig Komplexität in unterschiedlichen Bereichen entsteht, die aber nicht unmittelbar abgebaut werden kann. Gleichzeitig ermöglicht die Digitalisierung vieler Lebens- und Wirtschaftsbereiche die Erschließung von teilweise völlig neuen Geschäftsmodellen für Unternehmen.

Der Hauptsitz der SAP, die unter SAP SE firmiert, ist Walldorf, Deutschland. Die SAP ist sowohl an der Deutschen Börse in Frankfurt sowie weiteren Börsen in Deutschland als auch an der US-amerikanischen Börse in New York (New York Stock Exchange) notiert. Zum Oktober 2015 belief sich die Marktkapitalisierung auf 84,2 Mrd. €. Die SAP ist Mitglied des Deutschen Aktienindex (DAX), des Aktienindex Dow Jones EURO STOXX 50 und des Dow Jones Sustainability Index.

Die Umsatzerlöse der SAP stammen aus den Gebühren, die sie ihren Kunden für die Nutzung ihrer Cloud-Lösungen sowie für Lizenzen an den On-Premise-Softwareprodukten und -lösungen berechnen. Darüber hinaus erzielt die SAP Umsätze aus Support-, Beratungs-, Entwicklungs-, Schulungs- und sonstigen Serviceleistungen.

## 8.3  Zunehmende Bedeutung von Nachhaltigkeit bei SAP

In den vergangenen Jahren war es ein erklärtes Ziel, neue Grundlagen für eine nachhaltigere SAP zu schaffen: Anstatt eine isolierte Nachhaltigkeitsstrategie zu verfolgen, möchte die SAP eine nachhaltige Unternehmensstrategie gestalten. Wie die SAP wirtschaftliche, soziale und ökologische Risiken und Chancen ganzheitlich steuert, hängt stark davon ab, inwiefern sie Kunden zufriedenstellen und den langfristigen Erfolg sichern kann. In diesem Kontext steht auch die strategische Vision des Unternehmens unter dem Titel *„Help the world run better and improve people's lives."* Dieses Ziel kann nur erreicht werden, wenn das Prinzip der Nachhaltigkeit zum wesentlichen Bestandteil der Geschäftsprozesse gemacht wird. Zu diesem Zweck hat die SAP ihre Governance-Struktur angepasst, sodass die einzelnen Funktionen der zentralen Nachhaltigkeitsorganisation nun größtenteils in die verschiedenen Geschäftsbereiche integriert sind. Dabei konzentriert sich die SAP gleichermaßen auf soziale, ökologische und wirtschaftliche Themen.

SAP ist sich bewusst, dass ihre Investoren zu ihren wichtigsten Stakeholdern gehören und ihr Augenmerk verstärkt darauf richten, mit welchen Maßnahmen die Firma wesentlichen geschäftlichen Herausforderungen vom Klimawandel bis hin zum weltweiten Bevölkerungswachstum begegnet. 2009 wurde die Funktion des Chief Sustainability Officer (CSO) geschaffen. Der CSO betreut die Nachhaltigkeitsorganisation und gehört der Organisation des Chief Financial Officer (CFO) an, der zugleich auch die Position des Chief Operating Officer (COO) innehat und die Gesamtverantwortung für diesen Bereich trägt. Der CFO und COO vertritt das Thema Nachhaltigkeit im Vorstand. In den Verantwortungsbereich des CSO fallen verschiedenste Aufgaben im Hinblick auf die Nachhaltigkeitsleistung der SAP, deren Maßnahmen zur Verankerung der Nachhaltigkeit in deren Geschäftstätigkeit sowie die Beziehungen zu externen Stakeholdern und die Kommunikation.

Das erweiterte Nachhaltigkeitsteam ist als Matrixorganisation aufgestellt. In der Organisation sind beispielsweise folgende Teams vertreten:

- ein spezielles Nachhaltigkeitsteam, welches das Konzept der Nachhaltigkeit in der Unternehmensstrategie verankert und für die interne Nachhaltigkeitsleistung, die integrierte Berichterstattung und die Förderung neuer Nachhaltigkeitsinitiativen in anderen Teilen des Unternehmens verantwortlich ist,
- ein Team aus Nachhaltigkeitsexperten, die das Prinzip der Nachhaltigkeit in die bestehenden und neuen Lösungen für Geschäftsbereiche und Industrien integrieren,
- Experten für Entwicklung und Solution Management, die für die Entwicklung spezieller SAP-Nachhaltigkeitslösungen zuständig sind,

- ein Team, das für das soziale Engagement der SAP zuständig ist (Corporate Social Responsibility Team).

Das Bestreben der SAP ist es, ihre Nachhaltigkeitsleistung kontinuierlich zu verbessern und auch die Stakeholder über diesbezügliche Fortschritte zu informieren. Für zahlreiche ökologische, gesellschaftliche und finanzielle Indikatoren zur Messung der Nachhaltigkeitsleistung hat die SAP jährliche, mittelfristige und langfristige Ziele definiert. Einen Überblick über die Zielsetzung sowie aktuelle Ergebnisse der Nachhaltigkeitsleistungen legt die SAP in ihrer externen Berichterstattung offen, so zum Beispiel im Integrierten Geschäftsbericht oder in den Quartalsberichten.

## 8.4 Social Finance als bedeutsame Facette von Nachhaltigkeit

Zu den Zielen der Nachhaltigkeitsaktivitäten von SAP gehört auch der Bereich Social Finance. Eine Facette von Nachhaltigkeit, die insbesondere die aktive Unterstützung anderer, vor allem kleinerer Unternehmen oder sogar Privatpersonen in ihren unternehmerischen Bemühungen, umfasst. Der Ausgangspunkt einer auflebenden Social Finance Kultur kann in der Pleite der Lehman Brothers Bank im Jahre 2008 gesehen werden. Mit dem drohenden Zusammenbruch des Bankensystems ging sehr viel Unsicherheit unter den Finanzmarktteilnehmern einher, was sich letztlich auch darin zeigte, dass die Versorgung von Unternehmen mit Fremdkapital sich enorm verschlechtert hat. Die Banken standen vor einer neuen Risikodimension, der sie sich so wenig wie möglich aussetzen wollten und gingen dadurch keinerlei Risiken bei der Kreditvergabe mehr ein. Dies hatte zur Folge, dass beispielsweise ein kleines und junges Unternehmen mit wenigen Sicherheiten quasi keine Kredite mehr erhalten konnte (vgl. Grimme-Institut 2013).

Aufgrund dieser Entwicklungen entstand die Notwendigkeit, alternative Möglichkeiten zur Versorgung mit Kapital zu finden, um die fehlende Aufgabenerfüllung des am Boden liegenden Bankensystems zu kompensieren. Es entstanden alternative, mit den Banken konkurrierende Finanzierungs- und Geldmodelle. Ein zentrales Element dabei ist der „Peer-to-Peer" Gedanke: Marktteilnehmer unterstützen sich gegenseitig mit alternativen Finanzierungsmodellen. Es entstanden und entstehen beispielsweise privatwirtschaftlich organisierte Onlineplattformen über die sich Kreditgeber und Kreditnehmer zusammenfinden können. Ähnliche Beispiele sind *Crowdlending* bzw. *Crowdfunding* und *Crowdinvesting*. Beim *Crowdlending* ermöglicht eine große Anzahl freiwilliger spendenfreudiger Internetnutzer die Finanzierung von durch zum Beispiel Künstler, Aktivisten, Veranstalter oder auch Unternehmer vorgestellten Projekten (vgl. Bendel o.J.). *Crowdinvesting* ist im Grundgedanken ähnlich wie *Crowdlending*, geht jedoch ein Stück weit darüber hinaus, indem Freiwillige nicht nur Kapital verleihen, sondern Anteile am Unternehmen oder Projekt erwerben und somit Inhaber mit teilweise sogar gewissen Mitgestaltungsrechten, mindestens jedoch Bezieher einer gewissen Rendite auf die Investition werden.

Der Zugang zu (Online-)Netzwerken bringt nicht nur die physische Vernetzung mit sich, sondern stellt für viele Unternehmen auch einen der ersten Schritte hin zur Digitalisierung ihres Geschäftes dar, was eine nicht zu vernachlässigende Komponente ist. Die digitale Vernetzung von Unternehmen mit ihren Geschäftspartnern wie Zulieferern, Kunden und Vertriebspartnern stellt eine zunehmend wichtige Möglichkeit zur Erweiterung des Wirkbereiches und den Möglichkeiten des Zugriffs auf Ressourcen für das Unternehmen dar. Das liegt vor allem daran, dass die Gebundenheit der physischen Welt an Raum, Personen und Zeit in der digitalen Welt überwunden wird und die mit der Gebundenheit einhergehenden Einschränkungen wegfallen. Es spielt also beispielsweise keine Rolle mehr, ob ein potenzieller Kapitalgeber tagsüber oder nachts das Unternehmen ansprechen möchte und ob sich dieser auf der nördlichen oder südlichen Hemisphäre der Welt befindet.

Die Wirkungsbereiche von Social Finance gehen zudem häufig über die reine Beschaffungsfunktion von Kapital oder Krediten hinaus. Die Organisation „Sofis World" beispielsweise lässt dies an ihrem Mission Statement erkennen: „Unser Ziel ist es durch Ausbildung und Finanzierungshilfen den Menschen zu einem selbstständigen und eigenverantwortlichen Leben zu verhelfen. Dies soll im Bereich Energie- und Wasserversorgung, Handwerk, Handel und Nahrungsmittelproduktion auf der Basis ökologischer und ökonomischer Nachhaltigkeit erreicht werden.

SOFIs WORLD – Social Finance achtet auf ganzheitliche Konzepte, denkt in globalen, wirtschaftlichen und ökologischen Zusammenhängen und handelt regional.

Unsere Projekte stärken durch langfristig wirksame Investitionen sowohl einzelne Menschen, als auch ganze Regionen" (SOFIs WORLD – Social Finance o.J.).

## 8.5   Social Finance Initiativen von SAP

Auch SAP unterstützt Organisationen, die anderen Unternehmen bei der Selbstent-
wicklung unterstützen. Ein Beispiel hierfür ist der „Acumen Fund". Im Rahmen
des gemeinsam mit Acumen organisierten „SAP Social Enterpreneur Fellowship
2015" wurden SAP Talente mit neun ausgewählten sozialen Unternehmen aus Ost-
Afrika, Indien und Palo Alto zusammengebracht um einen Wissenstransfer bezüglich der Lösung komplexer Probleme zu ermöglichen. Die Idee: heranwachsende
soziale Unternehmen dabei unterstützen, sich und ihre Möglichkeiten zur Ausweitung der Geschäftstätigkeit aufbauen. Dazu gehört auch der Zugang zu Netzwerken
von potenziellen Geschäftspartnern und Kapitalgebern.

Ein weiteres Beispiel ist das SAP Social Sabbatical Programm. Hierbei schickt
die SAP jährlich rund 120 SAP Talente für vier Wochen in Emerging Markets,
um soziale Unternehmen dabei zu unterstützen, konkrete strategische Herausforderungen zu lösen. Ein Beispiel hierfür ist Shanduka Black Umbrellas in Südafrika,
einem Entrepreneurship Incubator für sogenannte black-owned businesses, wo ein
SAP Team ein Knowledge Management Framework ausgearbeitet hat, um die Basis zu legen, für eine weitere Ausbreitung innerhalb des Landes.

Beide Beispiele verdeutlichen auch im SAP-Kontext die bereits oben skizzier-
te zentrale Nachhaltigkeitskomponente von Social Finance: Hilfe zur Selbsthilfe.
Im Vordergrund steht demnach der Zugang zu wichtigen Ressourcen wie Kapital,
erweiterten Vertriebsnetzwerken oder Weiterbildung. Mit diesen wichtigen Ressourcen wird das Unternehmen in die Lage versetzt, seinen eigenen Zielen näher
zu kommen.

## 8.6   Betriebswirtschaftlicher Nutzen des Nachhaltigkeitsmanagements für SAP

Wie eingangs des Artikels geschildert, hat die SAP eine Reise begonnen, die zum
Ziel hat, nachhaltiges Wirtschaften auf verschiedensten Ebenen des Unternehmens
zu verankern. Begünstigt wird diese Reise durch die Feststellung, dass Nachhaltigkeit sich auch für die SAP selbst direkt auszahlt. So war es in der jüngeren
Vergangenheit das Ziel, einen Rahmen zu schaffen, der die konkreten Zusammenhänge zwischen der nicht finanziellen und der finanziellen Leistung aufzeigt.
Denn dass die sozialen, ökologischen und wirtschaftlichen Leistungen eines Unternehmens sich gegenseitig beeinflussen, und dass jeder Bereich spürbare Auswirkungen auf die anderen hat, bildet die Grundlage von integriertem Denken. Den
Rahmen hierfür bildet der unter http://sapintegratedreport.com/2014/de/home.html

abrufbare integrierte Bericht. Dieser führt sämtliche Nachhaltigkeitsbereiche zusammen und gibt internen wie externen Stakeholdern Aufschluss darüber, welche Schwerpunkte und deren Zusammenhänge die SAP bezogen auf Nachhaltigkeit für sich definiert hat und verfolgt. Konkret hat die SAP beispielsweise ermittelt, wie sich vier soziale und ökologische Kennzahlen – betrieblicher Gesundheitskulturindex (BHCI), Mitarbeiterengagement, Mitarbeiterbindung und Emissionen – auf das Betriebsergebnis der SAP auswirken. Wie auf den folgenden Seiten geschildert, waren die Ergebnisse überraschend: Sie belegten mit eindeutigen Zahlen, wie eine integrierte Strategie nicht nur die Umweltauswirkungen verringert und das Wohlbefinden der Mitarbeiter positiv beeinflusst, sondern auch den Geschäftserfolg fördert.

2014 hat die SAP mehr als nur die allgemeinen Zusammenhänge zwischen nicht finanzieller und finanzieller Leistung aufgezeigt. Untersuchungen in der Vergangenheit hatten bereits ergeben, dass eine Korrelation zwischen Kennzahlen wie Mitarbeiterengagement und Umsatz oder Marge besteht. SAP wollte einen Schritt weiter gehen. Anhand interner Daten wurden diese Verbindungen ganz konkret für die SAP dargestellt: Kennzahlen, die messen, wie gut SAP ihre Mitarbeiter für das Unternehmen begeistert und für ihre Vision und Strategie gewinnt, wie erfolgreich sie die Vereinbarkeit von Beruf und Privatleben unterstützt und die $CO_2$-Emissionen senkt, wurden finanziell bewertet. Abb. 8.1 zeigt die web-basierte Einsicht in den Bereich des integrierten Berichtes, der Aufschluss über diese beschriebenen Zusammenhänge gibt.

In internen Gesprächen zwischen dem Nachhaltigkeitsteam und Controlling, sowie in Zusammenarbeit mit externen Beratern, konnte so eine Methode erstellt werden, die im Nachfolgenden genauer betrachtet wird. Das Nachhaltigkeitsteam hat diesen Entstehungsprozess maßgeblich vorangetrieben und steuert auch bislang die Weiterentwicklung der Themen. Eine über diese Gespräche hinaus gehende Integration von Controllingfunktionen in den Prozess der Festlegung und in das fortlaufende Monitoring der Nachhaltigkeitsziele und -kennzahlen ist aktueller Bestandteil unternehmensinterner Gespräche zur zukünftigen Ausgestaltung des Nachhaltigkeitsmanagements.

Für diese Methode wurden zunächst Ursache-Wirkungs-Ketten erstellt. Diese Diagramme zeigen, wie spezielle Maßnahmen, welche die SAP ergreift, Verhaltensänderungen bewirken, die wiederum das Geschäft beeinflussen und sich letztendlich in einem finanziellen Ergebnis niederschlagen. Diese Maßnahmen und ihre Wirkungen werden nachstehend beispielhaft genauer erläutert. Eine solche Analyse stellt aber mehr als nur einen Zusammenhang zwischen nicht finanziellen Kennzahlen und ihren finanziellen Auswirkungen her. Sie zeigt, warum und wie ein Faktor wie das Mitarbeiterengagement letztlich zu einer Verbesserung oder

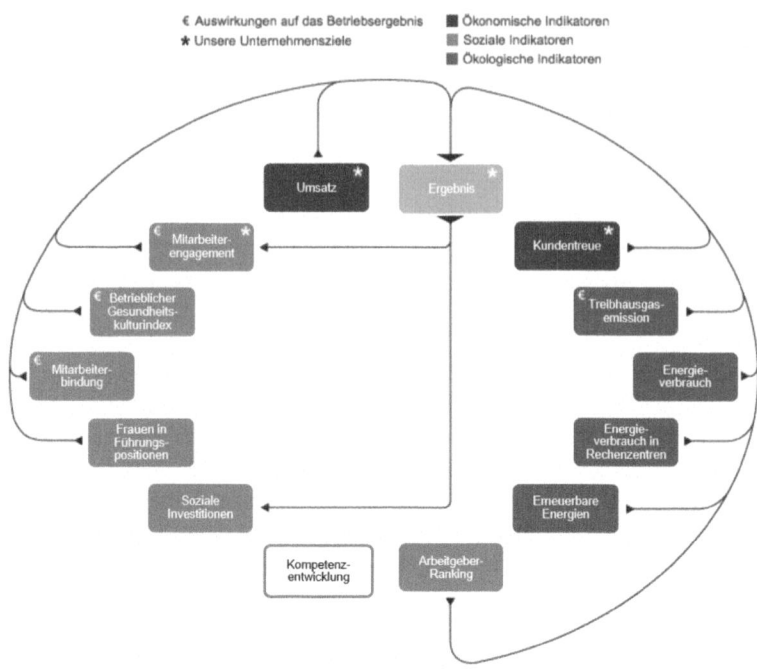

**Abb. 8.1** Integrierte Berichterstattung: Zusammenhänge zwischen (nicht) finanziellen Kennzahlen. (Entnommen aus http://sapintegratedreport.com/2014/de/strategie-und-geschaeftsmodell/integrierte-leistungsanalyse.html)

Verschlechterung der Unternehmensleistung führt. Solche Erkenntnisse sind nach Ansicht der SAP eine Voraussetzung dafür, um die finanziellen Auswirkungen nicht finanzieller Faktoren umfassend darzustellen.

Bei der Erstellung und Bewertung dieser Ursache-Wirkungs-Ketten wurde sowohl mit internen als auch mit externen Stakeholdern zusammengearbeitet. Zunächst setzte man sich innerhalb der SAP in kleinen Gruppen zusammen und untersuchte im Detail, wie einzelne Aktivitäten, die mit den jeweiligen nicht finanziellen Kennzahlen im Zusammenhang stehen, Schritt für Schritt andere Bereiche beeinflussen. Die Ergebnisse wurden anschließend mit externen Stakeholdern, unter anderem mit Wissenschaftlern, Finanzinvestoren und anderen IT-Unternehmen diskutiert.

In einem letzten Schritt wurden reale Daten der SAP verwendet, um anhand der zuvor entwickelten Ursache-Wirkungs-Ketten die Auswirkungen auf das Betriebsergebnis zu dokumentieren. Am Beispiel der $CO_2$-Emissionen kann dieser

Schritt hier genauer erläutert werden. Die zugrundeliegenden Daten für die ökologischen Kennzahlen werden vierteljährlich erhoben und nach einer Prüfung durch ein unabhängiges Unternehmen einmal jährlich im Geschäftsbericht veröffentlicht. Die SAP analysiert den Energieverbrauch und die Treibhausgasemissionen in der gesamten Wertschöpfungskette. Bis auf wenige Ausnahmen kann die SAP alle Emissionen direkt messen, manche Emissionen die durch die von uns gekauften Waren und Dienstleistungen oder die graue Energie in Gebäuden entstehen, wurde auf der Grundlage von Hochrechnungen ermittelt. Der Einfluss der $CO_2$-Emissionen auf das Betriebsergebnis berechnet sich beispielsweise aus den gesamten Kosten der $CO_2$-Emissionen (400 Mio. €) geteilt durch 100 %, also 4 Mio. € pro Prozent. Die Berechnungen für den Betrieblichen Gesundheitskulturindex (BHCI), Mitarbeiterengagement und Mitarbeiterbindung waren wesentlich komplexer, weshalb deren Ergebnisse auch nicht exakt sondern als Spannweite wiedergegeben werden. Diese Berechnungen zeigten, dass die SAP die Vereinbarkeit von Beruf und Privatleben verbessern kann, wenn sie ein flexibleres Arbeiten ermöglichen, und sich dies wiederum positiv auf die Produktivität auswirkt. Aufbauend auf dieser Erkenntnis ergab die Analyse, dass diese höhere Produktivität zu spürbaren finanziellen Verbesserungen führt.

Anschließend wurde mit Verfahren wie der linearen Regressionsanalyse die finanziellen Auswirkungen von vier nicht finanziellen Kennzahlen dokumentiert: dem betrieblichen Gesundheitskulturindex, dem Mitarbeiterengagement, der Mitarbeiterbindung und den $CO_2$-Emissionen. Bei den ersten drei Kennzahlen wurde untersucht, wie sich eine Abweichung von einem Prozentpunkt auf das Betriebsergebnis der SAP auswirken würde. Gleichzeitig wurde ermittelt, was eine Senkung von Emissionen um 1 % für das Betriebsergebnis bedeuten würde, mit folgendem Ergebnis (Tab. 8.1).

Diese Zahlen sind Bruttowerte und lassen keine exakten Rückschlüsse auf den Nettowert zu. Ebenso enthalten die einzelnen Kennzahlen interdependente Wirkungszusammenhänge. Dennoch geben die Ergebnisse einen guten Einblick in die Größenordnung und Bedeutsamkeit der nicht finanziellen Kennzahlen für das Nachhaltigkeitsmanagement.

**Tab. 8.1** Positive Auswirkungen der nicht-finanziellen Kennzahlen auf das Betriebsergebnis der SAP

| | |
|---|---|
| BHCI | 65 Mio. € bis 75 Mio. € |
| Mitarbeiterengagement | 35 Mio. € bis 45 Mio. € |
| Mitarbeiterbindung | 40 Mio. € bis 50 Mio. € |
| $CO_2$-Emissionen | 4 Mio. € |

Dieses Beispiel soll verdeutlichen, dass nachhaltiges Handeln zum einen messbar ist und sich zum anderen finanziell auszahlt. Diese Erkenntnis erscheint zentral, denn die Messbarkeit und die finanzielle Darstellbarkeit von Nachhaltigkeit erleichtert es anderen Unternehmen, ihre Share- und Stakeholder davon zu überzeugen, Nachhaltigkeit auf die Agenda der Unternehmensleitung zu nehmen.

## 8.7 Zusammenfassung und Ausblick

Der Artikel hat beispielhaft gezeigt, welche zunehmende Bedeutung Nachhaltigkeit für Unternehmen hat und dass Nachhaltigkeit beispielsweise in Form von Social Finance für junge und kleine Unternehmen eine große Rolle spielen kann. Social Finance als wichtige Facette von Nachhaltigkeit nimmt dabei eine besondere Rolle ein, da sie Unternehmen ermöglicht, sich eigene Zugänge zu wichtigen Ressourcen aufzubauen. Ein nicht zu vernachlässigender Aspekt von Social Finance ist dabei aus Sicht der SAP, dass ein durch den Zugang zu wichtigen Ressourcen gestärktes Unternehmen irgendwann durchaus die Lösungen von SAP nachfragen könnte. Es wurde des Weiteren dargestellt wie SAP Nachhaltigkeit für sich selbst definiert bzw. wie sich der Stellenwert von Nachhaltigkeit bei SAP entwickelt hat. Das Beispiel der Verknüpfung von $CO_2$-Emissionen und anderer nicht-finanzieller Kennzahlen mit dem Betriebsergebnis zeigt eindrücklich, dass nachhaltiges Agieren längst messbar und dessen positive Auswirkungen konkret darstellbar geworden sind. Spätestens seit dem klar geworden ist, dass Nachhaltigkeit gemessen werden kann und sich auch im wahrsten Sinne direkt und indirekt auszahlt, werden Shareholder und Stakeholder zunehmend Transparenz über Initiativen von Unternehmen in Richtung Nachhaltigkeit fordern. Zusammen mit der zu begrüßenden allgemeinen breiten gesellschaftlichen Diskussion bildet diese Entwicklung die Grundlage für ein sicher anzunehmendes Wachstum der Bedeutung von Nachhaltigkeit für eine zunehmende Anzahl von Unternehmen in Deutschland, Europa und weltweit.

### Literatur

Bendel, O (o.J.) Crowdfunding. In: Gabler Wirtschaftslexikon (http://wirtschaftslexikon.gabler.de/Definition/crowdfunding.html).

Grimme-Institut (2013) Im Blickpunkt: Social Finance (http://www.grimme-institut.de/imblickpunkt/pdf/IB-Social-Finance.pdf).

SOFIs WORLD – Social Finance (o.J.) Philosophie (http://www.sofisworld.net/index.php/ueber-uns/sofis-philosophie).

**Dr. Matthias Heiden**, Chief Financial Officer Middle and Eastern Europe (MEE), Managing Director, SAP Deutschland SE & Co. KG, Walldorf.

**Diana Pauly** arbeitet in der Nachhaltigkeitsabteilung der SAP SE, Walldorf.

**Marc Müller**, Head of Revenue Recognition, SAP Deutschland SE & Co. KG.

# Keine Welt ohne die Ökonomie des Schenkens – GLS Treuhand: 50 Jahre Stiften, Schenken, Vererben

Annette Massmann

In meinem Vortrag möchte ich – etwas plakativ – unter dem Thema „Keine Welt ohne die Ökonomie des Schenkens" – auf verschiedene Dimensionen des Schenkens eingehen. Darüber hinaus zeige ich auf, wie der Umgang mit Geld bei der GLS Treuhand strukturell angelegt ist und wie wir versuchen, das Schenken umzusetzen. Dies ergänze ich um einen Überblick über die deutsche Stiftungslandschaft, um das Thema systematisch einzuordnen.

Ich beginne mit einem Zitat von Wilhelm Ernst Barkhoff: „Die Angst vor einer Zukunft, die wir fürchten, können wir nur überwinden durch Bilder einer Zukunft, die wir wollen." Sich mit anderen Zukunftsentwürfen zu beschäftigen ist sinnvoll. Die Wahrnehmung, das Denken, die Wirtschaftswissenschaft und ihre Kategorienbildung grundlegend zu hinterfragen, ist notwendig. Aber man braucht gelebte Praxisfelder, um vor dem Hintergrund eines solchen Denkens im Sozialen wirklich neue Entwürfe auf den Boden zu bringen.

Wilhelm Ernst Barkhoff war ein Rechtsanwalt, der 1961 (geprägt durch die Erlebnisse des Krieges und vor dem Hintergrund seiner anthroposophischen Ausrichtung) einen anderen Umgang mit Geld fördern wollte. Er wollte Menschen mit Geld und Menschen mit Ideen zusammenbringen, um Projekte im Zuge des Wiederaufbaus nach dem Krieg zu realisieren, die zu Gemeinschaftsbildung, zur Umsetzung emanzipatorischer Bildungskonzepte, zu einem anderen Verständnis von Gesundheit/Krankheit sowie zur einem anderen Umgang mit Wirtschaft und mit Geld anregen sollten.

---

Dieser Beitrag ist die überarbeitete Fassung des Vortrags, den die Verfasserin am 18. April 2013 im Rahmen der Ringvorlesung „Social Finance 2013" an der Alanus Hochschule, Alfter, gehalten hat.

---

A. Massmann (✉)
Zukunftsstiftung Entwicklung, GLS Treuhand e.V.
Christstraße 9, 44789 Bochum, Deutschland
E-Mail: Annette.Massmann@gls-treuhand.de

© Springer Fachmedien Wiesbaden GmbH 2017
G. Krämer (Hrsg.), *Finanzwirtschaft in ethischer Verantwortung*,
DOI 10.1007/978-3-658-12584-4_9

## 9.1   Der andere Umgang mit Geld

Dieser Ursprungsimpuls der GLS Treuhand und auch der GLS Bank drückt sich bis heute in dem Bestreben aus, Theorie und Praxis zu verzahnen, Modelle ins Leben zu bringen, um daraus neue Entwürfe in verschiedenen gesellschaftlichen Bereichen zu fassen.

Die heutige Ausgangsfragen dabei sind: Wieso eigentlich schenken? Wieso brauchen wir einen anderen Umgang mit Geld? Plakativ ausgedrückt: Es ist nicht die Ökonomie, die in der Krise ist, sondern die heutige Ökonomie ist die Krise. Wir leben in einem Szenario von Krisen, wir haben eine Armutskrise, eine Klimakrise, eine Wirtschaftskrise, eine Finanzkrise – und eigentlich sind diese Krisen Ausdrucksformen unserer Art, zu wirtschaften. Dieser Art, die vornehmlich auf Profitmaximierung und auf Wachstumsorientierung ausgelegt ist. Wir können Wirtschaft heute nicht mehr ohne Wachstum denken. Und Perspektiven, die einem Großteil der Menschen eine lebenswerte, eine andere Zukunft ermöglichen und unsere Umwelt vor einer ständigen Ausplünderung schützen, diese Perspektiven scheinen durch ständige Profitmaximierung und permanente Ausrichtung auf Wachstum eigentlich nicht mehr denkbar.

Um ein paar Zahlen zu nennen: Mehr als 1 Mrd. Menschen leben in absoluter Armut, weitere 900 Mio. Menschen werden zu den Working-Poor gezählt und allein 780 Mio. Menschen leben ohne Zugang zu Trinkwasser. Nun sind diese Zahlen natürlich schwer vorstell- und kaum greifbar; dennoch sind sie sehr elementar. Ich war zum Beispiel von Januar bis Februar in Indien und dort in Südindien, in Tamil Nadu. Dort stand ich auf einem Acker, der Menschen gehörte, die zwei Monsun-Regen nicht erhalten haben. Große Teile der Landwirtschaft sind von Regenbewässerung abhängig und gleichzeitig hat der Bundesstaat Karnataka dem Bundesstaat Tamil Nadu das Durchleiten von Wasser gekappt. Daraus entstehen die Kriege der Zukunft – durch die Problematik der Ressourcenverteilung und des Zugangs zu fruchtbarem Land und zu Wasser. In solch einer konkreten Situation werden plötzlich auch die vorher genannten gigantischen Zahlen fassbar.

Die Bio-Diversität nimmt weltweit immer weiter ab; fruchtbares Land wird immer weniger, wir sehen uns mit einer Versteppung und zunehmenden Wüstenbildung, also Desertifikation konfrontiert. Die größten Bevölkerungsgruppen, die wir auf diesem Planeten haben, sind Slum-Bewohner und subsistenzorientiert lebende Kleinbauern. Und diese Bevölkerungsgruppen nehmen weiter zu, trotz der „Millennium-Development-Goals". Die Millennium-Development-Goals sind fehlgeschlagen, die Zielsetzungen wurden nicht erreicht. Es soll eine Neuauflage der Development-Goals mit weitreichenderen Zielsetzungen und neuen Schwerpunkten geben; von der UN ist ein High-Level-Panel eingerichtet worden, um diese Fragen zu thematisieren.

Das Dramatische an der Situation ist, dass die verschiedenen Krisen miteinander vernetzt sind; wenn man an einer Stelle anfängt, etwas zu verändern, dann beeinflusst das unmittelbar andere Bereiche. Nehmen wir zum Beispiel die jüngste Finanzkrise: Die Finanzkrise führte zu der Problematik, dass Menschen geradezu verzweifelt nach neuen Anlagen suchten. In der Folge schnellte der Goldpreis in die Höhe. Landwirtschaft und Boden wurden als neue, sichere Anlagen entdeckt. Zusammen mit den Wachstumsszenarien in den Schwellenländern ist die Frage nach Ernährungssicherheit weltweit eine der dringendsten Zukunftsfragen; und im Zuge dessen sind Investitionen in Land eines der großen neuen Investitionsfelder, in die auch Hedge-Fonds, ebenso wie große Unternehmenskonsortien und Einzelpersonen investieren. Dies führt dann aber dazu, dass unter dem Thema Landgrabbing hoch industrialisierte Landwirtschaftsplantagen zum Beispiel gerne im subsaharischen Afrika – eigentlich eine Hungerzone – installiert werden, wodurch die örtlichen Kleinbauern vertrieben werden, was dann wiederum die Zahl der Slumbewohner systematisch erhöht. Daran wird deutlich, dass eine Finanzkrise Auswirkungen in völlig anderem Kontext haben kann.

Kurz gesagt: Wir müssen unsere Art des Wirtschaftens ändern. Wenn allein hier in Deutschland 50 % weniger Fleisch gegessen werden würde, könnten wir den Regenwald Brasiliens retten. Weshalb ist das so? Weil dort vor allen Dingen Soja-Anbau betrieben wird, der Brasilien, Paraguay, Uruguay oder Argentinien zu einer riesigen monokulturellen Plantage vor allem für Soja und hauptsächlich für gentechnisch manipuliertes Soja verwandelt – und das ganze landet in den Futtertöpfen unserer Viehmast. Südamerikanisches Soja ist also kein Produkt, das Menschen direkt ernährt, sondern es wird hauptsächlich für die Viehmast verwendet. Dieses Beispiel demonstriert, dass eine Veränderung des Konsumdenkens in Deutschland – zum Beispiel eine Reduktion des Fleischverzehrs um 50 % – einen großen Beitrag zu einer deutlichen Veränderung von Naturzonen in Lateinamerika leisten könnte.

Das Thema Sojaanbau ist auch eine Frage des Zugangs zu Landrechten, und in dem Zusammenhang besteht die Herausforderung, Kleinbauern zu stärken und politische Prozesse zu beeinflussen, um zu anderen Regeln zu kommen, wie Land gemeinwohlorientiert genutzt werden kann. Natürlich sind damit langwierige und komplexe Prozesse verbunden. Aber wenn man berücksichtigt, dass die Protestbewegung in den Achtzigerjahren zum Thema Kernenergie hier in Deutschland die Energiewende mit beeinflusst hat, dann macht es deutlich, wie langfristig gesellschaftliche Veränderungsprozesse angelegt sein müssen. Damit verbunden sind

Fragen sozialer Organisierung, und soziale Organisierung fängt immer in den Köpfen an.

Als GLS sehen wir es vor diesem Hintergrund absolut als notwendig an, Umdenken anzustoßen und Projekte, Initiativen und Freiräume zu ermöglichen, die konkrete Alternativen des Miteinander-Lebens, des Wirtschaftens, des Schutzes von Umwelt und Natur in die Praxis bringen. Unser Ansatzpunkt ist dabei die praktische Förderung eines anderen Umgangs mit Geld.

Vor diesem Hintergrund geht es darum, Wirtschaft neu zu denken und Grundlagen der Wirtschaft zu hinterfragen. Ein Leitmotiv kann zum Beispiel sein, sich zu überlegen, welche Geldflüsse in der volkswirtschaftlichen Betrachtung gar keinen Niederschlag finden, welche Kosten also externalisiert werden. Wie würde zum Beispiel die Bewertung konventioneller Landwirtschaft aussehen, wenn man sämtliche Folgekosten, die nicht mitgerechnet werden, einrechnen würde? Wir wissen zum Beispiel zuverlässig, dass durch konventionelle Landwirtschaft aufgrund des Pestizideintrags die Bodenfruchtbarkeit sinkt. Wenn man dieses Moment mit einrechnete, käme man zu einem völlig anderen Betrachtungswinkel, wieso biologisch-dynamische bzw. organische Landwirtschaft notwendig sind. Wir sind daher dringend aufgefordert, die Grundsätze wirtschaftlicher Ansätze aus einer anderen Perspektive heraus zu hinterfragen.

Die Verhaltensmuster, die für eine andere Ökonomie, nämlich die Ökonomie des Schenkens, nötig sind, beruhen ganz wesentlich auf dem Prinzip der Gegenseitigkeit auf der Ebene von Vertrauen. Zentral ist das Moment der Förderung von Sozialität und eben nicht die Logik des Tausches, die besagt: Ich gebe, und du gibst mir etwas zurück. Stattdessen: Ich gebe, weil ich will, dass es dir gut geht und dass du damit etwas anfängst. Dafür muss es Übungsfelder geben, dafür muss es andere Ansätze von Sozialität geben. Das Schenken benenne ich als das freilassende Geben ohne Erwartung von Kompensation. Man sollte kurz inne halten und sich überlegen, wo Schenken im Alltag stattfindet, was man also anderen überlässt, ohne darüber nachzudenken, was man dafür zurück haben möchte. Man sollte sich selbst einmal überlegen, was Momente im Leben waren, in denen man freilassendes Schenken selbst erfahren hat; in denen jemand anderes etwas gegeben hat, ohne dass das Gefühl entstand, dafür etwas zurückgeben zu müssen; wo also jemand anders etwas zur Verfügung gestellt hat, was einem selbst einen Freiraum ermöglicht hat.

Natürlich findet dies immer vorwiegend zwischen konkreten Individuen statt, und es erwächst durch dieses Moment des freilassenden Gebens eine Begegnung auf Augenhöhe. Es erwächst eine Grundlage für Dialog und Freiraum für etwas Neues. Eine Ökonomie, die die Idee des Schenkens einbezieht, basiert auf der Idee, vom Eigennutz hin zum Gemeinnutz zu kommen. Ein Beispiel für das, was im großen Maßstab unter der eigentlichen Ökonomie des Schenkens zu verstehen ist, was wir aber oftmals nicht wahrnehmen, sind Transferzahlungen oder Rücküberweisungen. Diese Rücküberweisungen und Transferzahlungen werden von Menschen getätigt, die sich nicht in ihrem Ursprungsland aufhalten, unter ökonomisch relativ vernünftigen Verhältnissen leben und die dann viel Geld zu ihren Familien zurückschicken. Diese Zahlungen an Angehörige in den Herkunftsländern führen dazu, dass viele Nationalwirtschaften quasi auf diesen Transferzahlungen beruhen. Um ein paar Beispiele zu nennen: In Tadschikistan sind 43 % des gesamten Devisenzuflusses des Landes Transferzahlungen, die meist ohne Erwartungen an eine Gegenleistung gegeben werden. In Mexiko machten im Jahr 2010 Rücküberweisungen den zweitgrößten Devisenzufluss überhaupt aus, nach Erlösen aus Erdöl. Häufig gibt es keine verlässlichen Statistiken dazu, aber Schätzungen gehen davon aus, dass die erfassten Zahlungsströme in diesem Kontext eigentlich nur 50 % der tatsächlich geleisteten Schenkungen sind. Wenn man überlegt, dass diese Transferzahlungen 2007 schon etwa doppelt so hoch waren, wie die gesamte international geleistete Entwicklungshilfe, dann ist das eine sehr beachtliche Zahl. Ohne diese Zahlungen könnten viele dieser Volkswirtschaften heute gar nicht mehr existieren.

Wenn man sich solche Beispiele vergegenwärtigt, wird die Notwendigkeit der Betrachtung der Ausgangsfrage, was in gängige ökonomische Betrachtungen einbezogen wird und was nicht, deutlich. Welche Kosten für Wirtschaftsvorgänge werden externalisiert, welche internalisiert? Und wo finden Schenkungsprozesse statt, auf denen gesellschaftliches Miteinander mit aufbaut?

## 9.2 Freiwillige Geldschenkungen – die Spende und die Stiftung

Freiwillige Geldschenkungen bilden sich in Deutschland vor allem in zwei Kategorien ab: der Spende und der Stiftung. Eine Spende ist damit verbunden, dass eine Gemeinnützigkeit vorliegt, und damit ist sie steuerlich abzugsfähig. Die Idee der steuerlichen Abzugsfähigkeit über Spendenquittungen ist gerade im deutschen Raum stark vertreten und bietet hierzulande einen großen Anreiz für das Spenden; in anderen Ländern kennt man das zum Teil gar nicht. Die zweite Form der freiwilligen Geldschenkung ist die Vermögensübertragung an eine Stiftung oder die Gründung einer Stiftung. Wir haben unterschiedliche Stiftungsformen in Deutschland, auf die ich kurz eingehen möchte.

Eine Form ist die selbstständige Stiftung, die erfahrungsgemäß erst ab 3 Mio. € Stiftungsvermögen Sinn ergibt, denn eine selbstständige Stiftung soll aus ihren Erträgen fördern bei Gebot des Kapitalerhalts. Bei den heutigen Zinssätzen muss man aber Einiges an Kapital haben, um aus den Stiftungserträgen heraus sinnvoll fördern zu können. Dann gibt es die treuhänderisch verwalteten Stiftungen, die beispielsweise durch Stiftungsverwaltungsgesellschaften oder durch Banken verwaltet werden und die die Mehrzahl der Stiftungen in Deutschland darstellen. Eine weitere Gruppe bilden die Stiftungsfonds unter dem Dach einer treuhänderisch verwalteten oder selbstständigen Stiftung, die grundsätzlich auch aus ihrem Kapital heraus fördern dürfen. Ein anderes Modell sind die Bürgerstiftungen. Während es bei den selbstständigen Stiftungen meist eine kleine Gruppe von Stiftern oder eine Stifterpersönlichkeit ist, die das Kapital gestellt hat, repräsentiert eine Bürgerstiftung ein Zusammenkommen verschiedener Menschen, die gemeinsam eine Stiftung ins Leben rufen. Diese Stiftungen sind in der Regel an ein gemeinsames konkretes Ziel gebunden, zum Beispiel „unser Dorf soll schöner werden", und zu diesem Zweck wird eine Stiftung gegründet. Als weitere Form existiert die Verbrauchsstiftung, die es erst seit dem Jahr 2013 gibt und die auch der Entwicklung am Finanzmarkt geschuldet ist. Dadurch, dass die Zinsen stetig gesunken sind, haben viele Stiftungen in Deutschland das Problem, aus ihren Erträgen heraus nicht mehr sinnvoll fördern zu können. Darauf hat der Gesetzgeber reagiert, sodass Stiftungen nun nicht mehr – wie bei einer selbstständigen oder treuhänderisch geführten Stiftung – ihren Kapitalstock zwingend erhalten müssen, sondern sie auch aus ihrem Kapitalstock heraus fördern können. Das gilt aber nur für jetzt neu zu gründende Stiftungen. In Deutschland haben wir diesen Typus Verbrauchsstiftung bislang noch nicht, aber neu gegründete Stiftungen werden zukünftig vermutlich immer häufiger von dieser Art sein.

Es ist durchaus möglich, Land und Immobilien als Kapital in Stiftungen einzubringen; aber auch dann darf die ursprüngliche Bewertung dieses Kapitals nicht geschmälert werden, weil die Übertragung von Vermögen in eine Stiftung einen Teil des Stiftungsgrundstocks darstellen soll. Grundsätzlich sollte vor einer Stiftungsgründung immer überlegt werden, ob das Ziel, das man gesellschaftlich erreichen will, mit der Körperschaft einer Stiftung wirklich gut erreicht werden kann oder ob andere rechtliche Formen angemessener sind. Eine Stiftung ist rechtlich betrachtet kein besonders flexibles Instrument.

Von den 19.000 Stiftungen die es gegenwärtig in Deutschland gibt, sind der größte Teil kleine und mittlere Stiftungen, die eigentlich nur darüber fördern können, dass sie parallel Spenden für spezifische Projekte einsammeln. Dieser Modelltyp wird zukünftig wohl stärker in Richtung der Verbrauchsstiftung gehen. In Deutschland hat man die Auflage zur zeitnahen Mittelverwendung; das heißt, es ist deutlich zu machen, dass dem Stiftungszweck nachgekommen wird und man tatsächlich fördernd tätig ist. Das ist auch der Stiftungsaufsicht und dem Finanzamt zu dokumentieren. In Deutschland ist die Stiftungslandschaft außerdem viel strenger an die Gemeinnützigkeit gebunden als in anderen Ländern. Aber es gibt auch hierzulande zum Beispiel Unternehmensstiftungen, die zum Ziel haben, die Unternehmensnachfolge zu regeln und das Eigentum am Unternehmen in eine Stiftung zu geben, beispielsweise um Erbfolgen vorzubeugen. Hier ist der Stiftungszweck dann also der Erhalt des Unternehmens und kein gemeinnütziger Zweck.

Stiftungen haben die Auflage, ihre Geldanlagen nach Sicherheitskriterien anzulegen, um ihren Kapitalerhalt zu sichern. Sie dürfen also nicht in jede Risikoklasse von Geldanlagen investieren. Im Zuge der letzten Finanzkrise war zu beobachten, dass Stiftungszwecke nicht immer unbedingt mit der Geldanlagepolitik übereinstimmten. Eine Stiftung, die beispielsweise im Kontext humanitärer Einsätze tätig ist, kann sich mit ihren Geldanlagen durchaus in Unternehmensbereichen engagiert haben, bei denen man hinterfragen muss, ob sie wirklich mit diesem Stiftungszweck konform gehen. In der Finanzkrise wurde die fragwürdige Geldanlagepolitik einiger Stiftungen daran deutlich, dass es zu hohen Verlusten gekommen ist. Das heißt, die Kriterien der sicheren oder nachhaltigen Geldanlage waren anscheinend nicht erfüllt.

Beim Betrachten von Stiftungsprospekten sollte man immer danach fragen, woher das Geld stammt, wie es angelegt ist und nicht nur, was gefördert wird. Dabei besteht natürlich die Problematik, auf diese Frage auch eine Antwort zu bekommen. Die meisten Stiftungen werden von Stiftungsverwaltungsgesellschaften oder von Banken verwaltet, und gerade Banken beziehen sich dann gerne auf ihr Auskunftsverweigerungsrecht. Dabei ist es im Grunde eine legitime Frage, die an jede Organisation und jede Stiftung gestellt werden sollte: Wo kommt das Geld her? In welche Anlagen fließt das Geld? In welche Förderungen fließt es?

## 9.3 GLS – Gemeinschaft für Leihen und Schenken

1961 gründete der Rechtsanwalt Wilhelm Ernst Barkhoff die Gemeinnützige Treuhandstelle (heute GLS Treuhand). Dem war bereits das erste Projekt, die Finanzierung der Bochumer Waldorfschule, vorausgegangen. Wilhelm Ernst Barkhoff initiierte für diese Finanzierung eine sogenannte Leih- und Schenkgemeinschaft und erhielt Unterstützung durch die Bochumer Commerzbank, indem die Commerzbank Kredite vergab, für die Eltern private Bürgschaften übernommen hatten. Die Idee war also, als Gemeinschaft zusammenzukommen und gemeinsam Geld in den Fluss zu bringen, um dann ein gemeinnütziges Projekt realisieren zu können. Bis heute hat die Idee bei der GLS Treuhand Bestand, Menschen mit Geld und Menschen mit Ideen zusammenzubringen, um im anderen Umgang mit Geld gemeinnützige Projekte zu fördern.

Bereits in den Anfangsjahren wurden in Kooperation mit Anwälten Testaments-
beratungen vorgenommen und Sondervermögen unter dem Dach der GLS Treuhand gebildet, die für einen vorbestimmten gemeinnützigen Zweck eingesetzt werden sollten. Aus dem Vermögen der Treuhand heraus wurden auch viele Darlehen
vergeben. Einer der größten Schenker der GLS Treuhand, der ganz wesentlich
die Arbeit der GLS Treuhand ermöglichte, war der Industrielle Alfred Rexroth,
der sein gesamtes Vermögen von damals 30 Mio. DM freilassend der Treuhand
übertrug. Dieses Geschenk ist bis heute der Grundstock, aus dem heraus wir zum
Beispiel unsere Mitarbeitergehälter bezahlen, um unsere Arbeit leisten zu können.
Das heißt, wir können Beratungen von Projekten und von Menschen vornehmen,
ohne dafür Geld verlangen zu müssen; wir können also unsere Zeit und Expertise
zur Verfügung stellen, um gemeinnützige Vorhaben und Schenkungsvorgänge in
Gang zu bringen.

Bis 1974 konnte die GLS Treuhand Darlehen vergeben, Leih- und Schenkge-
meinschaften bilden, dazu war unter anderem auch eine Kreditgarantiegenossen-
schaft aufgebaut worden. Dann kam allerdings die Bankenaufsicht und stufte das
Geschäft als Bankgeschäft ein, das in dieser Form nicht weiter getätigt werden
durfte. Daraufhin beschlossen Wilhelm Ernst Barkhoff und seine Mitstreiter, eine
Bank zu gründen, die GLS Gemeinschaftsbank eG.

Die GLS Bank bietet alle klassischen Bankdienstleistungen an und hat zurzeit
etwa 140.000 Kunden und ein Bilanzvolumen von circa 3 Mrd. €. Das Besondere an der GLS Bank ist, dass ausschließlich ökologische und nachhaltige Anlagen
gefördert und Kredite vergeben werden. Das ganz normale Bankgeschäft wird angeboten, aber alle Kreditvergaben und alle Geldanlagen erfolgen unter strengen
ethischen, ökologischen und sozialen Kriterien. Die gemeinnützige GLS Treuhand hat heute ein Geschäftsvolumen von 80 Mio. €; dieses Geld liegt auch bei
der GLS Bank, beispielsweise als Direktbeteiligungen an Unternehmen oder in
Form von nachhaltigkeitsorientierten Wertpapieranlagen. Betrachtet man nur den
Bereich Stiften und Schenken innerhalb der GLS, dann haben wir im Jahr 2012
Spenden in Höhe von 4,7 Mio. € erhalten. Die Vermögensspenden, die zu treuhänderischen Stiftungen oder zu Stiftungsfonds geworden sind, betrugen 5,7 Mio. €.
Gleichzeitig wurden 6 Mio. € an Zuwendungen und Stipendien vergeben. Wenn
man über die Jahre hinweg die Einnahmen mit den vergebenen Geldern vergleicht,
dann ist erkennbar, dass wir sehr darum bemüht sind, Geld in Fluss zu halten.
Das heißt, wir unterscheiden uns von anderen Stiftungen nicht nur dadurch, dass
wir Anlagen nach ethischen, sozialen und ökologischen Standards tätigen, sondern
auch dadurch, dass wir darauf dringen, dass Stiftungen in hohem Maße fördernd
tätig sind, geringe Verwaltungskosten haben und Geld im Fluss gehalten wird. Man
muss dabei allerdings berücksichtigen, dass Spenden ins Eigenkapital einer Stif-

tung zumeist nicht verausgabt werden können. Wenn man heute alles Geld, was in Stiftungen gebunden ist, direkt in soziale, ethische und ökologische Projekte investieren würde, könnten sehr viele gemeinnützige Projekte angeschoben werden – wäre viel an gesellschaftlicher Veränderung möglich.

Die GLS Treuhand ist rechtlich betrachtet keine Stiftung, sondern ein Verein. Das hat den großen Vorteil, dass sie im Rahmen der Gemeinnützigkeit eine größere Gestaltungsfreiheit hat. Die treuhänderischen Stiftungen, die durch die GLS Treuhand verwaltet werden, sind unter diesem rechtlichen Dach des Vereins angesiedelt. Die Treuhand hat zudem derzeit 299 Mitglieder, die alle auch gemeinnützige Einrichtungen sind. Diese gemeinnützigen Einrichtungen sind gleichzeitig Förderempfänger der Treuhand. Doch hat die überwiegende Mehrzahl der Mitglieder schon seit Jahren keine Förderung mehr erhalten. Sie bleiben dennoch weiterhin Mitglied. Im Wesentlichen tun sie dies aus ideeller Unterstützung heraus. Sie nutzen die Treuhand aber auch als Netzwerk, um mit ähnlichen Einrichtungen in Kontakt zu kommen. Gefördert wird weit über den Mitgliederbereich der Treuhand hinaus.

## 9.4 Schenken in der Institution GLS Treuhand

Die Tätigkeitsfelder der GLS Treuhand lassen sich in Service und Förderung unterscheiden. Unter Service fassen wir die kostenlose Beratung zur Stiftungsgründung und Testamentsberatung, Begleitung und Beratung bei der Gründung und Verwaltung treuhänderischer Stiftungen und selbstständiger Stiftungen und bei der Gründung von Stiftungsfonds. Zurzeit verwalten wir 80 Stiftungsfonds. Das hat sich als das flexiblere Moment gerade für kleinere Stifterinnen und Stifter erwiesen. Diese Stiftungsfonds sind kleine, individuell gestaltete Fonds, die unter dem rechtlichen Dach einer Stiftung gefasst sind, nämlich der Dachstiftung für individuelles Schenken. Hierüber können auch Menschen mit kleineren Vermögen (das beginnt circa bei 30.000 €) eine Förderung initiieren, ohne dass dafür ein komplexer rechtlicher Rahmen geschaffen werden muss. Darüber können zielgerichtet Projekte gefördert werden.

Auf der anderen Seite steht die Förderung – das Schenken: Wir haben profilbildende Zukunftsstiftungen, die sich um die Treuhand herum ansiedeln; diese sind in den gesellschaftlich zentralen Bereichen Bildung, Entwicklung, Gesundheit, Landwirtschaft, Soziales Leben und Neue Energie tätig. Außerdem gibt es eine individuelle Förderung im Sinne von Studienförderungen oder aber für Menschen in Not. Bis auf die Zukunftsstiftung Entwicklung arbeiten alle Zukunftsstiftungen in Europa. Im letzten Jahr wurde zusätzlich noch die GLS Bank Stiftung gegründet.

Die GLS Bank Stiftung hat den spezifischen Fokus, sich im Kontext der Finanzkrise mit der Frage von Geld, Finanzprozessen und Wirtschaftsprozessen auseinander zu setzen. Diese Entwicklung zeigt, dass wir die relevanten gesellschaftlichen Themenfelder verfolgen und uns damit befassen, wie man diese Themenfelder im Kontext der Treuhand fördern kann.

Um das Profil noch weiter zu schärfen, möchte ich nun auf die einzelnen Zukunftsstiftungen und deren jeweilige Schwerpunkte eingehen. Beginnen möchte ich mit der Zukunftsstiftung Landwirtschaft, die zukunftsweisende Initiativen, also die Weiterentwicklung der ökologischen und biodynamischen Landwirtschaft, vorantreibt. Ein sehr prominentes Beispiel ist der Saatgutfonds, der die Förderung ökologischen Saatguts anstrebt. Dies findet vor dem Hintergrund des weltweit bestehenden Problems statt, dass der Markt für Saatgut zu 85 % von zehn multinationalen Firmen kontrolliert wird. Hieraus resultiert eine Abhängigkeit von diesen Saatgutfirmen, die wiederum eine Abnahme der Biodiversität im Saatgutmarkt bewirkt. Vor allem für die Entwicklungsländer, aber auch für Deutschland hat dies schwerwiegende Folgen. So arbeiten zum Beispiel die meisten Bio-Bauern mit konventionellem Saatgut, weil es kaum ökologisch gezüchtetes Saatgut gibt. Die Problematik dabei ist, dass ökologischer Anbau und ökologische Landwirtschaft ganz andere Anforderungen an Pflanzen hat. Wenn auf einem biodynamisch wirtschaftenden Hof konventionelles Saatgut zum Beispiel für Weizenanbau verwendet wird, dann ist konventionelles Saatgut auf optimalen Ertrag bei kleinen Halmen hin ausgerichtet. Im biodynamischen Landbau aber benötigt man Stroh und damit lange Halme. Das Saatgut muss also eine völlig andere Ausrichtung mitbringen. Hier setzt die Zukunftsstiftung Landwirtschaft an, die zur Erhaltung von Artenvielfalt und von Bodenfruchtbarkeit die Züchtung von ökologischem Saatgut fördert.

Ein Beispiel aus dem Bereich Neue Energien sind die Energiewerke Schönau, die den ersten Rückkauf von Stromnetzen in Schönau betrieben haben. Damals wurde von großen Energiekonzernen eine erhöhte Kaufsumme gefordert; es gab eine große Kampagne und hohe Spenden, um diesen Rückkauf möglich zu machen. Über ein Gerichtsverfahren wurde erstritten, dass die Netzwerke doch billiger gekauft werden konnten. Das aus dem Kauf übrig gebliebene Geld floss in die Stiftung Neue Energie. Ein Beispiel für das, was die Zukunftsstiftung Neue Energie fördert, ist die Initiative „Stromwechseln wirkt – Wechsel zu Ökostrom erleichtern".

Die Zukunftsstiftung Bildung ist zum Beispiel hier in Alfter engagiert, aber auch in anderen Projekten. Hier steht die individuelle Förderung von jungen Menschen hin zu verantwortungsbewussten Persönlichkeiten im Fokus. Unterstützt werden Organisationen, Einrichtungen, Schulen etc., die ein emanzipatorisches pädagogisches Konzept verfolgen. Die Förderung findet in unterschiedlichen Formen statt; das Geld fließt in Hochschulen, aber auch in Projekte wie Sprachbotschafter, wo Schüler in Peer Groups lehren und lernen. Die Zukunftsstiftung Bildung ist ein klassischer Schenkbereich, also nicht an die Erwartung geknüpft, dass sich die Projekte ökonomisch selbst tragen könnten, und das sollte in diesem Bereich auch so sein.

Bei der Zukunftsstiftung Gesundheit geht es – ausgehend von der anthroposophischen Medizin – um die Förderung des Pluralismus in der Medizin. Bei der Bundesärztekammer ist inzwischen ein Forum zu diesem Thema eingerichtet worden. Ziel der Initiative ist es, mit Blick auf den Patienten und seine individuellen Bedürfnisse zu versuchen, aus den verschiedenen medizinischen Richtungen das für den Patienten Notwendige zusammen zu bringen.

Die bisher genannten Förderungen beschränken sich auf Deutschland. Eine darüber hinausgehende Förderung bietet die Zukunftsstiftung Entwicklung, die in 20 Ländern mit 80 Projektpartnern tätig ist. Wir entsenden keine Menschen in die einzelnen Länder, sondern arbeiten ausschließlich mit Projektpartnern vor Ort zusammen. Das jährliche Fördervolumen beläuft sich auf circa 2,3 Mio. €; damit werden in erster Linie Basisprojekte der Hilfe zur Selbsthilfe gefördert. Die Leitlinien und Ideen, die ich in Bezug auf Deutschland geschildert habe, setzen wir in der Arbeit mit dem jeweiligen Projektpartner ebenso um. Dabei haben wir die Schwerpunkte organischer Landbau, Mikrofinanzierung, Kleingewerbe, regenerative Energien, Gesundheit und Bildung, Menschen- und Umweltrechte. Diese Arbeitsschwerpunkte greifen in allen Projekten ineinander. Es handelt sich dabei also nicht um Spartenprojekte; in jedem Projekt findet beispielsweise Bildung statt. Bei einem Projekt zur Förderung des organischen Landbaus von Kleinbäuerinnen in Kenia werden beispielsweise gleichzeitig Schulungen durchgeführt. Dabei handelt es sich um einen Trainingszirkel über vier Jahre hinweg zur Diversifizierung des eigenen Anbaus, zur Rekultivierung und Nachzüchtung des eigenen Saatguts, zu Wassermanagement, Kleinviehhaltung und Großviehhaltung, um im ersten Schritt Ernährungssicherheit und Ernährungssouveränität zu erreichen. Hier werden also die Themenbereiche Bildung und Landwirtschaft miteinander verbunden. Wenn Ernährungssicherheit erreicht wurde, dann schließt sich die Frage an, wie man in diesem Zirkel Einkommen generieren kann. Das ist nur über Weiterverarbeitung möglich, was man sich an einem einfachen Beispiel verdeutlichen kann: Wenn viele Tomaten gezüchtet, kultiviert und verkauft werden, dann haben alle gleichzeitig Tomaten, was den Preis der Tomaten zum Fallen bringt. Trotzdem kann man einen Erlös generieren, indem beispielsweise die Tomaten zu Ketchup weiterverarbeitet werden. Hieran wird deutlich, dass der Schritt der Weiterverarbeitung notwendig ist, sobald Ernährungssicherheit erreicht wurde.

Im Durchschnitt dauert es drei bis vier Jahre, bis Kleinbauern und -bäuerinnen ernährungssicher sind; auch wenn sie nur 0,5 bis 1,5 ha Land besitzen. Natürlich ist das auch von der Qualität des Bodens abhängig. Aber Ernährungssicherheit ist durch subsistenzorientierten kleinbäuerlichen Anbau sehr gut erreichbar. Die Weiterverarbeitung ist dann ein Bereich, den man mit Mikrofinanzierung unterstützen kann. Den Bereich Mikrofinanz decken wir aber nur als ein kleines Tool im Kontext von Bildung ab. Dazu gehören Marktanalysen, Beratungen und das Lernen von einfachen Einnahmen-Ausgaben-Rechnungen. Diese begleitenden Bildungsmaßnahmen können in der Mikrofinanzwirtschaft nicht über Zinserträge finanziert werden. Im Bereich Mikrofinanz, zum Beispiel im Bereich subsistenzorientierter Landwirtschaft, kann maximal eine Rendite von 2 % vorausgesetzt werden. Wenn man sich unter dieser Voraussetzung Mikrofinanzinstitute anschaut, kann man an das Portfolio und die Zinssätze einiger Institute ein großes Fragezeichen richten.

Unsere Projekte beruhen auf dem Gedanken, Eingangsinvestitionen zu tätigen, an denen die Menschen lernen und die sie dazu befähigen, die Projekte selbstständig weiter zu führen. Ein Beispiel ist der Bereich Wassermanagement, also der Prozess, aus Wasser Trinkwasser zu generieren. Der erste Wassertank wird finanziert, und bei diesem Bau lernen alle mit, und anschließend replizieren die Leute dies selbstständig mit lokal verfügbaren Materialien und dem, was sie selbst zusammensparen. Dabei kann man sehr interessante Prozesse des sozialen Zusammenkommens beobachten, weil die Menschen selbst entscheiden, wer als nächstes einen Wassertank bekommt. Das ist nämlich nicht immer der Wohlhabendste, sondern ganz im Gegenteil spielen dabei soziale Kriterien eine sehr große Rolle.

Die Entscheidungen über die Projektauswahl treffen wir gemeinschaftlich in unserem Mitarbeiterkreis, um die unterschiedlichen Perspektiven der einzelnen Mitarbeiter auf die Projekte und die Menschen zu berücksichtigen. Zu allen Projektpartnern in den einzelnen Ländern pflegen wir einen regen Kontakt und besuchen sie regelmäßig. Bei neuen Projektpartnern beginnen wir mit einer kleinen Anfinanzierung für ein spezifisches Vorhaben. Daraus entstehen zumeist langfristige Kooperationen und Beziehungen mit klaren Zielvereinbarungen. Die konkrete Arbeit wird ausschließlich vor Ort geleistet, und dabei handelt es sich im Wesentlichen um Bildungsarbeit, um die Vermittlung technischen Wissens im Bereich organischen Landbaus, Kleingewerbes, der Basisgesundheitsvorsorge oder regenerativer Energien.

Je nach Region liegen ganz unterschiedliche Ausgangsbedingungen vor. In Uganda beispielsweise kooperieren wir mit sieben Waldorf-inspirierten Grundschulen, die aber jeweils ihre eigenen Modelle verfolgen. Viele dieser Lehrer absolvieren eine Waldorflehrerausbildung in Kenia, gehen zurück nach Uganda, setzen sich zusammen und erarbeiten ihr eigenes Curriculum. Diese Schulen befinden sich auf dem Land und verfügen über sehr wenig Geld, bewirtschaften aber große Schulfarmen, die professionell betrieben werden. Hier kann man zum Beispiel eine Querfinanzierung durch organische Landwirtschaft aufbauen. Darüber erhält man zum einen natürlich Nahrungsmittel für die Kinder und Lehrer, erzielt aber zum anderen auch einen Erlös, um Lehrergehälter zu bezahlen. Das sind zwar noch keine 100-%-Finanzierungen, sie befinden sich aber auf einem guten Weg. Wir haben damit erst im Jahr 2005 begonnen, und es trägt bereits Früchte. In anderen Ländern, beispielsweise in Argentinien, wird man mit einem solchen Modell nicht zurechtkommen. Dort wird man Kooperationen mit funktionierenden Unternehmen brauchen, die aus Ideen des assoziativen Wirtschaftens heraus die Finanzierung einer Schule mittragen. Die Herausforderung besteht also immer darin, vor dem Hintergrund der konkreten Umstände ein passendes Modell zu entwickeln.

Mit solchen Projekten ist ein ständiger Lernprozess verbunden. Wir arbeiten auch deshalb ausschließlich mit Projektpartnern vor Ort zusammen, weil dort die Expertise vorhanden ist, um die Projekte zu betreuen. Mittlerweile gibt es in jedem Land der Welt Experten für die jeweiligen Themen. Die Herausforderung besteht darin, die richtigen Menschen zusammen zu bringen. Die Frage, die im Zusammenhang mit solchen Projekten beantwortet werden muss, ist nicht: „Was braucht ihr?", sondern: „Über was verfügt ihr bereits?", „Was wollt ihr bewegen?", „Aus welchen Ressourcen heraus könnt ihr etwas entwickeln?" Am wichtigsten in diesem Kontext ist, dass die Menschen eine Idee haben, die sie durchtragen wollen. Deswegen finanziert die Treuhand keine Organisationen, sondern betrachtet die einzelnen Menschen und deren Ideen und begleitet sie in ihrer Biografie.

**Dr. Annette Massmann**, Geschäftsführung Zukunftsstiftung Entwicklung bei der GLS Treuhand e. V.

# Neues Geld für eine neue Ökonomie: Die Reform des Geldwesens als Voraussetzung für eine Marktwirtschaft, die den Menschen dient

**10**

Felix Fuders

> *Taler, Taler, Du musst wandern, von der einen Hand zur anderen ... (alte Volksweise).*

## 10.1 Einleitung

Werfen wir einen Blick in die Tageszeitungen, wird uns schnell klar, die großen Probleme unserer Zeit sind die zunehmende Einkommensungleichheit, die Umweltüberbeanspruchung, sowie die Finanz- und Schuldenkrise. Zusätzlich bedrohen Arbeitslosigkeit, eine immer maßloser Konsumgesellschaft, Spekulationsblasen, Deflation- und Inflationsängste unsere Gesellschaften, nicht nur in Europa, sondern in vielen Teilen der Welt.

Nicht wenige Menschen zweifeln deshalb wieder an den Wettbewerbsfunktionen, an den wohlstandvermehrenden Effekten, die in der ökonomischen Theorie einer freien Marktwirtschaft zugeschrieben werden, und ziehen sogar den Kommunismus wieder als alternatives Wirtschaftsmodell in Betracht. Auch Karl Marx sah die Ungleichverteilung der Einkommen, die damals ähnlich ausfernd war, wie sie es heute ist, und suchte einen Ausweg. Leider erkannte er die dem Geld innewohne Problematik nicht und kam daher zu Lösungsvorschlägen, die die eigentliche Problematik nicht lösen, aber stattdessen noch andere hinzufügen. Weder der Kommunismus, noch die Wettbewerbswirtschaft funktionieren langfristig, wenn wir das

Dieser Beitrag ist die überarbeitete Fassung des Vortrags, den der Verfasser am 30. Oktober 2014 im Rahmen der Ringvorlesung „Social Finance 2014" an der Alanus Hochschule, Alfter, gehalten hat.

F. Fuders (✉)
Direktor Instituto de Economía, FACEA, Universidad Austral de Chile
Yungay 809, Valdivia, Chile
E-Mail: felix.fuders@uach.cl

© Springer Fachmedien Wiesbaden GmbH 2017         121
G. Krämer (Hrsg.), *Finanzwirtschaft in ethischer Verantwortung*,
DOI 10.1007/978-3-658-12584-4_10

Geld nicht reformieren. Unser Finanzsystem ist der **Hauptgrund für Marktversagen**, was leider von wenigen Ökonomen erkannt wird. Wenn wir unser Geld so reformieren, wie es einst Silvio Gesell vorgeschlagen hatte, haben wir eine Chance, eine Marktwirtschaft zu etablieren, die dem Menschen dient. Wenn wir eine solche Geldreform zudem mit einem Bewusstseinswandel kombinierten und erkannten, dass Geldverdienen kein Selbstzweck ist, so könnten wir sogar von einer Marktwirtschaft, die den Menschen dient, zu einer wahrhaften **Ökonomie der Nächstenliebe** kommen, in der Menschen ihr Glück erreichen, indem sie einander durch Einsatz ihrer Talente dienen.

Der Beitrag gliedert sich in vier Abschnitte. Zunächst wird die unserem Finanzsystem innewohnende Problematik aus volkswirtschaftlicher Sicht erklärt und aufgezeigt, wie man diese lösen könnte (Abschn. 10.2). Die Darstellung ist eine Zusammenfassung früherer Publikationen, auf deren Lektüre für eine detailliertere Analyse der Problematik und vor allem für eine Diskussion alternativer Lösungsvorschläge verwiesen sei. Der folgende Abschnitt thematisiert ausführlich moralisch-ethische Aspekte des Zinses (Abschn. 10.3). Anschließend wird aufgezeigt, wie jeder einzelne dazu beitragen kann, auf lokaler Ebene mit der Reform des Geldes zu beginnen, und warum Wettbewerb, wenn er funktioniert und insbesondere nicht durch unser unnatürliches Geld pervertiert wird, ein der Nächstenliebe entsprechendes Verhalten der Marktteilnehmer fördern kann (Abschn. 10.4). Noch besser, als dass der Wettbewerb uns zu einem solchen Verhalten veranlasst, wäre es natürlich, wenn wir wirklich den Nächsten lieben würden. Dieses Thema wird in Abschn. 10.5 vertieft. Es skizziert ein Modell einer Ökonomie basierend auf der Nächstenliebe als Triebfeder unseres Handelns.

## 10.2 Die volkswirtschaftliche Problematik unseres Geldes

### 10.2.1 Die Geldfunktionen widersprechen sich

Um die dem Geld innewohnende Problematik zu verstehen, muss man sich vergegenwärtigen, dass Geld in unserem heutigen Finanzsystem zwei sich widersprechende Funktionen erfüllen soll[1]. Einerseits ist Geld ein Tauschmittel, es soll den Austausch von Gütern erleichtern (so bereits Aristoteles 1995a, S. 22 f.). Andererseits lesen wir in Lehrbüchern, dass Geld auch die Funktion eines Wertaufbe-

---

[1] Für eine ausführlichere Analyse der dem Geld innewohnenden Problematik und alternativer Lösungsvorschläge vgl. Fuders 2009a; 2010, 2016; vgl. Azkarraga et al. 2011, S. 46–56; vgl. Fuders und Max-Neef 2012; 2014a; 2014b.

wahrungsmittels erfüllt (vgl. Grill und Perczynski 1995, S. 98; vgl. Mankiw 1998, S. 593). Der deutsch-argentinische Kaufmann Silvio Gesell erkannte bereits vor 100 Jahren, dass aus diesem Widerspruch die regelmäßig wiederkehrenden Finanzkrisen entstehen (vgl. Gesell 1949, S. 235 ff.). Wenn nämlich Menschen ihr Geld unter dem Kopfkissen horten, so kann es nicht gleichzeitig als Tauschmittel fungieren. Wenn viele Menschen ihr Geld zu Hause aufbewahren, so fehlt dieses im Wirtschaftskreislauf, die Nachfrage sinkt, Preise sinken, es entsteht Deflation. Wenn Preise sinken, ist der Anreiz, das Geld lieber später als heute auszugeben, noch größer, was die Tendenz zum Horten wiederum stärkt. Selbst gesunde Unternehmen müssen die Produktion drosseln oder ganz stilllegen, weil kaum noch etwas gekauft wird. Die Arbeitslosigkeit steigt. Eine Abwärtsspirale mit entsetzlichen Folgen kommt in den Gang.

Bisher horten wir deshalb das Geld nicht zu Hause, sondern bringen es zur Bank, weil diese uns einen Anreiz verspricht, es dorthin zu bringen. Diesen Anreiz, Geld zu verleihen, nennen wir Zins. Keynes beschrieb den Zins daher treffend als eine „Prämie für den Verzicht auf Liquidität" (Keynes 1936, S. 140). Dass wir gerne horten, ist kaum zu verhindern. Der Drang, sich etwas für schlechtere Zeiten zurück zu legen, steckt in der Natur des Menschen (und im Übrigen auch in der Natur vieler Tiere, die ebenfalls gerne „hamstern"). Keynes bezeichnete diesen Trieb als „die Vorliebe für Liquidität" (Keynes 1936, S. 136 ff., 139 f.). Im Naturzustand, wo nur reale Güter gehortet werden können, wie zum Beispiel Lebensmittel, ist das Horten allerdings nur begrenzt möglich. Der natürliche Verfall verhindert das Horten zu großer Mengen an Gütern. Geld ist aber anders als Güter leicht und vor allem unbegrenzt aufbewahrbar. Deshalb versuchen viele Menschen, möglichst viel davon zurück zu legen. Das würde den Fluss des Geldes allerdings wie beschrieben unterbinden. Geld wäre, weil es überwiegend als Hortungsmittel verwendet würde, kaum noch als Tauchmittel dienlich. Unser Geld fließt und erleichtert den Tausch von Gütern (noch), weil der Zins als Liquiditäts- oder Nichthortungsprämie uns dazu bewegt, das Geld auszuleihen, es nämlich zur Bank zu bringen, die es ebenfalls wieder ausleihen wird, wodurch das Geld **in Fluss** bleibt.

Wenn das Finanzsystem zusammenbricht oder die Menschen diesem nicht mehr vertrauen, fließt das Geld nicht mehr, es entsteht eine Deflation. In der industrialisierten Welt war dies in größerem Umfang zuletzt in der Wirtschaftskrise der Dreißigerjahre der Fall. Damals waren viele Banken bankrott, die Menschen vertrauten dem Finanzsektor nicht mehr ihr Geld an und behielten es zu Hause[2]. Der

---

[2] Was den so genannten Gelschöpfungsmultiplikator (Geldmengenausweitung durch Kreditvergabe) implodieren ließ, vgl. etwa Dornbusch et al. 2009, S. 463. Zum Geldschöpfungsmultiplikator und den mit diesem verbundenen Krisenzyklen vgl. Fuders et al. 2013, S. 33–66.

Zins hält das Geld also in Fluss und verhindert das Horten unter dem Kopfkissen und damit eine Deflation. Der Zins bringt nun aber schwerwiegende Probleme mit sich, die von den Wirtschaftswissenschaften bisher wenig erkannt wurden.

## 10.2.2   Mit dem Zins gehen schwerwiegende Probleme einher

Dass mit dem Zins schwerwiegende volkswirtschaftliche Probleme einhergehen[3], kann man nachvollziehen, wenn man sich vergegenwärtigt, wie sich Guthaben auf Bankkonten durch den Zins vermehren. Bei einem Einlagensatz von beispielsweise 5 % verdoppeln sich thesaurierende Guthaben alle 15 Jahre. Dass sich der Wert auf dem Konto irgendwann verdoppelt haben wird, hängt nicht von der Zinshöhe ab. Auch bei einem sehr niedrigen Zinssatz wird sich der Betrag zu irgendeinem Zeitpunkt verdoppelt haben. Das bedeutet, thesaurierende Guthabenkonten wachsen im Rhythmus einer Exponentialfunktion (vgl. Kennedy 1990, S. 22 f.; vgl. Kennedy 2011, S. 17–25; vgl. Müller, 2009, S. 193–203), und Banken werben sogar damit[4]. Selbst der schnellste Rechner der Welt wird mangels fehlender Nullen die dadurch entstehende Zinslast irgendwann nicht mehr berechnen können. Wachsen die Guthaben und letztlich die Geldmenge[5] aber schneller als die Produktion, entsteht ein Inflationspotenzial (vgl. Fisher 1963, S. 26, 48), wenn auch zunächst nur partiell, nämlich an den Investitions- und Anlagemärkten. Die Preisblasen an Aktien- und Immobilienmärkten könnten daher als „partielle Inflation" bezeichnet werden (lat. inflare = aufblähen) (vgl. Fuders 2009a, S. 129; 2010a, S. 48; vgl. Fuders und Max-Neef 2014a, S. 264; 2014b, S. 162). Es gibt viele Theorien, die die Inflation und Spekulation zu erklären versuchen. Im Grunde erklären sich beide Phänomene aber ganz einfach: Inflation wie auch Spekulationsblasen sind

---

[3] Vgl. hierzu auch Creutz 1993, S., 440, 445; vgl. Kennedy 2011, S. 17 ff.; vgl. Kremer 2009, S. 1–12.

[4] Die Sparkassen-Finanzgruppe und die ihr zugehörige Deka-Bank erklären den Zinseszinseffekt mit einem anschaulichen Beispiel: Geld vermehre sich wie Hühner. Wenn Hühner Eier legen, schlüpfen aus den Eiern wieder Hühner, die anschließend ebenfalls wieder Eier legen: https://www.youtube.com/watch?v=CSmBku1qZsg.

[5] Die Geldmenge wächst mit der so genannten Buchgeldschöpfung (auch Geldschöpfungsmultiplikator genannt) (vgl. etwa Hartmann 1970, S. 225 ff.; vgl. Richard et al. 1994, S. 257; vgl. Mankiw 1998, S. 600 ff.; vgl. Larroulet und Mochón 2003, S. 418 ff.). Die stetige Ausweitung der Geldmenge ist aber im Grunde nicht Folge der Buchgeldschöpfung an sich, sondern des Zinses, der die Einlagen bei Banken wachsen lässt und damit die Banken zur Kreditvergabe nötigt. Infolge nimmt die Buchgeldschöpfung zu und die Geldmenge wächst. Vgl. hierzu ausführlicher Fuders et al. 2013, S. 41 f., 47, 52; vgl. Fuders und Max-Neef 2014b, S. 158 f.

ein Sekundärphänomen einer stetig wachsenden Geldmenge, die ausgegeben oder investiert werden möchte.

Die sich durch den Zins selbst vermehrenden Guthaben (so bereits Aristoteles 1995a, S. 23) sind andererseits ein wichtiger Grund für die hohe und immer schneller wachsende Verschuldung der Industriestaaten; denn nur wo Schulden sind, werden Zinsen bezahlt. Was auf der einen Seite als Zinsgewinn entsteht, muss auf der anderen Seite als Verschuldung verbucht werden, weshalb Zinsgewinne automatisch zu einer ansteigenden Gesamtverschuldung führen müssen[6]. In der Regel sind Staaten besonders gute Kunden der Banken. Aus diesem Grund vermehren sich auch die Staatsschulden in vielen Staaten exponentiell. Uns allen ist bekannt, dass Finanzminister regelmäßig bei ihrem Amtsantritt versprechen, die Schuldenlast des Staates zu verringern oder zumindest weniger neue Schulden aufzunehmen als ihre Vorgänger. Doch am Ende wird auch dieser Finanzminister die Staatsverschuldung höchstwahrscheinlich wieder wesentlich ausgeweitet haben. Für den Fall, dass er es schaffen sollte, tatsächlich die Staatsverschuldung nicht zu erhöhen, so müssten die Bürger entsprechend höher verschuldet sein; denn irgendjemand muss sich stetig weiter verschulden, weil die Gesamtverschuldung im Gleichklang mit den Guthaben wachsen muss. Das ist eine Tatsache, die leider offenbar kaum verstanden wird[7]. Und weil Guthaben und Schulden im gleichen Rhythmus wachsen müssen (so bereits Soddy 1934, S. 25), wird automatisch auch die Lücke zwischen denjenigen, die sich verschulden, und denjenigen, deren Guthaben „durch eine unsichtbare Hand" wachsen, stetig größer. Die Wertpapiere des einen sind eben die Schulden den anderen, wie eine alte Weisheit uns lehrt. Abb. 10.1 zeigt, wie Geldvermögen und Schulden in Deutschland wachsen. Eine ähnliche Situation findet sich in den meisten Ländern der Welt.

---

[6] Bereits Aristoteles hatte erkannt, dass gesamtwirtschaftlich der Zinserlös genau den Verzinsungskosten der Schuldner entspricht, vgl. hierzu van Suntum 2005, S. 73 f.

[7] Das ist umso verwunderlicher, als Studenten der Wirtschaftswissenschaften lernen, dass sich die Geldmenge durch Kredit ausweitet (Buchgeldschöpfung), weshalb bis auf die ursprünglich von der Zentralbank geschaffene Zentralbankgeldmenge jede Geldeinheit das Gegenteil von Schuld ist. Diese Tatsache steht zudem auf jedem US-Dollar-Schein geschrieben: „This note is legal tender to pay all debts, public and private" (Dieser Geldschein ist gesetzliches Zahlungsmittel zum Zahlen sämtlicher Schulden, sowohl öffentlicher wie auch privater).

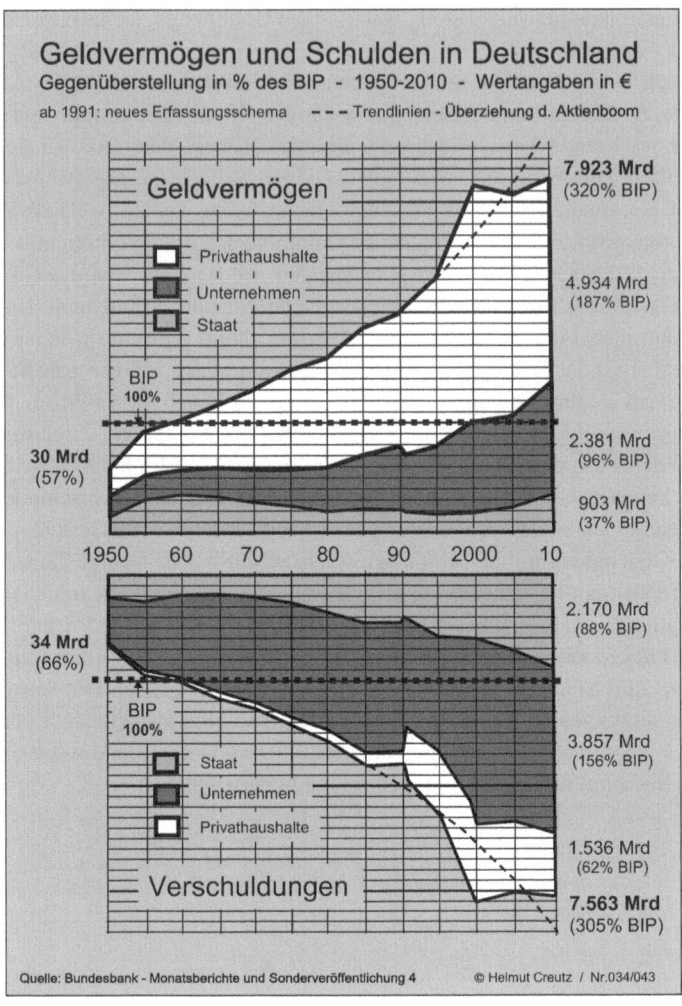

**Abb. 10.1** Geldvermögen und Schulden in Deutschland 1950–2010. (Quelle: Creutz 2016)

### 10.2.3 Wachstum ist das Allheilmittel der Wirtschaftstheorie

Unser Geldsystem ist auch der Grund dafür, dass sowohl neuklassische als auch keynesianische Modelle stets **Wirtschaftswachstum anstreben**. Das Allheilmittel der Lehrbücher der Wirtschaftspolitik gegen Arbeitslosigkeit ist Wachstum (vgl. Lachmann 2006: 185 ff.; vgl. Fernández Díaz 2006, S, 119 ff., 318 ff.; vgl. Cuadrado Roura 2006, S. 141 ff., 203 ff.), weshalb auch politische Parteien aller Couleur Wirtschaftswachstum als Ziel in ihren Programmen ausgeben. Nach der weithin anerkannten, auf empirischer Beobachtung beruhenden Regel von *Arthur Okun* muss die Wirtschaft drei Prozentpunkte wachsen, damit die Arbeitslosigkeit um etwa einen Prozentpunkt abnimmt (vgl. Okun 1962, S. 98–104). Entweder wächst also die Wirtschaft, oder die Arbeitslosigkeit steigt, und soziale Unruhen nehmen zu, was wir gerade in Griechenland und Spanien bestätigt sehen. Aber warum ist das so? Das liegt daran, dass Unternehmen die steigende Zinslast durch Einsparungen an anderer Stelle auszugleichen versuchen. Ein Weg, Kosten einzusparen, ist, menschliche Arbeitskraft durch Maschinen zu ersetzen.

Andererseits sind selbst Unternehmen, die sich nicht durch Fremdkapital finanzieren, nicht von diesem Druck, Kosten einzusparen, befreit. Die finanziellen Belastungen für Unternehmen steigen schließlich auch, weil die Staatsverschuldung wächst, und der Staat Abgaben für Bürger und Unternehmen erhöht. Und auch Arbeiter und Angestellte wollen Lohnerhöhungen, die die Inflation ausgleichen, welche, wie oben angesprochen wurde, aus der stetig wachsenden Geldmenge resultiert. Dass Unternehmen stets bestrebt sind, die menschliche Arbeitskraft durch Maschinen zu ersetzen, also die Arbeitsproduktivität zu erhöhen, liegt jedenfalls nicht nur an der Gier der Unternehmer, sondern vor allem an stetig steigenden Kosten. Das führt nur dann nicht zu einer Erhöhung der Arbeitslosenquote, wenn die Unternehmen es schaffen, die Produktion und den Verkauf ihrer Produkte soweit auszuweiten, dass trotz gestiegener Arbeitsproduktivität niemand entlassen werden muss.

Daneben zwingt der Zins aus noch einem weiteren Grund Unternehmen zu Wachstum. In der Finanzwirtschaftslehre ist der Zins die Benchmark, anhand derer der Erfolg realwirtschaftlicher Investitionen gemessen wird (vgl. etwa Copeland et al. 2008, S. 205 ff.). Wenn ein Unternehmen nicht wenigstens eine Rendite in Höhe der Fremdkapitalzinsen erwirtschaftet, lassen die Opportunitätskosten eine Aufrechterhaltung der Produktion unternehmerisch nicht rechtfertigen (in diesem Sinne vgl. auch Suhr 1988, S. 56). Der Zins gibt den Takt vor, nachdem die Wirtschaft tanzen muss. Wirtschaftswachstum ist also Pflicht[8] – und nicht bloß ein „Fetisch" (Hamilton 2003). Der Wachstumszwang betrifft selbst regenerative natürliche Ressourcen, die der Mensch ausbeutet. Wenn nämlich der Zins hoch genug ist, kann es ökonomisch rentabler sein, den gesamten Bestand abzuernten und den Erlös auf einem Konto „für sich arbeiten zu lassen", anstelle nachhaltig zu wirtschaften und nur so viel zu ernten, wie auch nachwächst. In diesem Sinne bemerkten Daly und Farley etwas sarkastisch, aber treffend, dass alles, was sich in der Natur nicht im Rhythmus des Zinssatzes vermehre, potenziell vom Aussterben bedroht sei (vgl. Daly und Farley 2004, S. 208).

## 10.2.4 Nachhaltiges Wachstum gibt es nicht

Die so viel kritisierte „Konsumgesellschaft" begründet sich also nicht (nur) an mangelndem Bewusstsein der Konsumenten. Unternehmen geben viel Geld für psychologisch geschicktes Marketing aus. Das wiederum geschieht nicht (nur) aus Gier, sondern weil die Unternehmen zu Wachstum gezwungen sind. Die Produktion von Gütern – und im Übrigen auch von Dienstleistungen, deren Bereitstellung häufig noch energieaufwendiger ist als diejenige von tangiblen Gütern – kann aber nicht beliebig gesteigert werden; denn unbegrenztes Wachstum gibt es aufgrund begrenzter Ressourcen in der Natur nicht, was sogar schon Aristoteles thematisierte (vgl. Aristoteles 1995a, S. 17). Wirtschaftswachstum bedeutet aber, dass wir dieses Jahr mehr produzieren als im Jahr zuvor. Und im Jahr zuvor haben wir meistens ebenfalls schon mehr produziert als im Jahr davor. Wenn das alle Länder machen und das nun schon seit einigen hundert Jahren, braucht es uns nicht zu wundern, dass weite Teile unserer Umwelt bereits zerstört sind. Selbst wenn aufgrund erhöhter Effizienz in der Produktion heute ein Produkt mit deutlich weniger Ressourcen hergestellt werden kann, als dies noch vor 50 Jahren möglich war, so führt ein stetes Ausweiten der Produktion letztlich zu mehr Verbrauch von Ressourcen und letztlich auch zu mehr Abfällen. Das ergibt sich aus dem ersten und zweiten Gesetz der Thermodynamik, wonach man Produkte nicht aus dem „Nichts" erzeugen kann, und jedes Produkt irgendwann wieder zerfällt, also zu Abfall wird (vgl. Daly und Farley 2004, S. 62 ff.). Nachhaltiges Wachstum gibt es

---

[8] Jedenfalls dann, wenn das Unternehmen nur deshalb existiert, damit der Eigentümer Geld verdient. Ein Unternehmer könnte natürlich sein Unternehmen auch deshalb gründen, weil er durch Einsatz seiner Talente Produkte herstellen möchte, die etwas zur Lebensqualität der Menschen beitragen, und eben nicht nur im Geldverdienst seinen Lebenssinn sieht. In dem Fall wäre ihm der Zins als Opportunitätskosten egal, und es würde ihm reichen, wenn er so viel verdient, dass er davon leben kann (vgl. hierzu Abschn. 10.5).

nicht. Dennoch geht die Mehrheit der Ökonomen auch heute noch davon aus, dass Wirtschaftswachstum ewig möglich wäre. Und sogar die Vereinten Nationen definierten kürzlich „nachhaltiges Wachstum" als eines der „Sustainable Development Goals", also der Ziele nachhaltiger Entwicklung. In diesem Zusammenhang ist ein denkwürdiger Satz erwähnenswert, den der Ökonom und Poet Kenneth Boulding einst vor dem US-Kongress gesagt haben soll: „Jeder, der glaubt, dass in einer endlichen Welt exponentielles Wachstum ewig möglich sei, ist entweder ein Verrückter er oder ein Ökonom" (Wikiquote 2016)[9]. Nachhaltigkeit oder die Ziele einer „grünen Politik" werden sich nur schwer verwirklichen lassen, solange der Realwirtschaft nicht der Zwang zu stetigem Wachstum genommen wird[10]. Das von den Post-Wachstumsökonomen vorgeschlagene künstliche Abbremsen der Wirtschaft, sollte es denn dauerhaft gelingen, würde indes, wenn wir nicht zugleich das Geld zu ändern, zu hoher Arbeitslosigkeit und wirtschaftlicher Depression führen.

## 10.2.5  Der Zusammenbruch ist vorprogrammiert

Unser Finanzsystem zwingt aber nicht nur zu stetigem Wirtschaftswachstum und damit zu stetigem Mehrverbrauch von Ressourcen und fördert nicht nur (in zunehmenden Maße) die Ungleichheit[11]. Insbesondere bricht es früher oder später zusammen. Der Zusammenbruch kommt immer dann, wenn Banken keine weiteren Kreditnehmer mehr finden, um die durch Zins- und Zinseszins wachsenden Einlagen zu bedienen[12]. Diese wachsen unaufhörlich, selbst wenn Banken den Zins auf Guthaben immer weiter absenken. Aber auch trotz historisch niedriger Guthabenzinsen haben die Banken Probleme, ihren Verpflichtungen gegenüber ihren Kunden nachzukommen, weil die Beträge auf den Guthabenkonten bereits sehr groß sind. Für die Bank wird es immer schwerer, die Zinsen zu erwirtschaften, und das nicht nur weil die bei ihr registrierten Depositen unaufhörlich wachsen

---

[9] Wörtlich: „Anyone who believes exponential growth can go on forever in a finite world is either a madman or an economist.".

[10] In diesem Sinne befand schon Keynes, dass die „verschiedenen anstößigen Formen des Kapitalismus" durch den Zins hervorgebracht würden. Diese könnten überwunden werden, indem man die Grenzleistungsfähigkeit des Kapitals auf null reduzierte, vgl. Keynes 1936, S. 185. Hierzu ausführlicher: Fuders und Max-Neef 2014b, S. 163 f.

[11] So hat Piketty durch seine Auswertungen von Steuerunterlagen nachgewiesen, dass das Kapital-Einkommensverhältnis $\beta$ weltweit seit Ende des Zweiten Weltkrieges von circa 2,5 auf über 4 angestiegen ist (vgl. Piketty 2015, S. 616).

[12] Das geschieht je nach durchschnittlichem Zinssatz alle 50 bis 80 Jahre (Fuders und Max-Neef 2014a, S. 246, 2014b, S. 158).

und bedient werden wollen, sondern auch weil die Bevölkerung – und meistens auch der Staat als guter Kunde der privaten Banken – bereits einen hohen Verschuldungsgrad erreicht haben. Banken beginnen deshalb in ihrer Not, Kredite auch an Kreditnehmer mit zweifelhafter Bonität und zu immer niedrigen Zinsen zu vergeben, während sie auf Guthabenkonten immer niedrigere Zinsen zahlen. Je länger ein Finanzsystem existiert, desto niedriger stellt sich deshalb das Zinsniveau ein (vgl. Fuders et al. 2013, S. 42). Das gilt sowohl für Guthaben-, wie auch für Darlehenszinsen. Genau dieser Effekt lässt sich derzeit in vielen Ländern der industrialisierten Welt beobachten[13].

## 10.2.6   Das große Missverständnis

Wenn wir verstanden haben, dass der Zins das Geld in Fluss hält, können wir nachvollziehen, warum wir in der Eurozone, wo nun praktische keine Zinsen mehr auf Einlagen gezahlt werden, deflationäre Tendenzen sehen. Dennoch wundern sich unsere Zentralbanker offenbar über die niedrige Inflationsrate trotz niedriger Zinsen[14]. Das mag daran liegen, dass die ökonomische Theorie lehrt, niedrige Zinsen würden die Inflation ansteigen lassen. Das Gegenteil ist richtig und auch eigentlich gar nicht so schwer nachvollziehbar. Je höher der Zins ist, desto schneller wachsen Guthaben und damit die den Menschen zum Konsum zur Verfügung stehende Geldmenge. Bei einem Nullzinsniveau wächst die Geldmenge nicht mehr, wenn nicht die Zentralbank Geld druckt (vgl. Fuders et al. 2013, S. 43). Das Gesagte lässt sich empirisch nachvollziehen: Zinssatz, Inflation und BIP entwickeln sich langfristig synchron. Je höher das Zinsniveau ist, desto schneller wachsen Geldmenge, Inflation und BIP und umgekehrt (vgl. Fuders et al. 2013, S. 43, 45). Natürlich ist es nicht so, dass nun die Zentralbank einfach die Zinsen anheben könnte, möchte

---

[13] Da der Staat in der Regel ein sehr wichtiger Kunde privater Banken ist, ist die Tatsache, dass die deutsche Bundesregierung schon seit drei Jahren die Netto-Neuverschuldung nicht mehr ausgeweitet hat, für Banken keine gute Nachricht. Wenn wie in der jetzigen Situation trotz niedrigster Zinsen weder Private noch der Staat Kredite brauchen, das Kreditvolumen also nicht ausgeweitet werden kann, so befindet sich der Finanzsektor in einer schwierigen Situation. Nutznießer der Flüchtlingskrise dürfte daher der Finanzsektor sein; denn sie wird dem Staat viel Geld kosten, das dieser nicht hat. Einen ähnlich „positiven" Effekt hatte auch das schwere Erdbeben von 2010 in Chile (vgl. Fuders 2011a; vgl. Fuders und Belloy 2013; vgl. Fuders und Max-Neef 2014b, S. 166 f).

[14] Die EZB ruft zusammen mit der US-amerikanischen Federal Reserve Bank zum Einreichen von wissenschaftlichen Fachbeiträgen auf, die die niedrigen Zinsen und die niedrige Inflationsrate erklären sollen: http://www.federalreserve.gov/newsevents/conferences/irfmp2016-call-for-papers.htm.

sie die Wirtschaft ankurbeln. Schließlich sind die Zinsen deshalb so niedrig, weil Banken eben keine Abnehmer für ihre Kredite mehr finden. Diese Situation hatte ich früher schon einmal als das Dilemma der Zentralbank beschrieben (vgl. Fuders 2011a; vgl. Fuders et al. 2013, S. 41 ff.). In ihrer Verzweiflung versuchen die Zentralbanken – allen voran die EZB – mit Hilfe der Politik des „Quantitative Easing" (Ausweiten der Zentralbankgeldmenge durch Ankaufen von Staatsanleihen), also durch Gelddrucken der Deflation Einhalt zu gebieten. Aber auch dieses frische Geld fließt nicht und landet unter den Kopfkissen, im Ausland oder wieder bei der EZB auf Konten, die die Geschäftsbanken bei der EZB halten.

Das Handelsblatt titelte jüngst: „Banken ertrinken im Geld – Zum ersten Mal in der Geschichte der Bundesrepublik übersteigen die Einlagen die ausgereichten Kredite" (vgl. Schreiber und Dohms 2014). Den Banken wurde zuletzt immer wieder vorgehalten, sie würden das Geld lieber bei der EZB parken, anstatt Kredite zu vergeben. Dies ist problematisch, weil Geld, das bei der Zentralbank eingelegt wird, ebenfalls nicht dem Wirtschaftskreislauf zur Verfügung steht. Parken von Geldern bei der Zentralbank hat denselben Effekt wie Horten von Bargeld unter dem Kopfkissen. Hier liegt aber das Problem: Banken finden keine kreditwürdigen Kunden mehr. Vergeben sie dennoch Kredite, besteht die Gefahr, dass diese später ausfallen werden. Den Banken würde dann Gier und unzureichende Bonitätsprüfung vorgehalten werden, so wie dies bei der so genannten Subprime-Krise von 2008 der Fall war (vgl. Krugman 2009, S. 41 ff.; vgl. Schäfer 2009, S. 39 ff.; vgl. Shiller 2008). Wenn Kunden im größerem Stil ausfallen, bricht das Finanzsystem zusammen. Das, was 2008 die überschuldeten privaten Häuslebauer in den USA waren, sind heute die überschuldeten Staaten in Europa. Das Prinzip ist dasselbe (vgl. Fuders et al. 2013, S. 38, 42, 46, 51, 53; vgl. Fuders und Max-Neef 2014b, S. 168 ff.).

## 10.2.7 Der Vorschlag Silvio Gesells

Wir sehen also, die großen Probleme unserer Zeit, die Umweltzerstörung (bedingt durch den Wachstumszwang der Wirtschaft), exorbitante und stetig wachsende Ungleichheit in den meisten Teilen der Welt und die Finanz- und Schuldenkrise stehen in direktem Zusammenhang mit unserem Finanzsystem, in welchem der Zins Guthaben und Schulden im Gleichschritt wachsen lässt. Der Zins ist andererseits aber notwendig, damit Geld fließt und als Tauchmittel dienen kann, jedenfalls in unserem derzeitigen Geldsystem, in dem Geld problemlos unter dem Kopfkissen hortbar ist[15]. Gibt es eine Möglichkeit, das Geld in Fluss zu halten, ohne dass dazu der Zins notwendig ist? Genau diese Frage stellte sich Silvio Gesell schon vor über 100 Jahren. Zur Überwindung der angesprochenen Probleme schlug Gesell ein „Freigeld" vor, ein Geld frei nämlich vom „Urzins" (vgl. Gesell 1949, S. 235 ff.), oder, wie Keynes es nannte, der „Liquiditätsprämie" (Keynes 1936, S. 140). Das Freigeld funktioniert so: Auf Geldscheinen müssen in regelmäßigen Intervallen (zum Beispiel alle zwei oder drei Monate) Gebührenmarken aufgeklebt werden, damit der Schein Gültigkeit als Zahlungsmittel behält. Dabei handelt es sich um keine hohen Gebühren, nur ein oder 2 % des nominellen Wertes des Geldscheines. Diese Gebühr gibt aber einen Anreiz, das Geld nicht zu lange zu Hause aufzubewahren, sondern es auszugeben, zu investieren oder aber es zu verleihen. Einen Zins kann der Geldbesitzer freilich kaum verlangen. Er kann vielmehr froh sein, wenn ihm jemand sein „rostendes" (Gesell 1949, S. 238) Geld abnimmt und verspricht, es ihm mit ordnungsgemäß aufgeklebten Gebührenmarken zurückzugeben (vgl. Gesell 1949, S. 264 f.). Mit anderen Worten wird das Geld nun ebenso verderblich wie reale Güter. Dieses Geld bewirkt auf ganz natürliche Weise, dass der Zins gegen Null tendiert (vgl. Gesell 1949, S. 239, 242, 252 f., 264 f., 270, 273, 284, 329, 342, 344 f.). Der Besitzer des Geldes kann nun nicht mehr einen Zins für die Herausgabe „erpressen" (Gesell 1949, S. 205, 344), die „Knappheit des Kapitals ausbeuten" (Keynes 1936, S. 317). Banken wären in einem solchen Finanzsystem Verwalter sodann kostenpflichtiger Depositen und Vermittler (gegen Provision) für sodann zinsfreie Kredite. Für die Zukunft zu sparen, wäre auch in diesem System möglich. Aber eben nicht durch verzinste Bankeinlagen. Auch könnten sich „Sparer" an produktivwirtschaftlichen Investitionen beteiligen (vgl. Fuders 2009a, S. 137 f.; 2010a, S. 54 f.; vgl. Fuders und Max-Neef 2014a, S. 261, 2014b, S. 175 f.).

Erwähnenswert ist, dass die beiden bekannten Ökonomen des letzten Jahrhunderts *John Maynard Keynes* und *Irving Fisher* der Idee Gesells aufgeschlossen gegenüber standen. Keynes war überzeugt, dass die „Zukunft mehr vom Geiste Gesells als von jenem von Marx lernen wird" (Keynes 1936, S. 300). Auf der Bretton-Woods-Konferenz, wo der US Dollar als Währung für internationale Transaktionen etabliert wurde, schlug er später eine internationale Verrechnungseinheit („*Bancor*") vor, in der Handelsbilanzüberschüsse mit einer „Gebühr" belastet werden

---

[15] Dies zu verstehen, ist wichtig, um die aktuelle Politik der EZB beurteilen zu können. Wenn Banken nun den Guthabenzins für Termineinlagen und Sparkonten ganz auf null oder sogar unter null reduzieren, wie es derzeit bei einigen Kreditinstituten in Deutschland der Fall ist, dann besteht die Gefahr, dass Kunden ihre Gelder abziehen und die Bank schließen muss (vgl. Fuders und Löhr 2014, S. 4–5; vgl. Fuders 2015a, S. 10).

(vgl. Keynes 1980, S. 42–66); dieser Vorschlag konnte sich aber nicht durchsetzen. Fisher, widmete dem Konzept des Freigeldes sogar ein eigenständiges Buch (vgl. Fisher 1933). Das Freigeld wurde übrigens in den Dreißigerjahren erfolgreich im Tiroler Dorf Wörgl erprobt, anschließend aber trotz des Erfolgs von der Reichsbank verboten (vgl. Fisher 1933, 17 ff.; vgl. Unger 2007; vgl. Ottacher 2007, 53 ff.). In den USA gab es in mehreren Bundesstaaten Gesetzesentwürfe zur Einführung von Freigeld, welche aber schließlich nicht verabschiedet wurden (vgl. Fisher 1933, 43 f.; vgl. Ottacher 2007, 65 f.).

Ein solches natürliches Geld einzuführen, das ausschließlich zur Vereinfachung des Tausches von realen Gütern und Dienstleitungen, nicht aber zum Horten dient, ist meines Erachtens die **einzige funktionierende Lösung**. Weder „klassische" Lösungsvorschläge wie Sparen, Finanztransaktionssteuern, Rettungsfonds, eine verstärkte Regulierung des Finanzsektors oder die Abschaffung des Euros, noch „revolutionärere" Vorschläge wie die Einführung eines Goldstandards, von Warenkorb-Währungen, von inflationsbereinigten Recheneinheiten, einer 100 %-Mindestreserve oder von „positivem Geld" wie Zeitkonten oder Zeitgutscheinen werden die unserem Finanzsystem inhärente Problematik langfristig lösen (vgl. hierzu Fuders 2009a, 2010, 2014, 2016; vgl. Fuders und Max-Neef 2012, 2014a, 2014b). Und auch negative Zentralbankzinsen sind anders als dies zum Teil dargestellt wird (vgl. Mankiw 2009; vgl. Buiter und Panigirtzoglou 2003, S. 723 ff.), nur bedingt mit Silvio Gesells Hortungsgebühr vergleichbar (vgl. Fuders 2010a, S. 53 f.; vgl. Fuders und Löhr 2014; vgl. Fuders 2015a, 2016, S. 171 f.). Das so genannte „Quantitative Easing", ist sogar genau das Gegenteil von dem, was Gesell vorgeschlagen hatte. Gesell wollte, dass das Geld fließt, und nicht, dass noch mehr von dem nicht fließenden Geld gedruckt wird.

### 10.2.8   Geld ist nicht neutral

In Diskussionen zum Thema fällt mir immer wieder auf, dass offenbar viele Menschen Schwierigkeiten haben, die dem Geldzins innewohnende Problematik zu erkennen. Beispielsweise wird häufig vorgebracht, dass es nicht verwerflich sein könne, Geld zu verdienen und dass auch schon in der Bibel stünde: „So gebt dem Kaiser, was des Kaisers ist" (Luther Bibel 1984, 22,21). Selbstverständlich führt die Erwirtschaftung von Produktivgewinnen, also der Lohn der Arbeit, noch das Zahlen von Steuern zu den oben beschriebenen volkswirtschaftlichen Problemen. Die Verwechselung des Geldzinses mit realwirtschaftlichen Gewinnen rührt daher, dass Geld und Kapital seit etwa 150 Jahren als Synonyme verwendet werden, Geld also als Produktionsfaktor angesehen wird (hierzu wird in Abschn. 10.3 noch einmal ausführlich eingegangen; denn die Erkenntnis, dass Geld kein Kapital ist, ist auch grundlegend für das Verständnis des moralischen Problems des Zinses). In missverständlicher Weise wird daher in den Wirtschaftswissenschaften jeder Gewinn als „Verzinsung" bezeichnet, unabhängig davon, ob es sich um Darlehenszinsen oder um Überschüsse einer realwirtschaftlichen Investition handelt.

Weder realwirtschaftliche Gewinne noch das Zahlen von Steuern führen zu einer Abkoppelung der Finanzwirtschaft von der Realwirtschaft, aus der sich die beschriebenen Probleme ergeben. Es fließt lediglich Geld von der einen Hand in die andere. Der Zins aber bewirkt, dass sich das Geld aus **sich selbst heraus** vermehrt, wie Aristoteles treffend herausgestellt hat (Aristoteles 1995a, S. 23). Das Gesagte kann man sich vergegenwärtigen, indem man sich fragt, wo eigentlich die Zinsen herkommen, die auf Guthaben gezahlt werden, wenn sich die ursprüngliche Zentralbankgeldmenge nicht erhöht hat? Klar, die Zinsen zahlen letztlich die Kreditnehmer, die ihren Kredit ordnungsgemäß tilgen. Wo aber haben diese das Geld hergenommen, um den Zins bezahlen zu können? Tatsächlich muss, wenn irgendwo Zinsen bezahlt werden und die ursprüngliche Zentralbankgeldmenge unverändert bleibt, irgendjemand anders einen Kredit aufnehmen, damit diese Zinsen bezahlt werden können. Dieser Kredit fordert wieder Zinsen ein, der irgendwo in dieser Volkswirtschaft einen neuen Kredit notwendig macht. Bildlich könnte man diesen Effekt als eine Art **Schneeballlawine** beschreiben, die im Laufe der Zeit immer größer wird. Wem dies nicht gleich einleuchtet, kann sich der Einfachheit halber eine Volkswirtschaft vorstellen, die aus nur zwei Personen besteht: „Hans im Glück" besitzt 100 Geldeinheiten, „Pechvogel" hat kein Geld. Herr Pechvogel möchte auch einmal wissen, wie es sich anfühlt, Geld zu besitzen und leiht sich 10 Geldeinheiten vom Hans. Am Ende der Laufzeit schafft er es vielleicht sogar, dem Hans das Geld zurück zu zahlen. Wo aber kommen die Zinsen her, die er nun ebenfalls bezahlen muss? Herr Pechvogel muss, um die Zinsen zahlen zu können, einen neuen Kredit beim Hans im Glück aufnehmen, der dann wieder Zinsen einfordert.

Lehrbücher der Wirtschaftswissenschaften lehren die Theorie der „Neutralität des Geldes" (Mankiw 1998, S. 616). Demnach hätte die Entwicklung der Geldmenge keine realwirtschaftliche Auswirkung. In diesem Kontext bemerkte einst ein Student, mit dem ich das Thema diskutierte, Geld sei vergleichbar mit einem Messer: Man könne nützliche Tätigkeiten damit verrichten, wie etwa Brot schneiden, oder aber Menschen damit ermorden. Das hänge vom Benutzer ab. Das Messer selbst sei neutral. Diese Metapher ist Ausdruck des oben angesprochenen Missverständnisses. Tatsächlich verhält sich Geld eher wie ein Messer – um bei dem Bildnis zu bleiben –, das ein Eigenleben führt: Zunächst ist es klein und nützlich. Dann aber beginnt es, erst langsam und dann immer schneller, vor allem aber unkontrolliert zu wachsen und zudem wahllos um sich zu stechen. Unser Geld, so wie es derzeit konstruiert ist, **ist nicht neutral**. Es zwingt die Realwirtschaft zu Wachstum und stetiger Ausweitung der Gesamtverschuldung.

## 10.2.9 Fazit: Das eigentliche Problem unserer Wirtschaftsordnung ist unser Geld

Die Finanz- und Schuldenkrisen wurden weder durch allzu leichtfertige Kreditvergabe, durch Spekulation oder mangelnde Bankenaufsicht, noch durch verantwortungslose Kreditnehmer oder Politiker, die sich oder ihre Länder über ihre Verhältnisse verschulden, verursacht. Vielmehr handelt es sich bei diesen Verhaltensweisen um Symptome eines Finanzsystems, in dem die Kreditvergabe Seitens der Banken stetig ausgeweitet werden muss, damit die durch Zins- und Zinseszins stetig wachsenden Guthabenzinsen bedient werden können. Das eigentliche Problem unserer Wirtschaftsordnung ist also der völlig unnatürliche (Aristoteles 1995a, S. 23) Zins, der sich wiederum aus dem Konstruktionsfehler in unserem Finanzsystem ergibt: der Tatsache, dass Geld anders als reale Güter beliebig hortbar ist. Wenn man das verstanden hat, versteht man auch, dass der Euro als System fester Wechselkurse nur ein zusätzliches, nicht aber das eigentliche Problem der so genannten Eurokrise darstellt (Fuders 2014b; Fuders und Max-Neef 2014b, S. 170)[16]. Die Zins-Wirtschaft zerstört sich aber nicht nur in regelmäßigen Abständen selbst. Der Zins ist auch moralisch-ethisch bedenklich, was im Folgenden herausgestellt werden soll.

---

[16] Dass die Nordstaaten Europas im Verhältnis zu ihrem jeweiligen Bruttoinlandsprodukt etwas weniger stark verschuldet sind als die Südstaaten Europas, hat vermutlich etwas mit dem Euro als System fester Wechselkurse zu tun. Aus Sicht der Südstaaten ist die gemeinsame Währung zu stark, was deren Export hemmt, aus Sicht der Nordstaaten ist der Euro zu schwach, was deren Export fördert. Handelsbilanzdisparitäten sind hier also vorprogrammiert. Tatsächlich waren die Handelsbilanzen der Euroländer bis zur Einführung des Euros einigermaßen ausgeglichen. Seit der Einführung des Euros ist der Handelsbilanzüberschuss Deutschlands in etwa so groß wie das Defizit der südlichen Euroländer zusammen gerechnet (Fuders 2014b).

## 10.3 Moralisch-ethische Aspekte des Zinses

### 10.3.1 Der Zins ist ein Vermögensumverteilungsmechanismus

10 % der deutschen Bevölkerung besitzen 60 % der Vermögen (OECD 2015, S. 35). Eine ähnliche Situation finden wir in vielen Industrieländern. In den Entwicklungs- und Schwellenländern ist die Ungleichverteilung häufig noch ausgeprägter, wo nicht selten nur wenige Familien den Großteil des Vermögens eines ganzen Landes kontrollieren[17]. Selbst wenn man kein Anhänger des Egalitarismus[18] ist, erscheint eine solch enorme Ungleichverteilung als ungerecht. Statt aber (nur) für eine staatliche Umverteilung zu plädieren, wäre es sinnvoller, die wohl wichtigste Ursache dieser Ungleichverteilung abzuschaffen. Diese liegt wie dargelegt in der Natur unseres Finanzsystems, in der die Schuld des einen das Vermögen des anderen darstellt und letzteres sich durch den Zins von selbst vermehrt (Creutz, 1993, S. 57, 77 f., 92, 107 f., 119, 215 f.; Kennedy, 1990, S. 28 ff.; Suhr und Godschalk, 1986, S. 56 f.; Kremer 2009, S. 10). Übrigens sind selbst Menschen, die nicht verschuldet sind, nicht von diesem Umverteilungssystem befreit, da die Kreditzinsen in den Preisen der Produkte enthalten sind[19].

An dieser Stelle sei auf die irrtümliche und zuletzt immer wieder zu hörende Ansicht verwiesen, Sparer würden nun, da es in Deutschland praktisch keine Zinsen mehr auf Guthabenkonten gibt, um ihre Zinsen betrogen[20]. In einem Artikel in der Tageszeitung „Die Zeit" (Schieritz und Uchatius 2014, S. 13–15) wurde dies so beschrieben: „Der Zins ermöglichte es auch Taxifahrern und Verkäuferinnen, ein kleines Vermögen aufzubauen. Der Zins machte Millionen Menschen reich und half mit, dass in der Bundesrepublik Deutschland eine breite Mittelschicht entstand". Diese Ansicht vergisst, dass es die Sparer selbst sind, die die Zinsen letztlich bezahlen. Das gilt selbst dann, wenn sie nicht verschuldet sind, da die

---

[17] In Chile sind es beispielsweise drei Familien (Villamil 2012).

[18] Die Anhänger des Egalitarismus empfinden eine Situation als gerecht, in der alle Güter weitgehend gleichmäßig auf alle Menschen verteilt sind. Schließlich, so die Argumentation, könne niemand etwas für seine stärkere oder weniger stark ausgeprägte Leistungsfähigkeit. Diejenigen in einer Gesellschaft, die weniger leistungsfähig sind, sollten nicht für die naturgegebene Ungleichverteilung der Fähigkeiten Leiden. (Zum Egalitarismus etwa: Raz 2000; Anderson 2000; Walzer 2000; Gosepath 2004; Dworkin 2011)

[19] Und dies ist kein geringer Betrag. Es wurde nachvollziehbar dargelegt, dass der Zinsanteil in Preisen zwölf bis 77 % beträgt (Kennedy 1990, S. 25 ff.; 2011, S. 29; Creutz 1993, S. 95 f., 106 f.), wobei dieser Anteil mit dem stetig wachsenden Anteil des Fremdkapitals in den Bilanzen der Unternehmen wächst.

[20] So sagte der Chef des Ifo-Instituts, der Niedrigzins koste den Deutschen 300 Mrd. Euro (Reuters 2015). Ähnlich die Analyse bei Schieritz und Uchatius 2014, S. 13–15.

Zinsen in den Preisen sämtlicher Produkte enthalten sind (Kennedy 1990, S. 25 ff.; Creutz 1993 95 f., 106 f.), weil diese oder Bauteile von diesen von Unternehmen produziert wurden, die sich durch Darlehen finanzieren (die bezeichnenderweise und entsprechend dem im nächsten Abschnitt besprochenen Missverständnisses Fremdkapital genannt werden). Tatsächlich hat sich der breite Mittelstand in Deutschland nicht durch, sondern glücklicherweise trotz des Zinses entwickelt. Das war in Deutschland (anders als in vielen anderen Ländern) wohl deshalb besonders gut möglich, weil unser Finanzsystem in den ersten Jahrzehnten nach dem Krieg noch jung war, die Schere zwischen den durch den Zins exponentiell wachsenden Vermögen und den exponentiell wachsenden Schulen daher noch nicht so groß war. Je länger aber das Finanzsystem existiert, desto effektiver funktioniert der Umverteilungsmechanismus zwischen denjenigen, die die Zinsen empfangen, und einer stetig wachsenden Mehrheit, die die Zinsen erwirtschaften muss.

Selbstverständlich gibt es noch weitere Ursachen der Ungleichverteilung der Einkommen, wie etwa Marktkonzentration oder teure Bildungssysteme, welche die Bildung von Eliten verstärken mögen. Dennoch lässt sich problemlos empirisch belegen, dass die Lücke zwischen den Geldvermögen und den gesamten Schulden einer Volkswirtschaft in allen Ländern – sowohl in Entwicklungsländern wie auch in entwickelten Ländern – exponentiell wächst[21]. In vielen Ländern gibt es daher Bürgerproteste wie beispielsweise die Occupy-Wallstreet-Bewegung in den USA, die Bewegung der „Indignados" in Spanien, die Blockupy-Bewegung in Deutschland oder die Studentenproteste in Chile, deren Hauptanliegen die Beseitigung der Ungleichheit ist[22].

Man könnte fragen, warum diese, unserem Finanzsystem inhärente Vermögensumverteilung ungerecht ist. Schließlich ist nicht jede Einkommensungleichheit automatisch als ungerecht anzusehen. Wenn jemand mehr arbeitet, so ist es auch gerecht, wenn er mehr verdient als jemand, der weniger arbeitet, jedenfalls im Ge-

---

[21] Piketty (2015: 616) hat durch seine Auswertungen von Steuerunterlagen nachgewiesen, dass das Kapital-Einkommensverhältnis $\beta$ weltweit seit Ende des Zweiten Weltkrieges von circa 2,5 auf über vier angestiegen ist. Nach seinen Prognosen wird $\beta$ bis Ende des Jahrhunderts auf mehr als 6,5 zunehmen (Piketty 2015: 311 ff.). Deutschland gehört übrigens zu einem der Länder mit der größten Ungleichheit in der Vermögensverteilung innerhalb der OECD (OECD 2015, S. 35).

[22] Die leider fälschlicherweise nur in der teuren Bildung gesehen wird. Weder das Finanzsystem, in dem Geld das Gegenstück von Schuld ist, noch die Monopolisierung der Märkte wird in der öffentlichen Debatte in Chile als Ursache diskutiert. Dabei kann die teure private Schuldbildung als ein Symptom der Ungleichheit und nicht als deren Ursache betrachtet werden. Viele Eltern aus höheren Einkommensschichten möchten ihre Kinder nicht mit den Kindern aus niedrigeren Einkommensschichten mischen. Die Segregation ist also von einigen durchaus gewünscht. Der Markt bietet hier lediglich, was die Menschen nachfragen.

rechtigkeitsempfinden der meisten Menschen. In den folgenden Abschnitten soll erläutert werden, warum es nicht unbedingt moralisch verwerflich ist, ein gutes Gehalt zu verdienen, wohl aber Zinsen aus dem Verleihen von Geld zu ziehen.

## 10.3.2   Geld ist kein Kapital

Die durch den Zins erzeugte, nach mathematischer Logik (vgl. bereits Soddy 1934, S. 176 ff.) exponentiell wachsende Vermögensungleichverteilung ist schon für sich alleine problematisch. Die Situation stellt sich aber noch ungleich schlimmer dar, wenn man begreift, dass die Vermögen der Zinsempfänger **nicht durch ihre eigene, sondern durch die Arbeitsleistung anderer,** namentlich der Kreditnehmer wachsen. Möglicherweise hat der Geldbesitzer seine Geldeinlage durch eigene Arbeitsleistung erwirtschaftet. Wenn diese nun aber beginnt, sich selbst zu vermehren, so stellt dieser Mehrwert keine Arbeitsleistung des Inhabers des Bankkontos dar. Hier könnte man nun argumentieren, dass dies auch der Fall sei, wenn man reale Güter wie etwa Autos oder Maschinen vermietet. Macht es denn einen Unterschied, ob reale Güter oder Geld vermietet werden?

Tatsächlich macht es sogar einen großen Unterschied, den heute aber kaum jemand zu erkennen vermag, weil Geld und Kapital als Synonyme verwendet werden. Die Gleichsetzung von Geld und Kapital versperrt den Blick auf die volkswirtschaftliche wie auch die moralisch-ethische Problematik, die dem Zins als Miete für die zeitliche Überlassung von Geld innewohnt. In der klassischen Volkswirtschaftslehre ist Kapital ein Produktionsfaktor neben Boden und menschlicher Arbeitskraft, gemeint sind also Maschinen oder andere Produktionsmittel (vgl. Mankiw 1998, S. 21 f., 384). Geld aber ist kein Produktionsfaktor, sondern ein Tauschmittel, mit dem man den Tausch von Produktionsfaktoren oder Produkten vereinfacht. Geld ist also kein Kapital, es arbeitet nicht (vgl. Creutz 1993, S. 93 f.) und bekommt auch keinen Nachwuchs, wie treffend bereits Aristoteles (1995a, S. 23) herausgestellt hat[23]. Es sind vielmehr Menschen, die unter Zuhilfenahme von Maschinen arbeiten und den Zinsdienst erbringen müssen. Aus eben diesem Grund bezeichnete Silvio Gesell den Zins aus der Geldleihe das „Recht auf den fremden Arbeitsertrag" (Gesell 1920, S. 210) und tadelte etwas überspitzt, aber treffend die Zweiteilung der Gesellschaft in „Rentner" und „Lasttiere", also in solche Menschen, die überwiegend arbeiten, also real produktiv tätig sind, und solche,

---

[23] Zins heißt auf Griechisch bezeichnenderweise τόκος, was ein Synonym für „Nachkommenschaft" ist. In einem alten Wörterbuch wird τόκος wie folgt übersetzt: das Gebähren, die Geburt; das Geborne, Erzeugte: Zins, Wucher, Ertrag (Niz und Bekker 1821, S. 254).

die davon leben (vgl. Gesell 1949, S. 27). 400 Jahre früher war Martin Luther noch deutlicher gewesen. Für ihn war der Zins aus der Geldleihe Raub (Luther 1841, S. 75).

Natürlich würde auch in einem darlehenszinsfreien Wirtschaftssystem, in dem es nur produktivwirtschaftliche Gewinne gäbe, Geld Geld anziehen. Wer mehr investiert, kann auch mehr gewinnen, was er reinvestieren kann. Auch in einem zinsfreien Wirtschaftssystem würde es Vermögenskonzentrationen geben, und es würde sogar möglich sein, so viel Vermögen zu investieren, dass man aus dem (realwirtschaftlichen) Gewinn leben kann, ohne weiter arbeiten zu müssen. Das heißt, arbeitsloses Einkommen wäre auch ohne Zins möglich. Beispielsweise könnte der Unternehmensgründer später, wenn sein Unternehmen gut läuft, einen Geschäftsführer bestellen, der das Unternehmen leitet, während der Eigentümer des Unternehmens selbst nicht mehr arbeiten müsste. Ein solches arbeitsloses Einkommen erscheint anders als die zinsbedingte Vermögensumverteilung gerechter, da es auf produktiver Vorleistung beruht. **Der Unternehmer schafft Werte und oft auch Arbeitsplätze.** Im Übrigen trägt der Unternehmer auch dann, wenn er selbst nicht mehr aktiv in der Firma tätig ist, das unternehmerische Risiko. Der Verleiher von Geld produziert dagegen selbst keine Werte (Fuders 2010b, S. 27) und trägt auch kein unternehmerisches Risiko. Vielmehr ist der Kreditnehmer derjenige, der durch realwirtschaftliche Investitionen die Werte und Arbeitsplätze schafft und zudem das unternehmerische Risiko trägt.

### 10.3.3 Das Vermieten von Gutscheinen anstelle von Gütern ist Betrug

Geld ist lediglich ein Tauschmittel. Es mag indirekt zwar einen fiktiven Anteil an der volkswirtschaftlichen Produktivität repräsentieren (Hartmann 1970, S. 195 ff.), stellt selbst aber kein Gut und – wie oben herausgestellt – schon gar kein Produktionsfaktor dar. Keynes verglich das Geld einst mit einer Theatereintrittskarte:

> Money is the measure of value, but to regard it as having value itself is a relic of the view that the value of money is regulated by the value of the substance of which it is made, and is like confusing a theatre ticket with the performance (Keynes 1983, S. 402).

Zu behaupten, dass Geld einen eigenständigen Wert hätte, wäre Keynes zufolge dasselbe, als wenn man die Theatereintrittskarte mit dem Theaterstück selbst verwechsle. Eine Theater-Eintrittskarte beziffert dabei aber wenigstens noch das dafür eintauschbare Gut, nämlich das Theaterstück. **Ein Geldschein repräsentiert noch nicht einmal ein konkretes Gut**. Das Vermieten eines Stücks Papier, das einen noch nicht einmal genau bezifferten Anteil an der volkswirtschaftlichen Produktion verbrieft, ist also in keiner Weise vergleichbar mit dem Vermieten von Realgütern. Der Unterschied zum Verleihen von Realgütern ist der, dass hier etwas verliehen wird, das selbst gar keinen Wert hat, sondern einen Wert repräsentiert. „Geld an sich ist überhaupt nichts wert, da es für sich keinen Wert zu erzeugen vermag", erkannte treffend bereits der Autofabrikant Henry Ford (1923, S. 45).

Aus eben diesem Grund ist das Verleihen von Geld gegen eine Leihgebühr unnatürlich (Aristoteles 1995a, Rn. 1258b) und nicht gerechtfertigt. Es macht Sinn, Güter zu vermieten, nicht aber Gutscheine, die Güter repräsentieren. Letzteres ist nicht nur „völliger Unsinn" (Steiner 1979, S. 50)[24], sondern möglicherweise sogar Betrug. Als **„Frevel" und „ungeheuren Trug"** charakterisiert zumindest der Kaiser in *Goethes* Faust II die von Mephistopheles erfundene Papiergeldschöpfung aus dem Nichts (vgl. Goethe 1976, S. 187), und bezog sich hierbei wohl auf unser Geldsystem (vgl. Binswanger 1985, S. 25 ff.), das vom Prinzip her auch zu Goethes Zeiten bereits so funktionierte wie heute. Im Grunde könnte man das Verleihen von Geld mit dem Fall vergleichen, dass man in der Autovermietung anstelle des gemieteten Autos den Fahrzeugbrief ausgehändigt bekäme. Die meisten würden sich tatsächlich wohl betrogen fühlen. Bezüglich unseres Geldsystems vermögen aber nur wenige, diesen Betrug zu erkennen, weil sie nicht zwischen dem Verleihen von Gütern und dem Verleihen von Gütern repräsentierendem Geld unterscheiden (vgl. Fuders 2010b). Der Verleiher eines Realgutes verzichtet auf den Gebrauch, wenn er es vermietet oder verleiht. Der Eigentümer kann währenddessen keinen Nutzen aus seinem Gut ziehen. Der Verleiher von Geld verzichtet jedoch nicht auf einen Nutzen, wenn er es verleiht; denn das Geld wurde schließlich noch nicht in ein Nutzen stiftendes Gut eingetauscht. Das Vermieten von Realgütern hat anders als das Vermieten von Geld keine negativen Auswirkungen auf die Wirtschaft, weil sich die Geldmengenentwicklung nicht von der wirtschaftlichen Entwicklung abkoppelt. Aus demselben Grund findet auch keine ungerechtfertigte Vermögensumverteilung statt.

---

[24] Ich zitiere hier Rudolf Steiner, weil ich seine Ausführungen zum Fehler im Geldsystem schätze. Seine theosophischen Ansichten teile ich nicht.

## 10.3.4   Der Zins ist keine Prämie für Konsumverzicht

Das Vermieten von Realgütern wie zum Beispiel Autos kann als eine **Dienstleistung** angesehen werden. Der Nutzenverzicht und die Instandhaltung können die Mieteinnahme rechtfertigen. Ein ähnliches Argument wird zwar häufig auch beim Verleihen von Geld angebracht. Der Verleiher leiste einen „Konsumverzicht" (vgl. etwa Süchting 1995, S. 437; vgl. Engelkamp und Sell 2005, S. 166). Der Vergleich mit Realgütern passt allerdings nicht, weil Geld eben kein Gut ist, sondern ein Gutschein, der selbst keinen Nutzen stiftet. Ein Gutschein kann keinen Ertrag oder Nutzen stiften, auf den der Eigentümer verzichtet. Erst wenn der Gutschein in Realgüter umgetauscht wurde und man diese dann vermietet, anstelle sie selber zu gebrauchen, kann man von Konsumverzicht sprechen. Derjenige, der sein Geld verleiht, verzichtet indes nicht auf Konsum, wenn er es verleiht; denn den kann er ja anschließend immer noch haben. Das Geld bekommt er ja zurück (vgl. Fuders 2009a, S. 131; 2010b, S. 27). Anstelle einer Prämie für den Konsumverzicht handelt es sich beim Zins um eine Liquiditäts- oder Nichthortungsprämie (vgl. Keynes 1936, S. 140), wie oben bereits herausgestellt wurde. Die Erkenntnis, dass **der Zins keine Prämie für Konsumverzicht ist**, ist entscheidet für das Verständnis der aus dem Zins resultierenden Ungerechtigkeit. Selbst Institutionen, die sich mit der Zinsfrage im Rahmen der Ethik der Wirtschaft auseinandersetzen, vertreten zuweilen die Ansicht, dass der Zins eine Prämie für den Konsumverzicht sei (vgl. statt vieler Lachmann 2016a).

## 10.3.5   Das Verleihen von Geld ist keine Dienstleistung

Weil der Kreditgeber keinen Konsumverzicht leistet, stellt das Verleihen von Geld auch keine Dienstleistung und schon gar kein Produkt dar, auch wenn so genannte „Finanzdienstleister" ihre Kredite gerne als „Produkte" bezeichnen. Es wäre gerechtfertigt, die Vermittlung des Kredites als Dienstleistung zu bezeichnen, nicht aber das Verleihen des Geldes an sich. Den Ertrag aus der Geldleihe, also den Zins, muss irgendjemand realwirtschaftlich erarbeiten, in der Regel der Kreditnehmer. Das gilt zwar auch für denjenigen, der sich ein reales Gut ausleiht. Dafür bekommt dieser aber den Nutzen des Gutes als Gegenleistung. Der Leiher von Geld bekommt nur ein Stück Papier, das selber keinen Wert besitzt, sondern einen Wert repräsentiert. Den Wert, den wir dem Geld beimessen, erlangt dieses aufgrund der dafür kaufbaren Güter; denn Geld hat eben keinen eigenständigen Wert. Gäbe es keine Güter, die man für das Geld eintauschen könnte, wäre das Geld wertlos. Das gilt nebenbei erwähnt auch für Goldmünzen. Gibt es keine Güter, die man dafür eintauschen kann, ist auch Gold nichts wert, weshalb eine Währung mit Goldstandard keine Lösung des volkswirtschaftlichen (vgl. Fuders und Max-Neef 2014b, S. 175) noch des moralisch-ethischen Problems ist[25]. Diejenigen, die Werte produzieren, geben dem Geld den Wert, nicht diejenigen, die Geld verleihen. Der Besitzer des Geldes müsste sich deshalb genau genommen bei den realwirtschaftlich produktiv tätigen Kreditnehmern dafür bedanken, dass diese durch ihre produktiven Investitionen seinem Geld einen Wert, also Kaufkraft verleihen, anstelle Zinsen von ihnen zu erheben.

## 10.3.6   Der Zins ist ein Einkommen ohne Gegenleistung

Durchaus interessant ist, was wir hierzu der ökonomischen Theorie entnehmen können. Im Modell der vollständigen Konkurrenz übersteigt der Unternehmensgewinn nicht den Betrag, der den Opportunitätskosten der eingesetzten Produktionsfaktoren entspricht (vgl. Frank 2005, S. 361; vgl. Daly und Farley 2004, S. 145). Jeder Marktakteur verdient genau den Betrag, der den Opportunitätskosten seiner eingesetzten Produktionsfaktoren entspricht, also den Betrag, den er auch woanders mit seinem Einsatz an Kapital, Zeit, Fleiß und Wissen hätte verdienen können. Der Firmenchef verdient also nicht grundsätzlich mehr als seine Mitarbeiter in der Produktion. Falls er mehr verdient, dann deshalb, weil er auch mehr eingesetzt hat: Möglicherweise arbeitet er auch am Wochenende, hat Kapital (nicht Geld) eingesetzt und trägt damit ein Risiko, dieses zu verlieren, evtl. bringt er auch Know-how mit, welches er sich durch jahrlanges Studium oder vorangehender Arbeitserfahrung angeeignet hat. Wenn der Unternehmensgründer im Modell der vollständigen Konkurrenz also mehr verdient als seine Mitarbeiter, dann deshalb, weil er auch mehr Produktionsfaktoren eingesetzt hat. Er verdient der Theorie nach aber nichts darüber hinaus. Wie durch eine unsichtbare Hand – um das geflügelte Wort Adam Smiths zu verwenden (vgl. Smith 1952, S. 194) – wird das Einkommen in diesem Modell gerecht, nämlich dem Einsatz der Produktionsfaktoren entsprechend entlohnt. **Das Gesagte gilt allerdings nicht für den Geldverleiher.** Dieser verdient nämlich, ohne überhaupt irgendeinen Produktionsfaktor eingesetzt zu haben. Produktionsfaktoren sind in der klassischen Volkswirtschaftslehre Arbeit, Boden und *Sach*kapital. Geld ist in der klassischen Volkswirtschaftslehre richtigerweise

---

[25] Der Goldstandard wurde vom ehemaligen Weltbankchef als Lösung der Finanzkrise ins Gespräch gebracht (vgl. Beattie 2010). Hier ist die auch von Aristoteles (1995a, 1995b, S. 19 f.) erwähnte Sage vom König Midas sehr anschaulich. Alles, was Midas vorgesetzt wurde, soll sich zu Gold verwandelt haben. Trotz des in Gold gemessenen sagenhaften Reichtums verhungerte Midas, weil sich seine Nahrung ebenfalls in Gold verwandelte.

kein Produktionsfaktor; denn Geld arbeitet wie gesagt nicht. Da heute vielmals Geld und Kapital als Synonyme verwendet werden – ganz so als ob Geld eine Ressource, ein Produktionsfaktor wäre – fällt wenigen auf, dass der Geldverleiher entgegnen der ökonomischen Theorie ein Einkommen ohne Gegenleistung erzielt. Was wir gerade aus der Sicht der eingesetzten Produktionsfaktoren analysiert haben, können wir auch aus der Sicht der mit ihnen erzeugten Produktivität sehen. Im Modell der vollständigen Konkurrenz verdient jeder just den Betrag, der dem Wert seiner Grenzproduktivität entspricht (vgl. Frank 2005, S. 477). **Auch das gilt nicht für den Geldverleiher.** Der streicht einen Verdienst ein, obwohl seine Grenzproduktivität Null ist. Es sind ja eben die Kreditnehmer, die produktiv tätig sind. Viele volkswirtschaftlich Gebildete werden diesem Gedankengang vermutlich nicht gleich zustimmen: Natürlich könne Geld eine Grenzproduktivität haben, werden sie sagen. Auch Keynes spricht beispielsweise von der „Grenzleistungsfähigkeit des Kapitals" (vgl. Keynes 1936, S. 185) und meint damit die Möglichkeit der Verzinsung von Geldkapital. Dass in der Volkswirtschaftslehre Geld eine Grenzproduktivität hat, liegt aber eben an dem angesprochenen Missverständnis dem die Wirtschaftswissenschaften unterliegen, die nicht zwischen Zins aus der Geldleihe und dem Gewinn aus realwirtschaftlichen Investitionen unterscheiden. Das wiederum mag darin begründet liegen, dass nicht zwischen Nutzen stiftenden Gütern und Gütern repräsentierendem Geld unterschieden wird. Die Gleichsetzung von Sachkapital und Geld führt in der Folge zu der Gleichsetzung des Zinses aus der Geldleihe mit der Rendite einer realwirtschaftlichen Investition, ganz so als ob Geld produktiv wäre. Geld ist nicht produktiv. **Es sind Menschen die produzieren.**

### 10.3.7  Der Zins widerspricht sämtlichen Gerechtigkeitspostulaten

In der Philosophie wurden verschiedene Gerechtigkeitsmodelle entwickelt, welche sich in drei große Denkrichtungen einteilen lassen: Den Egalitarismus, das auf Platon, Aristoteles und Cicero zurückgehende Prinzip „Suum Cuique" und den Utilitarismus[26].

---

[26] Zum Egalitarismus vgl. etwa Raz 2000; vgl. Anderson 2000; vgl. Walzer 2000; vgl. Gosepath 2004; vgl. Dworkin 2011. Zum Utilitarismus vgl. Mill 2012; vgl. Gesang 2003. Zum Gerechtigkeitspostulat „Suum Cuique" vgl. Aristoteles 1995b; vgl. Cicero 2002; vgl. Platon 2011; vgl. hierzu etwa Bubner 1995.

Die Anhänger des Egalitarismus empfinden eine Situation als gerecht, in der Güter gleichmäßig auf alle Menschen verteilt sind. Diejenigen in einer Gesellschaft, die weniger leistungsfähig sind, sollten nicht für die naturgegebene Ungleichverteilung der Fähigkeiten leiden. Viele sprechen sich heute nicht für eine völlige Gleichmacherei, sondern für die Gleichheit der Chancen aus. Das Konzept der „Chancengleichheit" nähert sich dem Gerechtigkeitsideal „suum cuique" an, wonach ein Verteilungszustand als gerecht anzusehen ist, in dem jeder das bekommt, was er seiner Leistung nach verdient. Nach dieser Gerechtigkeitsvorstellung muss jemand, der mehr leistet als jemand anderes, auch mehr erhalten. Er soll jedoch nicht darüber hinaus, also überproportional mehr verdienen; denn dann bereichert er sich auf Kosten anderer. Dem utilitaristischen Gerechtigkeitsmodell zufolge sind Einkommen und Güterverteilungen einzelner gerecht, wenn dadurch eine wie auch immer geartete gesellschaftliche Nutzenfunktion maximiert werden kann. Ein Zustand ist demnach gut, wenn er dem Wohle aller dient. Dieses Gerechtigkeitsmodell wird von Lehrbüchern der Wirtschaftspolitik gerne bevorzugt, weil mit diesem je nachdem, wie man die gesellschaftliche Wohlfahrtsfunktion (das Allgemeinwohl) definiert, jede Art der Vermögensumverteilung gerechtfertigt werden kann.

An dieser Stelle soll nicht der Frage nachgegangen werden, welches dieser Modelle der Wahrheit oder dem Gerechtigkeitsempfinden der Mehrheit am ehesten entspricht. Hierzu gibt es eine Fülle an Literatur, in der jeweils das eine oder andere Gerechtigkeitsmodell mit guten Argumenten bevorzugt wird. Stattdessen soll aufgezeigt werden, dass der Darlehenszins allen drei Gerechtigkeitsmodellen entgegensteht: Die nach mathematischer Logik exponentiell wachsende Vermögensumverteilung widerspricht fraglos dem Modell des Egalitarismus. Die Zinswirtschaft widerspricht aber auch dem Utilitarismus, der ja letztlich das Gemeinwohl zu maximieren sucht. Dass der Zins bereits durch die mit ihm einhergehenden regelmäßigen Zusammenbrüche des Finanzsystems nicht dem Wohle der Mehrheit dient, liegt auf der Hand. Zu den Finanzkrisen kommen die anderen beschriebenen nachteiligen Folgen der Zinswirtschaft, wie die stetig wachsende Gesamtverschuldung, Umweltzerstörung, Arbeitslosigkeit, Inflation, etc. Keine wie auch immer definierte gesellschaftliche Nutzenfunktion wird langfristig durch den Zins maximiert. Schließlich verstößt der Zins auch gegen das dritte Gerechtigkeitspostulat „Suum Cuique", da die von ihm bewirkte Vermögensumverteilung gerade nicht auf der Arbeitsleistung der produktiv Tätigen, sondern auf der Leistung der Kreditnehmer beruht und letzterer anders als der Vermieter eines Realgutes auch keinen Konsumverzicht leistet.

## 10.3.8   Spekulation, Ethical-Banking und Mikrokredite

Die bisherigen Ausführungen schaffen die Grundlage, um nun auch die Spekulation, das so genannte „Ethical Banking" und die Mikrokredite, die viele Banken inzwischen als lukratives Geschäftsmodell entdeckt haben, aus moralischer Perspektive zu beurteilen.

### 10.3.8.1   Spekulation

Aristoteles tadelte neben dem Geschäft der Geldleihe auch das Handelsgewerbe, da der Handel anders als die produktive Erwerbskunst überwiegend dazu diene, Geld zu verdienen, ohne dass der Händler jedoch produktiv etwas leiste. Dennoch ist nach Ansicht Aristoteles die Erwerbskunst des Handels moralisch weniger verwerflich als die Zinsnahme aus der Geldleihe (Aristoteles 1995a, S. 22 f.). Das ist insoweit nachvollziehbar, als der Händler zwar ein Einkommen erzielt, ohne selbst seine Produkte, die er verkauft, hergestellt zu haben. Doch dient der Handel der Verteilung der Güter, was als eine Dienstleistung angesehen werden kann. Der Händler, der Waren aus dem Ausland importiert, macht diese für den Konsumenten im Inland verfügbar. Er geht das Risiko ein, dass seine Waren auf dem langen Handelsweg verderben oder dass er später keine Abnehmer für die Waren findet. Früher war auch das Risiko, auf den teils Monate langen Handelswegen überfallen zu werden, groß. Die Handelsmarge ist in diesem Sinne die Vergütung für die Dienstleistung der Distribution der Güter. Ein solcher Tauschhandel, der nicht ausschließlich dem Gelderwerb, also der Spekulation, sondern auch dem Austausch von Produkten dient, ist nach Aristoteles nicht zu tadeln; denn er dient „zur Ergänzung und zur Vervollständigung des natürlichen Selbstgenügens" (Aristoteles 1995a, S. 18 f.).

Die Tätigkeit des Spekulanten ist dagegen nicht mit der eines Importeurs oder eines Groß- oder Einzelhändlers zu vergleichen. Der Spekulant erbringt keinerlei Leistung. Weder produziert er Güter, noch hilft er, Güter für Unternehmen und Haushalte verfügbar zu machen. Während die produktive Erwerbskunst wie auch das Erbringen von Dienstleistungen die Zahl der zur Verfügung stehenden Produkte und Dienstleitungen erhöhen, also eine Wertschöpfung darstellen und damit den Wohlstand der Menschen zu vermehren mögen, leistet der Spekulant ebenso wie der Zinsnehmer nichts. Ebenso wie die Geldleihe erhöht die Spekulation nicht die Wohlfahrt des Volkes. Ebenso wie Gewinne aus der Geldleihe sind Spekulationsgewinne Einnahmen ohne Gegenleistung, weshalb Gewinne aus der Spekulation ebenso verwerflich sind wie Gewinne aus der Geldleihe.

Übrigens sind Spekulation und Zinsnahme noch auf eine andere Art und Weise miteinander verbunden. Ohne den Zins aus der Geldleihe gäbe es vermutlich wenig Spekulation. Es wurde bereits angesprochen, dass die Spekulationsblasen als Assetpreisinflation dadurch entstehen, dass eine stetig wachsende Geldmenge Anlageformen sucht, die Spekulationsblasen folglich ein Sekundärphänomen der Zinswirtschaft darstellen. Ohne die stets wachsende Geldmenge wäre aber die Wahrscheinlichkeit, mit reinen Spekulationsgeschäften Gewinne zu erzielen, langfristig ebenso groß wie die Wahrscheinlichkeit zu verlieren, weshalb Spekulationen wenig attraktiv wären und es sie vermutlich nur in geringem Ausmaß gäbe. Wenn man begreift, dass durch reine Spekulationsgeschäfte keinerlei Wertschöpfung geleistet wird, der Spekulant also absolut keinen Beitrag zum Wohle der Gesellschaft leistet, ist kaum nachvollziehbar, warum in unserer Gesellschaft Börsenspekulanten, die große Geldvermögen mit der Spekulation verdient haben, von vielen Anerkennung erfahren. Dagegen bekommen Arbeiter, die nur ein geringes Einkommen haben, die aber produktiv tätig sind, häufig wenig Anerkennung. Sollte es nicht eher anders herum sein?

### 10.3.8.2 Das „Ethical-Banking"-Konzept

Das als „Ethical Banking" bekannt gewordene Konzept[27] ist weder eine Lösung des Problems der Vermögensumverteilung, noch der Umweltüberbeanspruchung und lenkt von der eigentlichen Problematik, dem Zins, ab. Den Zins stellt soweit ersichtlich keine der nach diesem Konzept arbeitenden Banken in Frage. Nach diesem Konzept arbeitende Banken verpflichten sich zur Transparenz. Ihre Kunden können sehen oder teilweise sogar mitentscheiden, für welche Investitionen die Banken ihre Einlagen verwenden. Damit können sich die Kunden sicher sein, dass ihr Geld nicht in beispielsweise umweltunfreundliche Technologien, Kriege, Kinderarbeit, Drogenhandel oder andere ethisch bedenkliche Produktionsformen investiert wird. Das stellt im Vergleich zu herkömmlichen Banken eine Verbesserung dar. Der eigentliche Grund für die Umweltzerstörung ist aber wie oben dargelegt der aus dem Zins resultierende Wachstumszwang der Realwirtschaft. Da das Ethical-Banking-Konzept den Zins nicht in Frage stellt, sind Investitionen in diese Banken nicht nachhaltig umweltfreundlich. Es gibt kein nachhaltiges Wachstum. Da die zinsbedingte Vermögensumverteilung ebenfalls nicht verhindert wird, ist der Begriff „Ethical Banking" möglicher weise sogar irreführend.

### 10.3.8.3 Mikrokredite

Im Jahr 2006 hat Muhammad Yunus, Gründer der Grameen Bank, einen Friedensnobelpreis für die Umsetzung seiner Idee der Förderung von Klein- und Kleinstkre-

---

[27] Zuweilen wird das Konzept auch als „social", „alternative", „civic", oder „sustainable banking" genannt (Wikipedia 2016a).

diten erhalten. Auch Kleinstunternehmern seien kreditwürdig, und ihnen solle der
Zugang zu Krediten und damit zu der Möglichkeit, ein Unternehmen zu gründen,
nicht verwehrt werden, so der Slogan. Mit Kleistunternehmern sind Einzelpersonen und deren Familien der indischen Unterschicht gemeint. **Dieses Konzept
ist sehr kritisch zu beurteilen** und dient in Wirklichkeit wohl nicht dazu, den
Armen zu helfen, sondern die Kreditvergabe auszuweiten. Insbesondere in Ländern mit großer und wachsender, aber überwiegend armer Bevölkerung wie Indien
konnte dadurch die Kreditvergabe noch erheblich ausgeweitet werden. Alleine bei
der indischen Bank „SKS Microfinance Limited" war die Zahl der Mikrokredite von 80.000 Mikrokreditkunden auf 7,3 Mio. gestiegen (vgl. Blume 2010). Es
handelt sich aber nicht nur um indische Banken, die seit 2006 in diesen Markt
strömen. Vielmehr bedienen offenbar viele internationalen Banken, darunter auch
die deutschen Banken, diesen Markt (vgl. Blume 2010), und Yunus wurde offen
vom Internationalen Währungsfonds und der US-Regierung unterstützt (vgl. Blume 2010; vgl. Hein 2011).

Man kann die Vergabe des Nobelpreises für die Idee der Mikrokredite auch wie
folgt interpretieren: Banken sind aufgrund der stetig wachsenden Verpflichtung zur
Zinszahlung auf den Guthabenkonten so sehr zur Kreditvergabe gezwungen, dass
ihnen offenbar jedes Mittel Recht ist, die Kreditvergabe auszuweiten. Sogar den
ärmsten Menschen der Welt, die keinerlei Eigenmittel besitzen, werden solche Kredite angedient, und uns wird dieses Verhalten durch den Nobelpreis als moralisch
vertretbar verkauft. Dass diese Mikrokredite vielen Kreditnehmern keinen Wohl-
fahrtsgewinn gebracht, sondern die Armen vielfach obendrein in die Schuldenfalle
gelockt haben, wird in der Literatur herausgestellt (vgl. Wolff 2010; vgl. Blume
2010). Im Oktober 2010 hat die indische Regierung des Bundesstaates Andhra Pra-
desh die Vergabe neuer Kredite nach einer Reihe von Selbstmordattentaten verboten (vgl. Blume 2010), und Yunus wurde im Februar 2011 vom Vorsitz seiner von
ihm gegründeten Bank durch die indische Zentralbank enthoben. Ministerpräsiden-
tin Sheikh Hasina hatte Yunus angeklagt, die Armen auszubeuten (vgl. Hein 2011).

### 10.3.9   Das Zinsverbot in der Bibel

Die Bibel verbietet an zahlreichen Stellen den Zins[28]. Während im weltlichen
Recht im Anschluss an den Westfälischen Frieden, in dem mit 5 % verzinste Dar-

---

[28] Exodus 22,24; Levitikus 25,36–37; Deuteromium 23,20–21 und 24,10; Ezechiel 18,13
und 22,12; Lukas 6,35; Psalm 15,5; Sprüche 28,8. Zum biblischen Zinsverbot vgl. auch:
Brockhaus Enzyklopädie, Bd. 24, 1994, S. 561. Hierzu auch Petersen 2005, S. 6–10.

lehen für zulässig erklärt wurden, das Zinsverbot für gewohnheitsrechtlich abgeschafft galt, wurde das Zinsverbot von der römisch-katholischen Kirche noch bis
vor 250 Jahren weitgehend wörtlich verstanden und war lehrmäßig weitgehend un-
bestritten. Papst Benedikt XIV formulierte in der Enzyklika *Vix pervenit* (1745):
„Die Sünde, die usura heißt und im Darlehensvertrag ihren eigentlichen Sitz und
Ursprung hat, beruht darin, dass jemand aus dem Darlehen selbst für sich mehr
zurückverlangt, als der andere von ihm empfangen hat [. . . ]. Jeder Gewinn, der
die geliehene Summe übersteigt, ist deshalb unerlaubt und wucherisch" (Benedicti XIV 1854, S. 297).

Sowohl die Bibel wie im Übrigen auch der Koran, wo der Zins ebenfalls verboten ist (2. Sure, Vers 275–279), verwendet je nach Übersetzung den Begriff des
Wuchers statt den Begriff des Zinses. Anders als im heutigen Sprachgebrauch (vgl.
etwa § 291 StGB) war der Wucher früher aber ein Synonym für den Darlehenszins
(vgl. Kirshner 1995, S. 430; vgl. Heinsius 1822, S. 686; Prien 1992, S. 98). Erst seit
etwa 150 Jahren wird der Begriff des Wuchers uminterpretiert als ein unmoralisch
hoher Zins. Die ursprüngliche Bedeutung des in der Bibel verwendeten Begriffs
des Wuchers ist jedoch, wie auch aus der zitierten Enzyklika *Vix pervenit* hervor-
geht, „Jeder Gewinn", der die ausgeliehene Summe übersteigt. Die Neudefinition
unserer heutigen Rechtsordnung, in der Wucher nicht mehr ein Synonym des Zinses, sondern ein unmoralisch hoher Zins ist, ebnete schließlich den Weg zu der
Aufhebung des generellen Zinsverbotes seitens der christlichen Kirchen.

Es verwundert nicht, dass die Uminterpretation des strikten Zinsverbotes in ein
Verbot des überhöhten Zinses etwa zeitgleich einhergeht mit der Gleichsetzung
von Geld und Kapital in der Volkswirtschaftslehre (damals noch Nationalökono-
mie genannt), an der der Marxismus übrigens entscheidet mitgewirkt hat. Sowohl
im Hauptwerk von Karl Marx wie auch in marxistischen Lehrbüchern wird ausführlich hergeleitet, warum Geld ebenfalls ein Produktionsmittel und damit Kapital
darstelle (vgl. Marx 1872, S. 128 ff.; vgl. Bogdanoff 1925, S. 139 ff.). Im Grunde
ist auch der vom Marxismus geprägte Begriff des „Kapitalismus" Ausdruck dieser
Gleichsetzung, suggeriert er doch den Drang des *homo economicus*, möglichst viel
Geld und nicht Maschinen anzusammeln. Aus der Gleichsetzung von Geld und
Kapital folgt die sprachliche Verwirrung, die die Wirtschaftswissenschaften heute
prägt, wonach **jede Art des Gewinns als „Verzinsung" bezeichnet wird**, unabhängig davon, ob es sich um realwirtschaftliche Produktivgewinne oder Gewinne
aus dem Geldverleih handelt[29]. Selbstverständlich kann es nicht verwerflich sein,
einen maßvollen Ertrag aus produktiver Arbeit zu erzielen. Solange Geld aber als

---

[29] Im Koran verurteilt Mohammed übrigens ausdrücklich die Gleichstellung von realwirtschaftlichen Gewinnen und Kreditzinsen. Er war sich sicher, dass diejenigen bestraft würden,

Produktionsfaktor angesehen wird, kann natürlich nur schwer verstanden werden, dass es einen Unterschied macht, Gewinne aus dem Geldverleih (dem Zins im ursprünglichen Sinn) oder Gewinne aus dem Einsatz anderer Produktionsmittel zu ziehen.

Die Bibel liefert leider keine Erklärung für das Zinsverbot, was Raum für fragwürdige Interpretationen lässt, wie etwa die Unterscheidung zwischen einer moralisch gerechtfertigten Verzinsung von Produktivdarlehen und einer moralisch unzulässigen Verzinsung von Konsumdarlehen (vgl. Lachmann 2016a). Die Bibel verbiete lediglich die Zinsnahme für Kredite an in Not geratene Brüder, also die Ausnutzung einer Notlage, heißt es zuweilen. Kredite, die keine Notlage ausnutzten, also insbesondere solche für Investitionen in produktive Güter (Produktivdarlehen) seien nicht vom Zinsverbot betroffen. Das ginge bereits aus der Tatsache hervor, dass weder im Hebräischen, noch im Griechischen zwischen Zins und Wucher unterschieden würde. Verboten sei daher vielmehr ein unangemessen hoher Zins (vgl. Lachmann 2016a). Wenn jedoch weder im hebräischen, noch im griechischen, noch im ursprünglichen deutschen Sprachgebrauch zwischen Zinsen und Wucher unterschieden wird, so deutet das darauf hin, dass die Begriffe eben nicht unterschieden werden sollten. Dafür spricht auch, dass selbst in aktuellen Bibelübersetzungen beide Begriffe zuweilen in ein und demselben Satz als Synonyme verwendet werden. So lesen wir im 2. Buch Mose 22,24 (Luther Bibel 1984): „Wenn du Geld verleihst an einen aus meinem Volk, an einen Armen neben dir, so sollst du an ihm nicht wie ein Wucherer handeln; du sollst keinerlei Zinsen von ihm nehmen".

In Anbracht der Tatsache, dass auch ein geringer Zins durch den Zinseszinseffekt zu einer exponentiellen Guthaben- und Schuldenvermehrung führt, die sich allmählich – erst langsam und dann immer schneller – von der Entwicklung der Realwirtschaft abkoppelt, und in Anbetracht der daraus resultierenden verheerenden Folgen für Wirtschaft und Gesellschaft sowie in Anbetracht des dem Zins innewohnenden Vermögensumverteilungsmechanismus ist jeder Gewinn aus der Geldleihe zu tadeln. In der zitierten Enzyklika *Vix pervenit* wird eine Unterscheidung zwischen unzulässigen Konsum- und zulässigen Produktivdarlehen übrigens ausdrücklich abgelehnt (vgl. Benedicti XIV 1854, S. 297).

Nicht die in der Theologie und Wirtschaftsethik heute so gerne getroffene Unterscheidung zwischen ethisch zulässigen Produktiv- und unzulässigen Konsumkrediten, sondern eine generelle Unterscheidung zwischen realwirtschaftlichen Gewinnen und Darlehenszinsen ist angebracht. **Jeder Gewinn aus der**

---

die da sagen „Kaufgeschäfte und Zinsleihe sind ein und dasselbe". Vgl. Koran, zweite Sure, Vers 275 – 279.

**Geldleihe** ist volkswirtschaftlich problematisch, da er zu Wachstum und damit Umweltzerstörung zwingt, und moralisch unvertretbar, da er zu einer ungerechten, nicht auf Leistung beruhenden Verteilung von Einkommen führt und die Einkommensunterschiede zwischen Arm und Reich wie durch eine unsichtbare Hand (vgl. Kremer 2009, S. 10) stetig vergrößert. Es ist unerheblich, ob das geliehene Geld für Konsumgüter ausgegeben oder produktiv investiert wird.

### 10.3.10  Fehlte es Aristoteles und Thomas von Aquin an einer Kapitalmarkttheorie?

In der Wirtschaftsethik wird gerne argumentiert, dass es den antiken Zinskritikern wie Aristoteles, Thomas von Aquin oder den Vätern des kanonischen Rechts an einer ausgereiften Kapitaltheorie gefehlt habe. Nur deshalb hätten sie den Zins als moralisch bedenklich eingestuft (vgl. etwa Lachmann 2016a). Tatsächlich kann man argumentieren, dass es sich genau anders herum verhält. Unsere heutige Kapitaltheorie, in der Geld als Kapital, also als Produktionsfaktor angesehen wird und nach der Geld eine Rendite haben kann (vgl. etwa Frank 2005, S. 523 ff.; vgl. Copeland et al. 2008, S. 35 ff.), beruht darauf, dass offenbar nicht erkannt wird, dass Geld ein Gutschein ist, der Güter repräsentiert, nicht aber selbst ein Gut darstellt und deshalb auch nicht produktiv sein kann[30]. Die alten Philosophen und Religionslehrer verfügten möglicherweise über eine bessere Kapitaltheorie als wir.[31] Zu jener Zeit wurde Geld noch nicht mit dem Produktionsfaktor Kapital verwechselt. Wenige wären damals wohl auf die Idee gekommen, dass man Geld für sich arbeiten lassen könne, so wie dies uns Banken heute in ihren Werbetexten erklären. Aristoteles macht sich wie erwähnt sogar lustig darüber, dass Zins im Griechischen ein Synonym des Wortes „Nachkommen" ist (vgl. Aristoteles 1995a, S. 23); denn Geld bekommt eben keinen Nachwuchs. Eine Kapitaltheorie, in der Geld als Pro-

---

[30] Häufig wird zwar in Lehrbüchern zwischen Finanzkapital und Sachkapital unterschieden, dann aber dennoch beide Termini durcheinander gewürfelt und die Miete für eine Maschine mit dem Zins verglichen, den man für die Geldleihe erhält bzw. bezahlen muss (vgl. Frank 2005, S. 523 ff.). Im Grunde erkennt man das Missverständnis schon an dem Begriff „Finanzkapital", suggeriert er doch, dass Geld Kapital, also einen Produktionsfaktor darstellt. Dasselbe gilt für den Begriff „Kapitalmarkt" (Copeland 2008, S. 35 ff.), worunter heute nicht ein Markt für Produktionsmittel (Maschinen etc.), sondern ein Finanzmarkt verstanden wird.
[31] Mit „wir" meine ich die westliche Welt. Im „Islamic Banking" wird Geld richtigerweise nicht als tatsächliches, sondern als „potentielles Kapital" angesehen (Iqbal und Mirakhor 1987, S. 2; Gruening und Iqbal 2008, S. 7). Geld wird im Islamic Banking erst zu Kapital, wenn man es in solches eintauscht.

duktionsfaktor gilt, ist nicht nur wertlos, sondern sogar irreführend. Sie bewirkt, dass Gewinne aus produktiver Erwerbstätigkeit und aus dem Verleihen von Geld nicht unterschieden werden. Dadurch wird nicht erkannt, dass Zinseinnahmen eine Bereicherung aus der Arbeitsleistung anderer darstellen. Unsere heutige Kapitalmarkttheorie animiert so zu einem der Nächstenliebe widersprechenden Verhalten.

### 10.3.11   Fazit: Ohne Zins wäre materielle Arbeit die Quelle der meisten Werte

Wenn wir also festgestellt haben, dass der Zinsempfänger nicht produktiv arbeitet, sondern es der Kreditnehmer ist, der arbeitet, und das Verleihen von Geld anders als das Verleihen von Realgütern auch keinen Konsumverzicht darstellt, der Zinsempfänger folglich keinerlei Leistung oder Verzicht erbringt, so verkommt die Forderung nach mehr sozialer Gerechtigkeit, die nicht den Zins in Frage stellt, zur Farce. Gäbe es keine Zinsen, so stellte sich die Vermögensverteilung automatisch gerechter dar, da hinter **jedem Gewinn eine Wertschöpfung** stünde, sei es durch:

- die Produktion von Produkten
- das Anbieten von Dienstleistungen
- durch das Verleihen von realen Produkten, was als Dienstleistung angesehen werden kann
- Handelsgeschäfte, die in einer zinsfreien Wirtschaft ganz überwiegend der Verfügbarkeit von Produkten dienen.

Gewinne macht in einer geldzinsfreien Wirtschaft langfristig nur derjenige, **der in irgendeiner Form etwas leistet**. Selbst der Gewinn eines Monopolisten, die so genannte Monopolrente, erscheint weniger verwerflich als Zinseinnahmen. Zwar übersteigt auch dieser Gewinn den Betrag der Opportunitätskosten der eingesetzten Produktionsfaktoren (vgl. Frank 2005, S. 393 ff.), doch produziert der Monopolist anders als der Kreditgeber wenigstens ein Produkt oder eine Dienstleistung. Der Erfolg in der Wettbewerbswirtschaft würde ohne Geldzins daher – jedenfalls sehr viel mehr als heute – durch die Tüchtigkeit, die Kraft, die Liebe und die Weisheit der Menschen und nicht durch Geld oder verbriefte Vorrechte bedingt sein (vgl. Gesell 1938, S. VIII). Mit einer Geldreform, wie sie von Silvio Gesell vorgeschlagen wurde, kämen wir also ganz automatisch dem näher, was eigentlich sozialistische Systeme mit ihrer künstlichen Planwirtschaft erreichen wollten, dass nämlich **materielle Arbeit die Quelle aller Werte** sein sollte (vgl. hierzu Bleischwitz 1998, S. 77 ff.).

## 10.4 Neues Geld für eine Marktwirtschaft, die den Menschen dient

### 10.4.1 Unser Geldsystem ist der Hauptgrund für Marktversagen

Die dem Markt zugeschrieben positiven Eigenschaften (vgl. hierzu bereits Fuders 2011b, S. 271–284), insbesondere die einer leistungsgerechten Entlohnung der Produktionsfaktoren könnte es vermutlich tatsächlich geben, wenn wir nur unser Geld änderten. Die nach Adam Smith viel zitierte „Unsichtbare Hand" des Marktes (vgl. Smith 1952, S. 194) wird durch unser unbeschränkt hortbares Geld und dem sich daraus ergebenen Geldzins pervertiert. Der Geldzins ist eine **andere unsichtbare Hand**, die dem Wirken der ersten entgegenwirkt (vgl. Kremer 2009, S. 10). Die großen Probleme unserer Zeit werden nicht durch den Markt oder den Wettbewerb erzeugt, sondern durch die Tatsache, dass sich das Wachstum der Geld- und Schuldenmenge nach einigen Jahrzehnten beginnt, **von der realen Wirtschaftsleistung abzukoppeln**, die Realwirtschaft folglich der wachsenden Geldmenge sinnbildlich hinterherrennt. Dies ist die Ursache der regelmäßig stattfindenden Finanz- und Schuldenkrisen, der Umweltüberbeanspruchung und der immer ungerechteren Verteilung der Vermögen. Die Einkommensverteilung ist ungerecht, weil die Einkommen der Zinsempfänger nicht auf ihrer eigenen, sondern auf der Arbeitsleistung einer anderen Person, namentlich des Schuldners, beruhen. Die Vermögen der Geldbesitzer wachsen, ohne dass der Geldbesitzer einen Finger krümmt oder auch nur – wie oben aufgezeigt – Konsumverzicht leistet; denn wer Geld verleiht, verzichtet auf Liquidität, nicht aber auf Konsum, da das Nutzen stiftende Gut, auf dessen Konsum man verzichten könnte, ja noch gar nicht gekauft wurde.

Unser Geld ist wohl der wichtigste, zugleich aber der am wenigsten diskutierte Grund für **Marktversagen** (vgl. Fuders 2016, S. 178). Wenn wir eine Marktwirtschaft errichten wollen, die dem Menschen und nicht dem Zins dient, sollten wir als erstes unser Geld reformieren. Es reicht nicht, die Wettbewerbspolitik lediglich darauf auszurichten, Missbrauch von Monopolmacht, Kartelle und unlauteren Wettbewerb zu verhindern, um uns dadurch dem Idealzustand der sogenannten vollständigen Konkurrenz zu nähern. Das solche Verhaltensweisen verhindert werden sollten, ist nicht in Frage zu stellen (hierzu weiter unten). Zusätzlich benötigen wir aber eine Geldreform. Wir benötigen ein Geld, dass ausschließlich dazu dient, den Tausch von realen Gütern und Dienstleistungen zu erleichtern, und dass nicht zugleich als Hortungsmittel fungieren kann. Dies wäre dann ein Geld, das der Wirtschaft dienlich ist, anstatt dass die Wirtschaft, wie dies heute der Fall ist, dem Geld und insbesondere dem Zinsdienst dient. Letztlich kann dann die Marktwirtschaft – als sodann wirklich funktionsfähiger Wettbewerb, um den Begriff Kantzenbachs (vgl. Kantzenbach 1967, S. 16 f.) zu verwenden – wiederum dem Menschen dienen. Eine solche Marktwirtschaft, die nicht durch unser Geldsystem pervertiert wird, wäre eine **wirklich freie Markwirtschaft.**

## 10.4.2 Parallele Einführung eines Regionalgeldes nach Silvio Gesell ist möglich

Es ist nicht zu erwarten, dass unsere Regierungen die dem Geld innewohnende Problematik alsbald verstehen werden. Aber **jeder kann selbst** dazu beitragen, dass sich etwas ändert, indem er eine Regionalgeldinitiative nach Silvio Gesell gründet oder eine bereits bestehe unterstützt. Erfreulicherweise gibt es inzwischen viele Regionalgeldinitiativen nicht nur in Deutschland (vgl. Kennedy et al. 2012).

Das weltweit vermutlich erfolgreichste Regionalgeld ist der „Palmas", der wesentlich dazu beitrug, die extreme Armut in einem verarmten Vorort Fortalezas (Brasilien) zu verringern (vgl. Kennedy et al. 2012, S. 24 ff.). Das ist kein Zufall. Von Regionalgeldinitiativen, die sich über mehrere Jahre halten konnten, wird berichtet, dass die **lokale Wirtschaft dadurch gestärkt wurde.** Das kommt dadurch zustande, dass nicht nur für das Horten, sondern auch für das Zurücktauschen des Regionalgeldes in nationale Währung eine Gebühr anfällt. Hierbei handelt es sich um keine hohe Gebühr, nur ein oder 2 % des nominalen Wertes eines Geldscheines. Diese Gebühr gibt aber einen Anreiz für den Halter des Regionalgeldes, zunächst nach solchen Geschäften Ausschau zu halten, die das Geld akzeptieren. Die Geschäfte akzeptieren das regionale Geld nicht nur aus Idealismus, sondern auch weil sie andernfalls einen Wettbewerbsnachteil hätten. Jemand, der Regionalgeld in der Hand hält, wird schließlich solche Geschäfte bevorzugen, die dieses annehmen, anstatt es zuvor wieder in nationale Währung umzutauschen und obendrein die Umtauschgebühr zu zahlen. Auf diesem Weg erhalten kleine, lokale Geschäfte einen Wettbewerbsvorteil gegenüber den überregional agierenden Ketten, bei denen man bisher nicht mit Regionalwährung zahlen kann (vgl. Fuders und Max-Neef 2014b, S. 178 f.).

Auf der Website des Palmas, der inzwischen mit dem **United Nations Development Goals Award** ausgezeichnet wurde, kann man eine interessante Theorie lesen, die die Initiatoren zur Gründung des Palmas bewegt hatte. Demnach gibt es keine inhärent armen Regionen. Überall haben Menschen Fähigkeiten, Talente. Vielmehr verarmen Regionen, weil das Geld abfließt in bereits entwickeltere Regionen (vgl. Kennedy et al. 2012, S. 24 ff.). Geld zieht Geld an. Ohne ein effektives Tauschmittel aber, haben es Menschen schwer, ihre Talente und Fähigkeiten gegenseitig auszutauschen. Insbesondere in Ländern, die zentralistisch und nicht föderal organsiert sind, wie zum Beispiel Chile, ist das ein großes Problem. In Chile werden 47 % des Bruttoinlandproduktes in der Hauptstadtregion erwirtschaftet (vgl. OECD 2009, S. 18), während der Rest des Landes relativ verarmt ist. Regionalgeld sollte daher **auch von Entwicklungsplanern** als Instrument zur Förderung einer dezentralen Regionalentwicklung angesehen werden (vgl. Fuders 2016, S. 156 ff.).

Das schwierigste Unterfangen bei der Einführung eines Regionalgeldes nach Silvio Gesell ist es, Menschen von den Vorteilen eines solchen zu überzeugen. Vielen dürfte die Idee eines „Schwundgeldes", wie es von Kritikern gerne bezeichnet wird (vgl. Rösl 2006), nicht gleich gefallen. Man muss also Aufklärungsarbeit leisten, damit Menschen erkennen, dass ein solches Schwundgeld ihnen letztlich nützt, dass auch das herkömmliche Geld aufgrund der Inflation ein Schwundgeld ist und dass die ganz große Mehrheit der Menschen mehr Zinsen zahlt, als sie auf dem Sparkonto erhält. Einfacher wäre die Einführung eines Silvio Gesellsschen Freigeldes, wenn große Unternehmen einen Teil der Löhne – vielleicht zunächst auch nur das Urlaubsgeld – in Regionalgeld zahlen würden. Wenn ein großer Arbeitgeber, von dem direkt oder indirekt die überwiegende Zahl der Bewohner der Region leben, die Löhne in Regionalwährung auszahlte, dann würden schnell die lokalen Geschäfte diese Währung annehmen und andere Arbeitgeber würden möglicherweise dem Beispiel folgen und Löhne ebenfalls in dem Regionalgeld auszahlen. Dies kostet dem Unternehmen praktisch nichts, denn es wird ja insgesamt nicht mehr Lohn gezahlt, sondern nur ein Teil des Lohnes in Regionalwährung. Die Kosten für das Unternehmen sind also gering, der Nutzen für die Region groß.

In diesem Sinne könnte eine solche Aktion seitens eines Unternehmens auch als Strategie zur Schaffung von *Shared Created Value* angehen werden (vgl. Fuders 2016, S. 157 ff.). Porter und Kramer haben dieses Konzept 2011 vorgestellt (vgl. Porter und Kramer 2011, S. 1–17). Demnach ginge die Verantwortung der Unternehmen über das Konzept einer reinen *Corporate Social Responsibility* hinaus. Unternehmen sollten aktiv Werte für ihre Umgebung schaffen. Der Arbeitgeber müsste aber vielleicht noch nicht einmal Idealist sein, sondern hätte auch einen handfesten wirtschaftlichen Vorteil davon, die Löhne in Regionalwährung zu zahlen, wenn er nämlich daran interessiert ist, seine Produkte in der Region abzusetzen. Das dürfte nicht selten der Fall sein; denn bekanntlich fängt man klein an und verkauft zunächst vor der eigenen Haustür und beginnt erst später, auf regional entfernten Märkten zu verkaufen oder gar ins Ausland zu exportieren. Der heimische Markt dürfte für die allermeisten Unternehmen der wichtigste sein.

Wenn mehrere deutsche Großunternehmen ihre Löhne in einem gemeinsamen Regionalgeld auszuzahlen würden, nennen wir es **Regionalgeld Deutscher Industrie** (vgl. Fuders und Max-Neef 2012, S. 358 f.) dann würden schnell deutschlandweit Geschäfte beginnen, diese Währung neben dem Euro zu akzeptieren. Ausländische Konkurrenten hätten dagegen ein Problem, die Regionalwährung zu akzeptieren, da sie diese an der Börse schlecht in die eigene Währung umgetauscht bekämen; denn Umlauf gesichertes Geld lässt sich nur schwer an Devisenbörsen handeln und eben nicht als Währungsreserve horten. Ein solches deutschlandweit akzeptiertes Freigeld hätte dann Vorteile für die gesamte deutsche Wirtschaft, weil Menschen heimische vor importierten Gütern bevorzugen würden (ausführlicher hierzu: Fuders und Max-Neef 2012, S. 358 f.). Zudem würden auch die von unserem derzeitigen Finanzsystem verursachten Probleme abgemildert oder sogar, wenn alle Menschen ausschließlich mit dem Freigeld bezahlten, vermieden werden. Und im Fall des Zusammenbruchs des Finanzsystems könnte auf die regionale Parallelwährung zurückgegriffen werden (vgl. Fuders und Max-Neef 2014a, S. 268).

## 10.4.3   Wettbewerb zwingt zu einem der Nächstenliebe entsprechenden Verhalten

An dieser Stelle möchte ich die Gelegenheit nutzen, auf ein immer weiter verbreitetes Missverständnis hinzuweisen. Markt und Wettbewerb werden heute wieder von vielen in Frage gestellt. Grund hierfür sind wohl insbesondere die enormen Wohlstandsunterschiede, die wir in fast allen Ländern der Welt beobachten (vgl. OECD 2015, S. 20, 24, 35), aber auch die Umweltzerstörung, ein ausufernder Egoismus und die mit diesem verbundene so genannte Individual- oder Ellenbogengesellschaft, in der jeder in erster Linie nur an sich zu denken scheint. **Schuld sei der Wettbewerb**. Statt auf Wettbewerb, sollte man verstärkt auf Kooperation setzten, so die immer häufiger zu hörende Kritik an der Wettbewerbswirtschaft (vgl. etwa Latouche 2003, S. 1; vgl. Latouche 2009, S. 34; vgl. Traverso 2015, S. 31). Die Umweltzerstörung und die wachsende Ungleichheit sind aber nicht durch die Wettbewerbswirtschaft, sondern, wie oben dargestellt wurde, ganz wesentlich durch unser Geldsystem bedingt. Auch der Individualismus ist nicht durch den Wettbewerb bedingt, sondern hängt vielmehr mit einem Mangel an Nächstenliebe (hierzu mehr in Abschn. 10.5) in Kombination mit der Möglichkeit, Arbeitsleistung in Form von Geldeinheiten bequem zu speichern, zusammen.

**Die Wettbewerbswirtschaft steht Kooperationen nicht entgegen**. Im Gegenteil. Es können und sollen die verschiedensten Arten von Gesellschaften gegründet werden: GbR, GmbH, Ltd., AG, Genossenschaften oder Mischformen dieser. Verboten ist allerdings die Kooperation bei der Preisgestaltung oder anderer Wettbewerbsparameter. Und das ist gut so. Nicht nur, weil durch Preisabsprachen die Freiheit Dritter eingeschränkt wird (rechtsphilosophische Begründing des Wettbewerbsrechts) oder aus Effizienzgesichtspunkten (ökonomische Begründung des Wettbewerbsrechts; vgl. hierzu Fuders 2009b, S. 13 ff.; 2011b, S. 274 ff.), sondern vor allem weil **Preisabsprachen der Nächstenliebe widersprechen**. Sie widersprechen der Nächstenliebe weil sie dazu dienen, Marktmacht mit dem Ziel zu bündeln, dasselbe Produkt teurer zu verkaufen, ohne jedoch das Produkt in irgendeiner Weise verbessert zu haben. Preisabsprachen dienen also dazu, sich auf Kosten des Konsumenten ungerechtfertigt zu bereichern. Das Gesagte gilt nicht nur für Preisabsprachen, sondern grundsätzlich für abgestimmte Verhaltensweisen der Marktteilnehmer, die das Ziel verfolgen, den Wettbewerb einzuschränken. Unternehmen können sich beispielsweise auch über das Werbebudget, den Forschungsetat abstimmen oder Märkte untereinander aufteilen (vgl. Fuders 2009b, S. 21 ff.). Unternehmen, die alleine eine marktbeherrschende Stellung innehaben, brauchen sich gar nicht erst mit Konkurrenten absprechen, um dem Kunden Preise aufzuzwingen, die dieser im Zustand von Wettbewerb nicht bezahlen würden. Das Wettbewerbsrecht verbietet daher neben abgestimmten Verhaltensweisen auch den Missbrauch einer marktbeherrschenden Stellung und ermöglicht in vielen Ländern sogar eine staatliche ex-ante-Kontrolle von Unternehmensfusionen (für das europäische Wettbewerbsrecht vgl. Fuders 2009b). Wettbewerb – wenn er denn funktioniert, um noch einmal das geflügelte Wort Kantzenbachs (vgl. Kantzenbach 1967, S. 16 f.) zu verwenden – zwingt die Marktteilnehmer, bestmögliche Produkte zu bestmöglichen Preisen anzubieten, da sie andernfalls aus dem Markt verdrängt würden. Das ist eine gute Sache, entspricht ein solches Verhalten doch der Nächstenliebe. Wettbewerb veranlasst uns also, uns so zu verhalten, **als ob wir den Nächsten lieben würden** (in diesem Sinne auch Lachmann 2016b).

Zur Verdeutlichung des Gesagten möchte ich ein Beispiel anführen. Die Hotelkette Ibis verspricht allen Kunden, dass, wenn ein Problem nicht innerhalb von 15 min gelöst wird, der Kunde kostenlos übernachten darf. Nicht schlecht, könnte man doch meinen, dass ein solches Angebot der Nächstenliebe entspricht. Vermutlich ist es aber doch eher der Wettbewerbsdruck, der Ibis zu diesem Angebot veranlasst. Wir sehen: **Wettbewerb ist wunderbar**. Er zwingt uns zu einem der Nächstenliebe entsprechenden Verhalten. Natürlich wäre es besser, wenn die Marktteilnehmer tatsächlich aus Liebe zum Nächsten ein solches Verhalten an den Tag legen würden. Und Marktteilnehmer, die erkannt haben, dass Geldverdienen kein Selbstzweck ist (vgl. hierzu Abschn. 10.5), werden dies vielleicht auch tun. Für alle anderen gibt es Wettbewerb.

## 10.4.4 Der Marxismus ist keine Lösung

Abgesehen davon, dass die staatliche Planwirtschaft dem Einzelnen weniger Entscheidungsfreiheit darüber lässt, wie er seinen Lebensweg gestalten mag, hat Karl Marx die vom Zins ausgehende Problematik offenbar nicht erkannt (vgl. Senf 2008, S. 14 ff.; vgl. Lietaer et al. 2012, S. 8) und durch seine Kapitaltheorie wie oben angesprochen sogar wesentlich zu dem heute in den Wirtschaftswissenschaften vorherrschenden Unverständnis der dem Geldzins innewohnenden Probleme beigetragen. Die Klassenunterschiede entstehen nicht durch die Wettbewerbswirtschaft. Im Gegenteil, wenn Wettbewerb funktioniert und nicht durch unser Geld pervertiert wird, verringert er die Klassenunterschiede (Friedman 1966, S. 215). Je mehr Wettbewerb herrscht, desto niedriger sind im Allgemeinen die Preise, was für die Haushalte vorteilhaft ist, nicht aber für die Produzenten, die im Vergleich zum Zustand mit weniger Wettbewerb Monopolrente einbüßen (vgl. Frank 2005, S. 341 ff.). Wettbewerb führt so zu einer gleichmäßigeren Verteilung des Einkommens zwischen Haushalten und Unternehmen. Das ist die so genannte Verteilungsfunktion des Wettbewerbs[32]. Der Wettbewerb kann so dazu beitragen, den Aufbau endgültiger Machtpositionen zu verhindern, durch welche auch die Freiheit aller bedroht wird (vgl. Emmerich 2001, S. 2; ähnlich auch Kantzenbach 1967, S. 16 f.). Die Verteilungsfunktion bezieht sich nicht nur auf das Verhältnis der Haushalte zu Unternehmen, sondern auch auf das Verhältnis der Wettbewerber untereinander. Da im Modell der vollständigen Konkurrenz jeder Marktteilnehmer eben so viel verdient, wie er mit demselben Einsatz an Produktionsfaktoren auch an anderer Stelle verdienen könnte, gewährleistet funktionsfähiger Wettbewerb eine leistungsgerechte Entlohnung der Wettbewerber (vgl. Herdzina 1999, S. 28–31; vgl. Tolksdorf 1994, S. 29; vgl. Frank 2005, S. 361 f.)[33] und erzeugt zugleich ein Maximum an wirtschaftlicher Freiheit (vgl. Fuders 2009b, S. 15; 2009c, S. 147; 2011b, S. 279).

Der eigentliche Grund für die „Klassenunterschiede" in der Bevölkerung sowohl damals wie auch heute ist wohl unser Geldsystem, das den Unterschied

---

[32] Zur Machtverteilungsfunktion zwischen Wirtschaft und Gesellschaft vgl. grundlegend Böhm 1961, S. 3 ff. Er bezeichnet Wettbewerb als das „großartigste und genialste Entmachtungsinstrument der Geschichte" (Böhm 1961, S. 22; vgl. auch Herdzina 1999, S. 28–31).

[33] Es wird auf den weltweiten Konsens hingewiesen, wonach eine freie Marktwirtschaft als das effizienteste Mittel für eine angemessene Verteilung von Ressourcen gesehen wird (vgl. Saravia Frías 1999, S. 135). Der Wettbewerb muss aber sachgerecht, vor allem sittlich veranstaltet werden, damit sich die positiven Wirkungen einstellen (Schachtschneider 2005, S. 685).

zwischen den „Rentnern und Lasttieren", wie es Silvio Gesell auszudrücken pfleg-
te, also zwischen produktiv arbeitender Bevölkerung und Zinsempfängern nach
mathematischer Logik stetig und vor allem immer schneller vergrößert. Der Kommunismus ist hier nicht nur keine Lösung, er ist diesem Finanzsystem sogar dienlich. Kommunistische Länder neigen besonders schnell zur Verschuldung, weil
sie ineffizient produzieren (vgl. etwa Frank 2005, S. 405 f.), dennoch aber gerne
konsumieren möchten. Die fehlende eigene Produktivität wird dann gerne durch
kreditfinanzierte Importe gedeckt. Wenn mehr importiert als exportiert wird, muss
die Zahlungsbilanz durch Kredit ausgeglichen werden. Die grundlegende und alte
Diskussion darüber, ob nun eine marktwirtschaftliche oder eine kommunistische
Wirtschaftsverfassung besser ist für die Menschen, dient möglicherweise auch nur
der Ablenkung. Beide funktionieren langfristig nicht mit einer Zinswirtschaft[34].
Der Kommunismus ist also keine Lösung des von Marx erkannten Problems der
ungerechten Güterverteilung. Er beraubt uns aber durch die Planwirtschaft der
Freiheit. Wir brauchen eine wirkliche freie Marktwirtschaft, frei nämlich vom Zins.

Übrigens spielt auch eine ausufernde Sozialgesetzgebung der Finanzwirtschaft
in die Hände, jedenfalls dann, wenn sie den Staat zur Ausweitung der Staatsverschuldung verpflichtet. Das war lange Zeit in Deutschland der Fall, wo eine
vierköpfige in München lebende „Arbeitslosengeld II" beziehende Familie mehr
Transferleistungen bezieht als ein promovierter Akademiker an einer Universität
verdient. So entsprachen die Aufwendungen für Soziales in Deutschland jahrzehn-
telang (bis auf die letzten drei Jahre) etwa dem Betrag der jährlichen Neuver-
schuldung. Das dürfte ganz im Sinne der Banken sein, die in ihrem Zwang, das
Kreditvolumen stetig auszuweiten, auf den Staat als guten Kunden angewiesen
sind. Langfristig bedeuten mehr Schulden immer auch mehr Guthaben, nämlich
für diejenigen, die die Zinsen einstreichen (vgl. Kremer 2009). Jeder Zins führt zu
wachsender Ungleichheit zwischen denjenigen, die real produktiv tätig sind, und
denjenigen, die arbeitsloses Einkommen durch das Verleihen von Geld erzielen.
Schuldenfinanzierte Programme sozialer Sicherheit tragen so dazu bei, dass die
Lücke zwischen Arm und Reich größer wird, auch wenn diese Programme vorge-
ben, das Gegenteil zu tun. Es gibt daher keinen sozial gerechten Zins und folglich
auch **keine sozial gerechte Staatsverschuldung**.

---

[34] Wir erinnern uns: Sowohl die UdSSR wie auch die DDR waren am Ende überschuldet.
Die DDR-Staatsschulden wurden übrigens von der BRD übernommen. Nutznießer der Wie-
dervereinigung dürften die westlichen Banken gewesen sein, bei denen die DDR verschuldet
war, und die andernfalls hohe Kreditausfälle verzeichnet hätten.

## 10.4.5   Egoismus ist keine Tugend

Dass Egoismus und die so genannte „Individual- oder Ellenbogengesellschaft"
mit der Wettbewerbswirtschaft assoziiert werden, wird möglicherweise auch durch
eine fragwürdige, aber immer wieder zu hörende Interpretation der wohl am häu-
figsten zitierten Aussage Adam Smiths verstärkt. In Adam Smiths Hauptwerk lesen
wir:

> (...) and by directing that industry in such a manner as its produce may be of the
> greatest value, he intends only his own gain; and he is in this, as in many other cases,
> led by an invisible hand to promote an end which was no part of his intention. Nor
> is it always the worse for the society that it was no part of it. By pursuing his own
> interest, he frequently promotes that of the society more effectually than when he
> really intends to promote it. (Smith 1952, S. 194)

Häufig wird diese Aussage so gedeutet, dass es das egoistische, nur auf Eigen-
nutz zielende Verhalten der Marktteilnehmer sei, das – wie durch eine unsichtbare
Hand gesteuert – die effiziente Allokation der Ressourcen bewirke (statt vieler: vgl.
Frank 2005, S. 361). Tatsächlich verhält es sich genau anders herum: Trotz unseres
Egoismus, obwohl wir also nur an unseren eigenen Gewinn denken, zwingt uns der
Wettbewerb, uns so zu verhalten, als ob wir den Nächsten lieben würden: nämlich
gute Produkte zu guten Preisen anzubieten. Andernfalls wird man aus dem Markt
verdrängt. Nicht der Egoismus ist die Triebfeder des Wettbewerbs. Vielmehr be-
grenzt der Wettbewerb unseren Egoismus[35].

**Egoismus ist keine Tugend**, sondern das Gegenteil der Nächstenliebe und
letztlich wohl transzendentaler Grund allen Übels in der Welt. Wettbewerb fördert
nicht die Allokationseffizienz weil, sondern obwohl wir egoistisch sind. Immer
dann, wenn dieser Mechanismus, der uns zu einem Verhalten zwingt, bestmögliche Produkte zum bestmöglichen Preis anzubieten (das der Ökonom als Effizienz
in der Ressourcenallokation bezeichnet), nicht funktioniert, so sprechen wir von
Marktversagen. Ein strukturelles Marktversagen ist ein Monopol. Das Monopol
ist das Gegenteil der vollständigen Konkurrenz. Der Monopolist kann Preise verlangen, die in keinem Verhältnis zu den Herstellungskosten stehen, er erzielt eine
Monopolrente. **Das Erzielen von Monopolrente ist ein egoistisches Verhalten.**
Jemand, der die Nächstenliebe praktiziert, wird trotz einer Monopolstellung seine Marktmacht nicht ausnutzen und einen im Verhältnis zu den Produktionskosten
moderaten Preis verlangen. Leider wird der Egoismus wegen der Fehlinterpretati-
on, Adam Smiths unsichtbare Hand käme durch Egoismus zustande, heute kaum

---

[35] Das Wort „Egoismus" kommt im zitierten Werk Adam Smiths übrigens kein einziges Mal
vor.

noch als etwas Verwerfliches angesehen und das Erzielen einer Monopolrente aus Sicht des Unternehmers sogar für erstrebenswert gehalten.

Jedes andere so genannte Marktversagen ist ebenfalls ein Versagen des Mechanismus, uns zu einem der Nächstenliebe entsprechenden Verhalten zu zwingen. Wer den nächsten liebt, wird beispielsweise keine Kartelle bilden, um durch die so künstlich erzeugte Marktmacht Preise aufzuerlegen, die der Kunde im Zustand eines funktionierenden Wettbewerbs nicht bezahlen würde. Auch gäbe es keine unlauteren Verhaltensweisen, wie etwa irreführende Werbung. Die drei Säulen des Wettbewerbsrechts (vgl. hierzu Fuders 2009b), das Verbot von Marktmachtmissbrauch, das Verbot von abgestimmtem Verhalten und unlauterem Wettbewerb wären überflüssig, wenn alle das Gebot der Nächstenliebe respektieren und praktizieren würden. Auch unser Geldsystem, das oben als der Hauptgrund für Marktversagen herausgestellt wurde, ist Ausfluss dieses Mangels an Nächstenliebe, namentlich des Drangs, Geldeinheiten anzuhäufen und damit den Wirtschaftskreislauf zu unterbrechen, oder aber einen Zins für die Herausgabe zu „erpressen" (Gesell 1949, S. 205, 344). Wenn wir nicht egoistisch wären, und alle die Nächstenliebe praktizieren würden, bräuchten wir keine Wettbewerbsgesetze und vielleicht noch nicht einmal eine Geldreform. Hierauf komme ich in Abschn. 10.5 zurück, wo ich ein wenig Utopie wagen und ein Modell einer Ökonomie basierend auf der Nächstenliebe skizzieren werde.

## 10.4.6 Fazit: Der Markt braucht Regeln und eine Geldreform

Weil wir aber egoistisch sind, brauchen wir Gesetze zum Schutze des Wettbewerbs und insbesondere eine Geldreform. Beides zusammen kann eine Marktwirtschaft schaffen, die den **Egoismus des Menschen im Zaum hält**. Ein sodann wirklich funktionierender Wettbewerb, der nicht durch unser Geld pervertiert wird, würde vermutlich geradezu paradiesische Zustände schaffen. Weil sich die Geldmengenentwicklung nicht von der Realwirtschaft abkoppelte, gäbe es keine Inflation, keine – oder zumindest sehr viel weniger – Spekulation und keine Finanzkrisen. Ein solches Finanzsystem würde nicht zu Wirtschaftswachstum zwingen, würde aber die Gott geschenkte Kreativität des Menschen nicht unterbinden. Da man etwaige Einkommensüberschüsse nicht ohne Verlust dauerhaft horten und nicht ohne Risiko produktivwirtschaftlich anlegen kann, wird der Drang, mehr zu verdienen, als man in der Gegenwart konsumieren kann, auf natürliche Weise gebremst. Vermutlich würde sich ganz von selbst ein Gleichgewicht einstellen, dass Daly (vgl. Daly 1991) einst als **Steady-State-Economy** bezeichnete, während ein solches stationäres Gelichgewicht ohne Geldreform und mit dem steten Zwang zu wachsen kaum denkbar ist (vgl. Fuders 2016, S. 178). Ohne den Zwang zum Wachsen, gäbe es weniger Umweltverschmutzung und -überbeanspruchung. Ohne den Wachstumszwang kann die Gesellschaft beginnen, sich nach menschlichem Maß (vgl. Max-Neef et al. 1991) zu entwickeln. Der Wohlstandsunterschied zwischen denjenigen, die produktiv arbeiten, und denjenigen, die Geld verdienen, ohne produktiv zu arbeiten, würde geringer. Die Wirtschaft würde endlich den Menschen dienen und nicht umgekehrt (vgl. Fuders und Max-Neef 2014b, S. 180).

## 10.5 Kleines Modell einer Ökonomie der Nächstenliebe

Wir hatten oben erkannt, dass ein wirklich funktionierender Wettbewerb – herbeigeführt durch Wettbewerbsschutzgesetze und eine Geldreform – fast „paradiesische" Zustände erzeugen kann, weil der Markt uns dann zwingt, bestmögliche Produkte zu bestmöglichen Preisen anzubieten. Wir hatten aber auch gesagt, dass es noch besser wäre, wenn wir von uns selbst aus und nicht aufgrund des Wettbewerbs gute Produkte zu guten Preisen anbieten würden. Hiermit kommen wir zum nächsten Thema. Im Folgenden werde ich ein Modell einer Ökonomie der Nächstenliebe skizzieren.

### 10.5.1 Die Nächstenliebe als der Sinn des Lebens

Wer nur lange genug darüber nachdenkt und Gott um Einsicht bittet, wird vermutlich zu der Erkenntnis gelangen, dass es der Sinn des Lebens ist, Gott zu dienen, indem man die Nächstenliebe übt. Sowohl das Alte wie auch das Neue Testament halten als die beiden höchsten Gebote und Gottes Willen fest, Gott mit ganzem Herzen zu lieben, ihm zu vertrauen und den Nächsten so zu lieben, wie sich selbst (Bibel 3. Mose 19,18; 5. Mose 6,5; Matt. 22,37 und 22,39; Galater 5,14). Beide Gebote sind CHRISTUS zufolge gleichwichtig (Matt. 22,40).

Nächstenliebe wiederum bedeutet – auch das lernen wir aus der Heiligen Schrift – sich anderen gegenüber so zu verhalten, wie man selbst von anderen behandelt werden möchte, das Befolgen der so genannten Goldenen Regel (Matt. 7,12). Nächstenliebe ist also der gelebte kategorische Imperativ Immanuel Kants (Kant 1868b, S. 192). Nächstenliebe besteht aber sicherlich nicht nur darin, in Not geratenen Menschen zu helfen oder die zehn Gebote einzuhalten, welche eine Konkretisierung des umfassenderen Gebots der Nächstenliebe darstellen (Bibel: Matt. 22,40; Römer 13,8–10; 1. Kor. 13,1; Galater 5, 14), sondern auch darin, seine Talente zum Wohle aller einzusetzen, am besten hauptberuflich. Teil der Verwirklichung der Nächstenliebe dürfte es also durchaus auch sein, seine Berufung zu finden und diese zum Beruf, zur Lebensaufgabe zu machen, also mit seiner Berufung das tägliche Brot zu verdienen (das Wort Beruf kommt von Berufung[36]). Die Berufung ist individuell verschieden. Gott hat den Menschen unterschiedliche Talente gegeben (Römer 12,6). Als Soldaten Gottes, zu denen wir alle gehören – ob wir es nun glauben oder nicht – sind wir berufen, diese einzusetzen. Das leitet sich aus dem Gebot der Liebe zu Gott und dem Nächsten ab. Wir dienen Gott, indem wir unsere göttlichen Gaben für die Gemeinschaft einbringen, wie bereits Paulus im Brief an die Römer (Römer 12, 1–8) und Petrus (1. Petrus 4, 10–11) erklärten (in diesem Sinne vgl. auch Warren 2003, S. 221 ff.). Jeder Mensch ist Teil dieses großen Puzzles „Liebe", das jeder Einzelne möglicherweise nicht vollständig überblickt, zu dessen Vollendung er aber dennoch beitragen kann, indem er konsequent die Nächstenliebe übt oder wenigstens versucht, sie zu üben. Wir können das göttliche Spiel mitspielen oder aber versuchen, unser eigenes Spiel zu spielen. Wenn wir Gott lieben, spielen wir Sein Spiel und nutzen dazu unsere Fähigkeiten. Das ist Verwirklichung der Nächstenliebe; denn wir helfen anderen am meisten, wenn wir das zu unserer Hauptbeschäftigung machen, was wir am besten können. In der Wirtschaftswissenschaft würde man das als das Effizienzprinzip bezeichnen, als die Form der besten Ressourcenallokation, oder in Anlehnung an David Ricardo (vgl. Ricardo 1911, S. 89 ff.) Ausnutzung komparativer Vorteile, hier also unserer individuellen Talente. Wenn jeder seine Talente und Gaben einbringt und zu seinem Beruf die Tätigkeit macht, die er am besten kann, dann wird allen damit am meisten gedient sein. Andererseits kann man durchaus die Meinung vertreten, dass man seinem Nächsten sogar schadet, wenn man einen Arbeitsplatz besetzt hält, für den man eigentlich nicht geschaffen wurde und damit verhindert, dass andere Menschen die Stelle besetzen könnten, die für diese Tätigkeit besser geeignet wären und die sich mit dieser Tätigkeit selbst verwirklichen könnten, um den geflügelten Ausdruck Maslows zu verwenden[37]. Es ist also geradezu unsere

---

[36] In einem etymologischen Wörterbuch lesen wir unter dem Stichwort Beruf: „Spätmittelhochdeutsche Ableitung aus berufen im geistlichen Sinn: Gott läßt seinen Ruf an die Menschen ergehen" (Kluge 1989, S. 77).

[37] Maslow erkannte, dass alle Menschen kreativ sein können und sich dadurch selbst verwirklichen, nicht bloß Maler und Musiker oder Wissenschaftler, also Personen, denen man gewöhnlich Kreativität unterstellt. Vielmehr gäbe es auch Künstler, die eher nicht kreativ sind und lediglich andere kopieren. Maslow war überrascht, eine Hausfrau kennen gelernt zu haben, die durchaus mehr Talente zu haben schien, was ihre Tätigkeit als Hausfrau angeht, als viele Künstler. Sie bereitete hervorragende Gerichte, die Einrichtung des Hauses hatte Stil, ohne dass dafür ein großes Familienbudget ausgegeben worden war, sie betreute ihre Kinder psychologisch wertvoll, etc. Maslow kommt zu dem Ergebnis, dass man sich

Pflicht, unsere Gaben und Talente zum Wohle aller einzusetzen und eine Tätigkeit nicht (nur) deshalb auszuüben, um damit Geld zu verdienen. Auf diese Weise wird Arbeit zum Segen; denn wir Helfen Gott bei seinem Werk, beteiligen uns also an der göttlichen Schaffenskraft, wie der katholische Katechismus lehrt (vgl. Fernández Carvajal 1987, S. 127 f.; Escrivá de Balaguer 2010, S. 118).

## 10.5.2 Geldverdienen sollte kein Selbstzweck sein

Die Bibel verbietet die Prostitution (Levitikus 19,19; 21,9; Deuteronomium 23,17). Dieses Gebot ist vermutlich nicht nur wörtlich, sondern durchaus auch im übertragenen Sinne gemeint[38]. Macht es einen Unterschied, welche Körperteile man verkauft? Ist es nicht so, dass jeder, der eine Tätigkeit nicht aus Liebe, sondern nur des Geldverdienens wegen tut, sich im Grunde prostituiert? Natürlich müssen wir Geld verdienen. Aber das Geldverdienen sollte kein Selbstzweck sein. Wir sollten unser tägliches Brot mit derjenigen Tätigkeit verdienen, die unserer Berufung entspricht. Und das ist eine Tätigkeit, die wir auch ohne Geld ausüben würden. Aus diesem Grund kann ich herausfinden, welche meine Berufung ist, indem ich mir überlege, welche Tätigkeit ich ausüben würde, wenn ich dafür kein Geld bekäme. Alternativ, kann ich mir auch überlegen, welche Tätigkeit ich am letzten Tag meines Lebens ausüben würde, vorausgesetzt dass ich wüsste, welcher Tag dies ist. Triebfeder einer Tätigkeit, die ich am letzten Tag meines Lebens ausübe, wird sicherlich nicht das Streben nach Geld, noch das Streben nach Anerkennung sein. Am letzten Tag unseres Lebens werden wir die Tätigkeiten ausüben, die uns Freude bereiten, und das dürften eben diejenigen Tätigkeiten sein, für die man ein besonderes Talent hat. Wenn man nämlich spürt, dass das, was man tut, anderen dient, dann macht uns das glücklich. Anderen mit seinen Talenten zu dienen, bereitet Freude. Anderen dagegen mit irgendeiner Tätigkeit zu dienen, die auch jemand anderes ebenso gut ausüben könnte, macht weniger Freude, und am letzten Tag des Lebens würde man einer solchen Tätigkeit vermutlich nicht nachgehen.

---

in jedem Beruf selbst verwirklichen kann (vgl. Maslow 2005, S. 173 ff.). Maslow scheint allerdings nicht erkannt zu haben, dass das genau dann geschieht, wenn man seine Talente einsetzt. Stattdessen hält er es für ein Charakteristikum sine qua non des Menschseins an sich (vgl. Maslow 2005, S. 184 f.).

[38] Hierfür spricht, dass in der englischen Bibelübersetzung sehr häufig der Terminus „prostitute" im übertragenen Sinne verwendet wird: Beispielsweise: „Yet they would not listen to their judges but prostituted themselves to other gods and worshiped them" (Josua 2,17) oder „... and not prostitute yourselves by chasing after the lusts of your own hearts and eyes" (Numeri 15:39).

Freude bereitet also die Ausübung solcher Tätigkeiten, bei denen man spürt, einen ganz besonderen Beitrag zum Wohle anderer zu leisten. Und das sind solche Tätigkeiten, bei denen man einen komparativen Vorteil gegenüber anderen hat. Wenn ich etwa ein Talent zum Kochen habe, würde ich vermutlich meinen Angehörigen auch am letzten Tag meines Lebens noch gerne ein leckeres Gericht zubereiten, sollten meine Angehörigen das wünschen. Wenn ich ein Talent zum Reparieren elektronischer Geräte habe, würde ich meinem Enkelkind auch am letzten Tag meines Lebens seine elektrische Eisenbahn reparieren, sollte dies gewünscht sein. Und wenn ich die Möglichkeit habe, zur Entwicklung eines Modells einer **Neuen Ökonomie basierend auf der Nächstenliebe** beizutragen, so würde ich dieses wohl auch auf einer Ringvorlesung vortragen, die am letzten Tag meines Lebens stattfände. Nächstenliebe macht glücklich. Möglicherweise ist das überhaupt der wichtigste Glücksfaktor schlechthin (vgl. Fuders 2015b, S. 106).

### 10.5.3 Die gelebte Nächstenliebe als Glücks- und Erfolgsfaktor

Dass Glück nicht mit dem Einkommen zusammenhängt, wurde schon an anderer Stelle herausgestellt. Diejenigen Länder, die die höchsten Werte im so genannten Happy-Planet-Index erreichen (vgl. nef 2016), sind nicht diejenigen, die gemeinhin als die entwickelten gelten (vgl. Fuders 2015b, S. 102). In den Wirtschaftswissenschaften hat sich hierzu in den letzten Jahren sogar eine eigenständige Fachrichtung entwickelt: die Economics of Happiness. Aber selbst wenn wir Entwicklung nicht wie herkömmlich am BIP, sondern an der Befriedigung fundamentaler menschlicher Bedürfnisse messen würden (vgl. hierzu Fuders 2015b, S. 103 ff.; Fuders et al. 2016), ist es zu bezweifeln, ob der Grad der Entwicklung eines Volkswirtschaft und das Glücksempfinden der Bürger dann korreliert wäre. Auf einer Konferenz der Vereinten Nationen im Jahr 2012 (vgl. Wikipedia 2016b), in der erstmals in großem Stil über das „Bruttoglücksprodukt" debattiert wurde, war ein Schild mit folgender, wie ich finde, weiser Aufschrift aufgestellt[39]:

If you want happiness …

- for an hour – take a nap,
- for a day – go fishing,
- for a month – get married,
- for a year – inherit a fortune,
- **for a lifetime – help someone else.**

---

[39] Diesen Schriftzug findet man auch im Federal Palace Restaurant in Hong Kong.

Wenn wir demnach für unser Leben glücklich werden wollen, sollten wir es darauf ausrichten, anderen zu dienen. Auch hier bekommen wir einen interessanten Hinweis aus der Bibel. CHRISTUS definiert Größe daran, wie vielen Menschen man dient und nicht daran, wie viele einem dienen (Mk 10,43). Wenn wir also begreifen, dass der Sinn des Lebens nicht darin besteht, möglichst viel Geld zu verdienen, sondern darin, Geld mit einer Tätigkeit zu verdienen, die man auch ohne geldlichen Verdienst und am letzten Tag seines Lebens ausüben würde, wird uns das glücklich machen. Es wird uns glücklich machen, weil wir spüren, dass wir einen besonderen Beitrag zum Wohle der Gesellschaft leisten. Anders als Aristoteles (vgl. Aristoteles 1995b, S. 11) in seiner Nikomachischen Ethik – hier stimme ich einmal nicht mit ihm überein – sehe ich die Glückseligkeit (eudaimonía) nicht als höchstes anzustrebendes Gut an. Vielmehr ist die Glückseligkeit ein positiver Nebeneffekt des höchsten Gutes: der Verwirklichung der Nächstenliebe[40].

Möglicherweise werden wir sogar **auch ökonomisch erfolgreicher** sein, wenn wir unsere Talente einsetzen. Denn wer seine Talente für eine Aufgabe nutzt, wird diese Aufgabe wahrscheinlich erfolgreicher ausüben als jemand, der dieselbe Tätigkeit nur widerwillig und nur zum Gelderwerb ausübt. Langfristig wird jemand, der etwa ein Talent zum Kochen hat, als Koch auch in Geldeinheiten gemessen wahrscheinlich erfolgreicher sein, als wenn er versuchte, als mittelmäßiger Ingenieur Maschinen zu konstruieren, wo er sich mit Arbeitskollegen messen muss, die evtl. sehr wohl ein Talent zum Ingenieur haben. Vermutlich werden jetzt einige sagen, dass es aber auch Tätigkeiten gibt, die keiner mit Freude ausüben möchte, simple, langweilige Tätigkeiten. Tatsächlich hat *jeder* Mensch Gaben (Römer 12, 1–8), und es gibt auch Menschen, die dafür geschaffen sind, simple Tätigkeiten auszuüben, und die dies sogar gerne tun, weil sie mit anderen, geistig anspruchsvolleren Tätigkeiten überfordert wären. Umgekehrt wird jemand, der ein Talent zum Ingenieur oder Wissenschaftler hat, sich mit simplen Tätigkeit, die wenig Fähigkeiten erfordern, langweilen. Er wird fühlen, dass er seine Lebenszeit verschwendet und eine solche Tätigkeit sicher nicht mit Freude und – wenn überhaupt – nur des Geldes wegen ausüben.

Ich sah einmal einen sehr bewegenden Film, an dessen Titel ich mich nicht mehr erinnere, dessen Inhalt aber das Gesagte verdeutlichen mag. Der Film handelte von einem Menschen, der nicht besonders begabt zu sein schien und der gerne Busfahrer werden wollte. Dieser Beruf, den viele wohl eher als langweilig ansehen würden, war für den Hauptdarsteller des Films ein Traumberuf. Der Film

---

[40] Im Grunde kann man das Gesagte dem deutschen Wort „Glückseligkeit" entnehmen, in dem die Wörter „Glück" und „Seele" kombiniert werden. Die Glückseligkeit ist der Zustand, in dem die Seele glücklich ist.

beschreibt auf bewegende Weise, welchen Lernprozess der angehende Busfahrer durchmachen musste, bis er endlich Busfahrer werden konnte; denn für ihn stellte die Tätigkeit des Busfahrers eine enorme Herausforderung dar. Am Ende gab es ein Happy End, und der Film zeigt, wie der Hauptdarsteller nun als Busfahrer überglücklich seinem neuen Beruf nachgeht. Er ist glücklich, weil er fühlt, der Gesellschaft einen wertvollen Dienst zu leisten. Ähnliche Situationen wie die im Film dargestellte finden wir sicherlich in unserer Umgebung. Das Beispiel zeigt, dass auch an Aufgaben, die viele nur ungerne ausüben würden, sich andere selbst verwirklichen können. Auch mit simplen Aufgaben leistet man einen wertvollen Beitrag zum Wohle aller. Allerdings nur, **wenn man für diese Tätigkeit geschaffen wurde**. Wer ein Talent zum Heilberuf hat, sollte nicht Busfahrer werden, um bei dem Beispiel zu bleiben. Denn dann kann er nicht nur seine Talente nicht einsetzen, sondern nimmt anderen Menschen, die für den Beruf des Busfahrens geschaffen wurden, ihren Job weg. Das wäre nicht nur im ökonomischen Sinn eine Fehlallokation von Ressourcen. Vielmehr würden zwei Personen dadurch unglücklich. Der Mensch mit dem Talent zum Heilberuf wäre unglücklich, weil er fühlt, wie er seine Lebenszeit verschwendet. Der Mensch, der gerne Busfahrer geworden wäre, wäre unglücklich, weil seine Stelle besetzt ist.

### 10.5.4   Die gelebte Nächstenliebe als Verwirklichung der Freiheit

Möglicherweise trägt die Erkenntnis, dass wir unsere Talente zum Wohle aller einsetzen sollten, auch zur Verwirklichung der Freiheit bei. Freiheit, so lernen wir bei Kant, ist die Unabhängigkeit von eines anderen nötigender Willkür (Kant 1868a, S. 34). Das bedeutet auch, dass die Freiheit des anderen nicht durch meine eigene nötigende Willkür beschränkt werden sollte. Das wiederum bedeutet, dass wir eben nicht eine Arbeitsstelle besetzt halten sollten, für die andere besser geschaffen ist. Dass die Verwirklichung der Freiheit hiermit zusammenhängt, können wir intuitiv nachvollziehen, wenn wir uns vergegenwärtigen, dass Freiheit nicht von äußeren Umständen abhängt. Beispielsweise ist jemand, der den ganzen Tag im Büro sitzt, womöglich weniger an der frischen Luft als mancher Gefängnisinsasse. Dennoch muss sich diese Person nicht unbedingt unfrei fühlen, nämlich dann nicht, wenn die Person gerne an ihrem Arbeitsplatz sitzt und fühlt, mit ihrer Arbeit einen wertvollen Beitrag zu leisten. Andererseits fühlt sich ein Arbeiter, der auf dem Land an der frischen Luft arbeitet, evtl. weniger frei als jemand der den ganzen Tag eingeschlossen im Büro sitzt, wenn ihm nämlich seine Arbeit nicht gefällt und er sich gezwungen fühlt, sie auszuüben, um zu überleben. Der Unterschied zwischen einem Sklaven und einem Freien ist der, dass der Freie seine Arbeit *frei*willig und nicht nur des täglichen Broterwerbs wegen vollrichtet.[41]

### 10.5.5 Weniger „Sinnkrise", weniger „Ellenbogengesellschaft"

Wenn wir diesen Sinn in unserem Leben erkennen, werden einige beklagenswerte Charaktereigenschaften unseres jetzigen Lebensstils vermutlich ganz von selbst verschwinden. Dass wir in einer so genannten „Individual- oder Ellenbogengesellschaft" leben, in der viele nur an sich selbst denken und Mitmenschen, wo es nur geht, sinnbildlich mit dem Ellbogen zur Seite drängen, um selbst besser nach vorne zu kommen, ist **keine Nebenwirkung des Wettbewerbs**, wie einige meinen (Traverso 2015, S. 31). Die „Ellbogengesellschaft" kommt vielmehr daher, dass Menschen nicht erkennen, dass ihr Lebensziel darin bestehen sollte, anderen zu dienen, und nicht darin, möglichst viel Vermögen anzuhäufen. Schließlich kann man nicht Gott, also der Liebe (1. Joh. 4,8), und dem Gelde dienen (Matt. 6,24). Wenn man das erkannt hat, dann macht egoistisches Verhalten wenig Sinn. Es gäbe dann keine Menschen, die hauptberuflich als Spekulanten arbeiten oder von Zinseinnahmen leben; denn damit leistet man nicht nur keinen Beitrag zum Wohle anderer, sondern bereichert sich sogar auf deren Kosten, wie oben ausführlich dargelegt wurde. Selbst die nebenberufliche Anlage von Überschüssen in verzinsten Geldanlagen gäbe es nicht; jedenfalls dann nicht, wenn Ökonomen ihrer Pflicht nachkämen und Menschen über die volkswirtschaftliche und moralisch-ethische Problematik des Geldzinses aufklärten. Weil die meisten das aber eben nicht erkennen, brauchen wir, wie oben dargelegt wurde, einen funktionsfähigen Wettbewerb und vor allem eine Geldreform, die unseren Egoismus und die damit zusammenhängenden Untugenden begrenzt.

Auch die Gier nach immer mehr Geldeinheiten bei Menschen, die ohnehin Einkommen verdienen, die sie im Leben nicht sinnvoll ausgeben können, lässt sich eigentlich nur so erklären, dass diesen Menschen ihre Arbeit nicht gefällt. Ihre Intuition sagt ihnen, dass sie dabei sind, ihre Lebenszeit zu verschwenden. Am

---

[41] Das Gesagte soll aber nicht bedeuten, dass Arbeit, bei der man seine Talente einsetzt, nicht auch mühselig und anstrengend sein kann (anders aber Traverso 2015, S. 44, 115 f.). Sicherlich geht eine Tätigkeit, für die man talentiert ist und bei der man zudem spürt, einen besonderen Beitrag zu leisten, leichter von der Hand als irgend eine x-beliebe Tätigkeit, die man nur des Gelderwerbs wegen tut. Dennoch kann auch die geliebte Tätigkeit sehr an unserer Substanz zehren. Und genau deshalb gehen einige davon aus, dass die Arbeit dem Menschen Würde gibt (mit weiteren Nachweisen vgl. Fernández Carvajal 1987, S. 127 f.; Escrivá de Balaguer 2010, S. 118).

liebsten würden sie gar nicht arbeiten gehen. Weil sie nur des Gelderwerbs wegen arbeiten, ist jeder Verdienst im Grunde nicht genug. Kein Verdienst der Welt kann verlorene Zeit wieder gutmachen. Geldverdienen wird damit zu einer Art Droge, deren Dosis regelmäßig deutlich erhöht werden muss, damit sich erneut ein kurzfristiges Glücksempfinden einstellt, dass das Gefühl der Zeitverschwendung ausgleicht.

### 10.5.6 Eine Ökonomie der Nächstenliebe wäre eine Ökonomie des Vertrauens

Die Mittelmäßigkeit und vor allem die Faulheit sind bekannte Untugenden (Fernández Carvajal 1987, S. 127). Diese kommen möglicherweise daher, dass viele Menschen eine Tätigkeit lediglich zum Broterwerb ausüben und dieser Tätigkeit nicht ohne Verdienst nachgehen würden. Weil sie nur des Gelderwerbs wegen arbeiten, wird auch nur so viel getan, wie gerade notwendig ist, um nicht den Job zu verlieren. Solange der Aufseher nicht dahinter steht, wird in Chile – wo die Mittelmäßigkeit von Entscheidungsträgern immer wieder beklagt wird – häufig nicht gearbeitet. Auch liegt dieses Verhalten offenbar nicht am niedrigen Gehalt. Ein gutes Gehalt bewegt kaum dazu, die Arbeit gewissenhafter auszuführen, wenn man keine Freude bei der Verrichtung der Arbeit empfindet. Diese Mittelmäßigkeit findet sich nicht bei Menschen, die ihre Arbeit mit Freude ausführen. Hier möchte ich ein Beispiel anführen. Ich kenne einen Handwerker, der bisher alle Aufträge besser ausgeführt hat, als ich das erwartet hätte. Kontrolle ist bei ihm nicht notwendig. Ich kann mich auf ihn verlassen und vertraue ihm sogar so sehr, dass ich noch nicht einmal den Preis im Vorhinein aushandle, was man nicht nur in Chile normalerweise tun sollte. Ich kann mich bei ihm darauf verlassen, dass er mir einen angemessenen Betrag in Rechnung stellen wird, wenn ich ihn mit einer Aufgabe beauftrage. Wo liegt der Unterschied zu anderen Arbeitern? Man spürt schnell, dass dieser Handwerker seine Arbeit liebt, dass er seinen Kunden gerne einen wertvollen Dienst erbringt und die Arbeit nicht nur des Gelderwerbs wegen ausführt. Übereinstimmend hiermit erzählte er mir einmal, dass ihm ein positives Feedback seiner Kunden wichtiger sei als der Verdienst in Geldeinheiten.

Wenn alle Menschen so gewissenhaft – und vor allem mit Liebe – ihre Arbeit ausführen würden, wäre Kontrolle nicht mehr notwendig. Das altbekannte Motto „Vertrauen ist gut, Kontrolle aber besser" würde sich ins Gegenteil verkehren. Eine Ökonomie der Nächstenliebe wäre daher auch eine **Ökonomie des Vertrauens**. Übrigens geht es dem erwähnten Arbeiter auch ökonomisch gut, obwohl er über keinen Ausbildungsabschluss verfügt. Er bekommt dennoch immer wieder große

Aufträge, baut ganze Häuser, weil es sich herumgesprochen hat, dass er gute Arbeit für gutes Geld ausführt. Er macht zudem einen glücklichen Eindruck. Es bestätigt sich also, was ich oben bereits herausgestellt habe: Derjenige, der dem Nächsten dient, indem er seine Arbeit mit Liebe ausführt, dient letztlich damit auch sich selbst.

## 10.5.7  Ein völlig neues Unternehmertum wäre möglich

Unternehmern, die verstanden haben, dass Geldverdienen kein Selbstzweck ist und dass es ihre Aufgabe ist, durch ihre Produkte und Dienstleistungen einen Beitrag für die Gesellschaft zu leisten, werden sich anders verhalten, als es die meisten Unternehmen heute tun. Ein Unternehmen, das dies verstanden hat, ist eine Firma in Chile, die Mineralwasser verkauft. Auf der Rückseite der Flasche wird dem Käufer versichert, dass 100 % des Gewinns an gemeinnützige Organisationen gespendet werden. Deswegen heißt das Wasser „*Late*". Das steht verkürzt für „*late tu corazón*" (es schlägt Dein Herz). Immer, wenn man einen Schluck trinkt, so schlüge das Herz höher, weil man fühle, dass man mit dem Konsum dieses Wasser zugleich wohltätig sei, so die Erklärung auf dem Etikett der Flasche. Auf der Website des Unternehmens wird erklärt, dass bis heute knapp 600.000 € gespendet wurden. Dieses Unternehmenskonzept klingt für mich sehr interessant. Dass alle Überschüsse gespendet werden, muss auch nicht heißen, dass die Eigentümer gänzlich kostenlos arbeiten (was sie im Falle von *Late* laut Angaben auf der Website übrigens tun). Der Nächstenliebe widerspricht es nicht, wenn sich die Eigentümer ein angemessenes Gehalt zahlen, solange alle weiteren Überschüsse in das Unternehmen reinvestiert oder gespendet werden. Könnten nicht alle Unternehmen so arbeiten? Theoretisch ja – jedenfalls dann, wenn sie erkannten, dass der Sinn ihres Seins darin besteht, mit ihren Produkten einen Beitrag zum Wohle der Gesellschaft zu leisten. Ein solcher Unternehmer wäre ja froh, wenn andere seine Produkte abnehmen; denn dafür hat er sie ja unter Ausnutzung seiner Talente hergestellt. Wenn am Jahresende ein Überschuss übrig bleibt, so würde ein solcher Unternehmer die Überschüsse spenden und im nächsten Jahr evtl. die Löhne seiner Angestellten erhöhen oder die Preise seiner Produkte senken. Das wäre wahrhaftig gelebte *Corporate Social Responsibility*.

Bisher war ich überzeugt gewesen, dass die Unternehmensrechtsform der Genossenschaft im Vergleich zu anderen Rechtsformen viele Vorteile mit sich bringt. Da die Mitarbeiter zugleich Eigentümer sind, ist nicht nur jeder Mitarbeiter am Unternehmensgewinn beteiligt, sondern hat auch einen besonderen Anreiz, seine Arbeit gewissenhaft auszuführen. Wenn allerdings Unternehmer so denken wie die

Gründer der Firma „Late", so ist die Rechtsform, nach der das Unternehmen gegründet ist, irrelevant. Ein solcher Unternehmer würde freiwillig hohe Sicherheitsstandards einhalten, auch wenn das Gesetz diese nicht vorschreibt. Beispielsweise gibt es in Chile keine Vorschrift, dass Küchen-Gasherde mit einem in Deutschland schon seit 50 Jahren üblichen Sicherheitsmechanismus ausgestattet sein müssen, der verhindert, das Gas ausströmt, wenn keine Flamme brennt. Obwohl ein solcher Mechanismus dem Hersteller sicher nicht mehr als einige Euros kostet, werden in Chile bis heute Gasherde ohne einen solchen Mechanismus ausgeliefert, und immer wieder kommt es zu schweren Unfällen. Es gibt tatsächlich keine einzige Herstellerfirma, die Gasherde mit einem solchen Schutzmechanismus ausstattet. Selbst die europäischen Hersteller bieten in Chile ihre Gasherde ohne diesen Schutzmechanismus an. Ein Unternehmer, der den Sinn seines Unternehmens nicht bloß im Geldverdienen sieht, würde diesen Mechanismus einbauen, auch wenn dadurch seine Gewinnmarge um einige Euro geringer ausfiele.

Ein solcher Unternehmer würde selbstverständlich auch keine marktbeherrschende Position ausnutzen, so er denn eine innehätte, oder sich gar mit Konkurrenten absprechen, um höhere Preise durchzusetzen. Solches Verhalten machte wenig Sinn, wenn man den Sinn und Zweck seines Seins in der Nächstenliebe sieht. Der Unternehmer wäre im Gegenteil bemüht, seine Produkte eher zu niedrigen als zu hohen Preisen anzubieten; möchte er doch mit ihnen einen Beitrag zum Wohle seiner Kunden leisten. Wenn ich beispielsweise ein Talent habe, besonders leckere Kuchen zu backen, so freue ich mich doch, wenn diese den Kunden meiner Konditorei schmecken und möglichst viele Menschen davon probieren. Gesetze zum Schutze des Wettbewerbs wären also nicht mehr notwendig, wenn alle Unternehmer so denken würden. Diese Erkenntnis stimmt mit der Erkenntnis aus Abschn. 10.4 überein, dass funktionierender Wettbewerb unseren Egoismus einschränkt, weil er uns zwingt, gute Produkte zu guten Preisen anzubieten. Gesetze zum Schutze des Wettbewerbs, die einen solchen funktionierenden Wettbewerb herzustellen suchen, wären folglich nicht notwendig, wenn alle dem Gebot der Nächstenliebe folgen würden. Eine solche Marktwirtschaft würde wahrhaftig den Menschen dienen, weil sie ihnen den Freiraum gäbe, sich gegenseitig zu dienen. Dies wäre wahrhaftig eine **Ökonomie der Nächstenliebe**.

### 10.5.8  Braucht eine Ökonomie der Nächstenliebe eine Geldreform?

Wettbewerbsschutzgesetze wären also zur Verwirklichung einer Ökonomie der Nächstenliebe nicht unbedingt notwendig, jedenfalls dann nicht, wenn die Mehrheit der Menschen die oben beschriebene Erkenntnis hätte. Notwendig wäre aber wahrscheinlich **dennoch** eine Reform des Geldwesens. Auch wenn wir unser Bewusstsein wie oben dargestellt änderten, werden wir kaum eine Neue Ökonomie basierend auf der Nächstenliebe errichten, solange wir zu Wachstum gezwungen sind, solange Schulden und Vermögen im Gleichschritt wachsen *müssen*. Niemand möchte gerne die Umwelt zerstören. Doch wenn man vor die Entscheidung gestellt wird, einen Baum zu fällen oder aber seine Arbeitsstelle zu verlieren, so werden die meisten den Baum fällen. Und zwar auch dann, wenn wir uns durchaus bewusst sind, dass, wenn alle dieselbe Entscheidung treffen, es auf der Erde bald keinen Wald mehr geben wird.

Zwar könnte man nun argumentieren, dass mit einem entsprechenden Bewusstseinswandel der Gesellschaft eine Änderung des Geldsystems nicht mehr notwendig wäre. Schließlich würde jemand, der verstanden hat, dass Geldverdienen kein Selbstzweck ist, auch nicht von Zinsen oder Spekulationsgewinnen leben, da er damit ja keinen eigenen Beitrag zur Welt leistet. Er würde idealerweise noch nicht einmal Überschüsse seiner produktiven Arbeit in verzinste Geldanlagen stecken, da er sich damit ja wie oben dargestellt auf Kosten anderer bereichert, vorausgesetzt dass er dies verstanden hätte, wozu freilich noch viel Aufklärungsarbeit notwendig ist. Was man aber ohne Geldreform nicht verhindern kann, ist, dass Menschen Überschüsse für später zurücklegen möchten. Das Sparen – die Vorliebe für Liquidität (vgl. Keynes 1936, S. 136 ff., 139 f.) – ist wie eingangs erwähnt ein Trieb, der dem Menschen wie auch Tieren angeboren ist und der in der Natur auch durchaus Sinn macht. **Diesen Trieb haben wir mit und ohne Bewusstseinswandel.** In der Natur wird dieser Trieb durch die Verderblichkeit allen Irdischen gebremst. Das Geld aber scheint dieser Vergänglichkeit entzogen (vgl. Gesell 1949, S. 237). Das Horten großer Geldbeträge bewirkt, dass der Wirtschaftskreislauf zum Erliegen kommt. Obwohl Menschen ihre Produkte und Dienstleistungen austauschen möchten, kommt wenig Handel zustande, wenn das Umlaufmittel im Wirtschaftskreislauf fehlt.

Eine Geldreform wäre allerdings tatsächlich dann nicht notwendig, wenn unser Bewusstseinswandel so weit fortgeschritten wäre, dass wir erkännten, dass wir nicht nur keine Zinsen erheben, sondern auch keine größeren Beträge horten sollten. Tatsächlich entspricht der Natur nämlich nur das Horten von Lebensmitteln für den nächsten Winter, in Geldeinheiten gemessen also recht überschaubare Beträge. Das Horten solcher Beträge würde den Wirtschaftskreislauf vermutlich nicht zum Erliegen bringen. Das Horten großer Summen ist dagegen unnatürlich und **Ausdruck von mangelndem Gottvertrauen.** CHRISTUS riet seinen Jüngern sogar, alles Vermögen an die Armen zu verschenken und ihm nachzufolgen (Luk. 18,22; Mark. 10,21; Matt. 19,21). An anderer Stelle erklärte er, dass man keine Angst

vor der Zukunft zu haben brauche. Ebenso wie Gott den Vögeln zu essen gibt, so
würde er auch die Menschen nicht verhungern lassen (Luk. 12, 24; Matt. 6, 26).
Diese Parabel ist nicht etwa ein Aufruf zum Müßiggang oder dazu, nicht mehr
arbeiten zu gehen. Schließlich lehrt uns die Heilige Schrift auch, dass, wer nicht
arbeiten will, auch nicht essen soll (2. Thess, 3,10). Vielmehr soll damit ausgedrückt werden, dass, wenn jemand seiner täglichen Arbeit nachgeht, er sich nicht
um sein Auskommen zu kümmern brauche. Die Parabel könnte indirekt als Aufruf
interpretiert werden, nicht eine Arbeitsstelle anzunehmen, nur weil sie besonders
lukrativ vergütet wird, sondern eine mit der man einen besonderen Beitrag für die
Gesellschaft leisten kann. Wenn die Mehrheit der Menschen solch ein Gottvertrau-
en hätte und eben nicht nur keine Zinsen erheben, sondern auch erkennen würde,
dass wie übrigens auch schon Aristoteles (1995b, S. 78 f.) lehrt, Geiz eben nicht
„geil" ist, anders als uns ein Elektronikhändler das glaubhaft machen möchte, sondern dass der Rubel rollen und der Taler wandern muss, dann wäre tatsächlich
keine Geldreform notwendig.

## 10.5.9  Eine Geldreform könnte zum Bewusstseinswandel beitragen

Andererseits kann uns eine Reform des Geldsystems selbst dann, wenn wir noch
weit von einem solchen Verständnis des Lebenssinns entfernt sind, in die richtige Richtung lenken. In einem Silvio Gesellsschen Freigeldsystem wäre es nicht
möglich, langfristig größere Geldbeträge zu horten. Überschüsse müssten produktiv investiert oder aber zinsfrei verliehen werden[42]. In einem solchen Geldsystem
machte es daher weniger Sinn, eine Arbeitsstelle nur deshalb anzunehmen, weil
man dort besonders viel Geld verdient. Auf ganz natürliche Weise würde eine solches natürliches Geld, das wie reale Güter an Wert verliert, wenn man es lange
hortet, unseren Drang, materiellen Wohlstand in Form von Geldeinheiten aufzubewahren, begrenzen. Wenn ich ohnehin keine großen Mengen an Geld horten kann,
verringert dies den Reiz einer besonders gut bezahlten Stellung, wenn ich diese
nur der Bezahlung wegen annehmen würde. Ein Silvio Gesellsches Freigeldsystem fördert so, dass Menschen sich einen Beruf aussuchen, in dem sie zunächst
vielleicht weniger Geld verdienen, dafür aber spüren, dass sie mit ihren Produkten

---

[42] Natürlich kann man auch in einem Freigeldsystem Geld realwirtschaftlich investieren und
so für die Zukunft vorsorgen. Aber eine einfache Hortung von Überschüssen, die sich zudem
risikolos vermehren, ist nicht möglich (vgl. hierzu bereits Fuders 2009a, S. 137 f.; vgl. Fuders
2010a, S. 54 f.; vgl. Fuders und Max-Neef 2014b, S. 175 f.).

oder Dienstleistungen einen Beitrag zum Wohle aller leisten. Die Reform unseres Geldwesens ist damit nicht nur notwendig, um die vielen unserem Geldsystem innewohnenden negativen Auswirkungen zu vermeiden, sondern würde auch einen wesentlichen Beitrag zur Verwirklichung der Nächstenliebe leisten, selbst dann wenn wir noch gar nicht begriffen haben, dass dies der Sinn des Lebens ist. Eine Geldreform fördert also eine Marktwirtschaft, in der nicht das Anhäufen von Geld, sondern der Wunsch, zum Wohle aller etwas beitragen zu können, Triebfeder unseres Handelns ist.

## 10.5.10 Auch ein BGE könnte zum Bewusstseinswandel beitragen

Neben der Geldreform könnte auch eine Grundsicherung in Form eines Bedingungslosen Grundeinkommens (BGE) Teil einer solchen Ökonomie der Nächstenliebe sein[43]. An dieser Stelle soll nicht darüber debattiert werden, ob ein solches BGE finanzierbar wäre oder nicht[44]. Vielmehr soll darauf hingewiesen werden, dass, wenn es finanzierbar wäre, es durchaus Vorteile hätte, und zwar nicht nur wegen des regelmäßig angeführten Verteilungsaspektes, sondern insbesondere auch, um Menschen dazu zu veranlassen, einer Tätigkeit nachzugehen, die ihren Talenten entspricht, auch wenn diese zunächst nicht oder nur schlecht bezahlt wird. Heute ist es vielen Menschen kaum oder gar nicht möglich, ihren Beruf frei zu wählen, weil die Lebenshaltungskosten, die Steuern, die Zinslast zu hoch sind, als dass wir uns den Luxus leisten könnten, unser Hobby zum Beruf zu machen. Man wählt nicht den Beruf, der einem am besten liegt, sondern den, der vermeintlich am meisten an Geldeinheiten einbringt. Dabei sind es nicht (nur) die Gier und fehlende Nächstenliebe, die uns zu diesem Verhalten veranlassen, sondern auch die Angst, die Lebenshaltungskosten anderenfalls nicht tragen zu können. Insbesondere in Entwicklungsländern, in denen die stetig wachsende Ungleichheit nicht durch üppige Sozialsysteme abgefedert wird, haben viele kaum eine Wahl, ihren Beruf frei zu wählen.

---

[43] Das Konzept des Bedingungslosen Grundeinkommens wird bereits seit den Sechzigerjahren des letzten Jahrhunderts diskutiert (vgl. Theobald 1967) und ist in Deutschland insbesondere durch Veröffentlichungen von Götz Werner wiederbelebt worden (vgl. Kröger 2005).

[44] Eigentlich müsste das BGE aber finanzierbar sein. Die arbeitende Bevölkerung, die mit erhöhter Steuerlast dieses zu finanzieren hätte, würde eben genau so viel vom Staat als BGE zurückbekommen, wie ihre Steuerlast stiege. Netto würde die Abgabenlast der Bürger also nicht steigen.

Das BGE ist eine Grundsicherung, die unabhängig vom Vermögen und Einkommen gezahlt wird. Es verringerte die Angst eines Arbeitssuchenden, dass mit der gewünschten, den Talenten entsprechen Tätigkeit das Auskommen nicht gewährleistet sein könnte. Gibt es ein BGE, so wird ein Arbeitssuchender eher gewillt sein, einer Tätigkeit nachzugehen, die zwar zunächst schlecht oder vielleicht gar nicht bezahlt wird, bei der er aber fühlt, dass er einen besonderen Beitrag zur Gesellschaft leistet, da er ja immer noch das BGE erhält. Eine ähnliche Funktion übt zwar auch das deutsche Arbeitslosengeld II (ALG II) aus. Dennoch hat das BGE gegenüber dem ALG II Vorteile. Ein ALG-II-Empfänger muss, wenn er eine Arbeitsstelle findet, diese dem Arbeitsamt angeben, und der selbst verdiente Betrag wird von der Sozialleistung abgezogen. Er hat folglich, wenn er den oben beschriebenen Sinn in seinem Leben noch nicht erkannt hat, wenig Anreiz, überhaupt nach einer Stellung Ausschau zu halten, die nicht wenigstens einen Verdienst in Höhe des ALG II in Aussicht stellt. Dass er entdecken könnte, an einer Arbeit Freude zu haben, wird jedenfalls nicht gefördert. Ein BGE hätte zudem psychologische Vorteile. Menschen, die keine Arbeit gefunden haben, brauchen nicht mehr als Bittsteller auftreten; denn das, was sie als Sozialleistung erhalten, würden ja auch alle anderen erhalten. Umgekehrt würden sich die „Leistungsträger" der Gesellschaft, die mit hohen Sozialabgaben jeden Monat belastet werden, nicht mehr so sehr ausgenutzt vorkommen, da sie selbst ja auch Leistung bezögen. Der Staat könnte viel Verwaltungsaufwand einsparen, da er nun nicht mehr kontrollieren müsste, ob die Leistungsempfänger auch wirklich arbeitsunwillig sind. Im Grunde würden die Arbeitsämter überflüssig.

Übrigens philosophierte schon Platon über eben dieses Thema und baute es in seine Gerechtigkeitstheorie ein. Platon befand, dass Gerechtigkeit herrscht, wenn jeder das „Seinige tut und sich nicht in vielerlei mischt" (Platon 2011, S. 332 ff.)[45], wenn jeder Mensch nur die Dinge verrichtet, wozu er sich seiner Natur nach am „geschicktesten eignet" (Platon 2011: 333). Der Staat hätte dafür Sorge zu tragen, dass jeder seine Aufgabe nach seinen Fähigkeiten wahrnimmt und sich nicht in fremde Zuständigkeiten einmischt. In diesem Sinne könnte man es als Aufgabe des Staates betrachten, neben einer Geldreform ein Bedingungsloses Grundein-

---

[45] Interessant ist, dass dies für Platon mit der Gerechtigkeit zusammenhängt. Tatsächlich kann man den Gerechtigkeitsaspekt auch aus der Bibel ableiten. Gott ist gerecht (Psalm 116, 5). Gott ist aber auch Liebe (1. Joh. 4,7). Der Verstoß gegen die Nächstenliebe ist damit ein Verstoß gegen die Gerechtigkeit. Weil das Einsetzen der Talente zum Wohle aller als Teil der Verwirklichung der Nächstenliebe angesehen werden kann, ist das Ausüben einer beliebigen Tätigkeit nur des Geldverdienstes wegen, und bei der nicht die besonderen Fähigkeiten und Talente genutzt werden, ein Verstoß gegen die Nächstenliebe und damit gegen die Gerechtigkeit.

kommen einzuführen und Schülern bereits in der Schule beizubringen, dass das Geldverdienen kein Selbstzweck ist.

## 10.5.11  Fazit: Wirtschaftliche Effizienz ohne Wettbewerbsdruck ist möglich

Das Gebot zur Nächstenliebe bedeutet nicht nur, armen Menschen aus ihrer Not zu helfen, ab und zu Geld zu spenden oder die zehn Gebote einzuhalten. Nächstenliebe kann **tagtäglich** auch durch unsere Arbeit gelebt werden. Wir dienen einander, indem wir unsere Talente einsetzen. Wenn wir dagegen eine Tätigkeit ausüben, die nicht unseren Talenten entspricht, so tragen wir nicht nur keinen besonderen Dienst am Wohlergehen der Gesellschaft bei. Wir schaden anderen sogar, weil wir eine Arbeitsstelle besetzt halten, für die andere Menschen möglicherweise ein größeres Talent haben und sich hier selbst verwirklichen könnten. Wenn alle Menschen begreifen würden, dass es darauf ankommt, die Talente einzusetzen, und der Sinn einer beruflichen Tätigkeit nicht nur darin besteht, Geld zu verdienen, so erreichten wir vermutlich **große wirtschaftliche Effizienz,** ohne dass Wettbewerbsdruck dazu notwendig wäre. Freiwillig würden alle Menschen bestmögliche Produkte zu bestmöglichen Preisen anbieten. Die meisten Gründe für Marktversagen gäbe es nicht. Dies wäre eine wahrhaftige Ökonomie der Nächstenliebe, eine Ökonomie in der Menschen einander dienen. Menschen werden glücklich, weil sie spüren, dass sie einen besonderen Beitrag zum Wohle aller leisten, was ihrem Leben einen Sinn gibt. Wenn wir also nicht irgendeiner beliebigen Tätigkeit nachgehen, sondern derjenigen, in der wir unsere Talente optimal einsetzen, dienen wir dem Nächsten und schlussendlich sogar uns selbst. Voraussetzung hierfür ist aber eine Geldreform, die bewirkt, dass das Tauschmedium Geld nicht unbegrenzt hortbar ist. Auch eine 180-Grad-Wendung unseres Bewusstseins würde aller Wahrscheinlichkeit nach nicht den natürlichen Trieb des Hortens bremsen.

## 10.6  Zusammenfassung

Transzendentales Problem unserer Wirtschaftsordnung ist unser völlig unnatürliches Geld, das anders als reale Produkte beliebig hortbar ist. Der Drang, für schlechtere Zeiten etwas zurück zu legen, wird nicht gebremst. Das führt letztlich dazu, dass wir Zinsen zahlen, durch welche das Geld in Fluss gehalten und Deflation vermieden wird. Der Geldzins aber bringt die großen volkswirtschaftlichen wie auch ethisch-moralischen Probleme mit sich. Unser unnatürliches Geld

ist wohl der wichtigste Grund für Marktversagen. Dies wird in der Wirtschaftswissenschaft heute überwiegend nicht erkannt, weil nicht mehr zwischen Geld
und Kapital unterschieden wird. Geld wird wie Kapital als Produktionsfaktor, als
Ressource betrachtet, weshalb auch nicht erkannt wird, dass der Geldzins kein
realwirtschaftlicher Gewinn ist. Aus diesem Grunde wird nicht verstanden, dass
der Geldzins Guthaben (und Schulden) **unabhängig von der realen Wirtschaftsleistung** einer Volkswirtschaft wachsen lässt, weshalb Finanz- und Realwirtschaft
nach und nach beginnen, sich voneinander abzukoppeln. In Folge rennt die Realwirtschaft der Finanzwirtschaft, die mit dem Zins- und Zinseszins den Takt vorgibt,
sprichwörtlich hinterher.

Das Problem unserer Wirtschaftsordnung ist nicht der Markt oder der Wettbewerb, wie zuweilen behauptet wird, sondern die Tatsache, dass die Wettbewerbswirtschaft durch den mit dem Zins einhergehenden Wachstumszwang pervertiert
wird. Würden wir unser Geld so abändern, wie es Silvio Gesell einst vorgeschlagen hatte, und würden wir zudem darauf achten, dass der Staat seiner Rolle als
Hüter des Wettbewerbs nachkommt und Marktmachtmissbrauch, Kartelle und unlauteren Wettbewerb effektiv bekämpft, so könnte es die „unsichtbare Hand" Adam
Smiths tatsächlich geben. Die positiven Eigenschaften des Wettbewerbs kommen
nicht, wie irriger Weise in einigen Lehrbüchern der ökonomischen Theorie dargestellt wird, durch, sondern trotz unseres Egoismus zustande. Der Wettbewerb
zwingt uns, gute Produkte zu guten Preisen anzubieten, uns also so zu verhalten,
als ob wir den Nächsten lieben würden. Wenn dieser Mechanismus nicht durch
unser Geld pervertiert wird, wird es weder Inflation, noch Deflation, noch große
Spekulationsblasen geben, und jeder würde den Betrag verdienen, der den Opportunitätskosten seiner eingesetzten Produktionsfaktoren entspricht. Man könnte
sagen, jeder würde das verdienen, was er seiner Leistung nach verdient zu verdienen. Produktive Arbeit wäre die Quelle der meisten Werte.

Zuletzt wurde ein Modell einer **Ökonomie der Nächstenliebe** skizziert. Wenn
wir erkennen würden, dass der Sinn des Lebens nicht im Geldverdienen besteht,
sondern darin, durch unsere Talente einen Beitrag zum Wohle aller zu leisten, und
dass dies zur Verwirklichung der von Gott geforderten Nächstenliebe gehört, so
wäre kein Wettbewerb notwendig, um uns zu einem der Nächstenliebe entsprechenden Verhalten zu bewegen. Wir würden ganz von selbst gute Produkte zu
guten Preisen anbieten und uns freuen, wenn die Abnehmer einen Nutzen erfahren,
wenn also den Abnehmern unser Produkt gefällt. Dies machte uns glücklich und
frei. Solange wir aber den hierfür notwendigen Bewusstseinswandel noch nicht
durchgemacht haben, solange brauchen wir einen Staat, der für einen funktionsfähigen Wettbewerb sorgt und mit einer Geldreform nach Silvio Gesell das Geld in
Fluss hält.

# Literatur

Anderson E S (2000) Warum eigentlich Gleichheit? In Krebs A (Hrsg.) Gleichheit oder Gerechtigkeit. Suhrkamp. Frankfurt am Main, S. 117–171

Aristoteles (1995a) Politik, 1. Buch. In Meiner F (Hrsg.) Aristoteles Philosophische Schriften in sechs Bänden. Band 4. Felix Meiner Verlag. Hamburg

Aristoteles (1995b) Nikomachische Ethik. In Meiner F (Hrsg.) Aristoteles Philosophische Schriften in sechs Bänden. Band 3. Felix Meiner Verlag. Hamburg

Azkarraga J, Max-Neef M, Fuders F, Altuna L (2011) La Evolución Sostenible II – Apuntes para una salida razonable. Lanki (Mondragón Unibertsitatea). Eskoriatza

Baddeley AD (1986) So denkt der Mensch. Droemer-Knaur. München

Beattie A (2010) Zoellick seeks gold standard debate. Financial Times v. 7.11.2010

Benedicti XIV (1854) Enzyklika „Vix pervenit" ad italiae episcopos de usura 1 Nov 1745. In Henricus Denzinger (Hrsg.) Enchiridion symbolorum et definitionum – quae in rebus fidei et morum a conciliis oecumenicis et summis pontificibus emanarunt in auditorum usum. Stahel. Würzburg

Binswanger H C (1985) Geld und Magie – Deutung und Kritik der modernen Wirtschaft anhand Goethes Faust. Edition Weitbrecht. Stuttgart

Bleischwitz R (1998) Ressourcenproduktivität – Innovationen für Umwelt und Beschäftigung. Springer. Berlin-Heidelberg

Blume G (2010) Selbstmord einer großen Idee. Zeit-Online vom 23.11.2010

Bogdanoff A (1925) A short course of economic science, 2. Aufl. 1923. Communist Party of Great Britain. London

Böhm F (1961) Demokratie und ökonomische Macht. In Institut für ausländisches und internationales Wirtschaftsrecht, der J.-W.-Goethe-Universität, Frankfurt (Hrsg.), Kartelle und Monopole im modernen Recht. Müller. Karlsruhe

Brockhaus-Enzyklopädie, Bd. 24. 19. Aufl. Bibliographisches Institut & F. A. Brockhaus. Mannheim

Bubner R (1995) Gerechtigkeit herrscht, wo jeder das Seinige tut. In Fischer P (Hrsg.) Freiheit oder Gerechtigkeit – Perspektiven politischer Philosophie. Reclam. Leipzig, S. 176–193

Buiter W, Panigirtzoglou N (2003) Overcoming the Zero Bound on Nominal Interest Rates with Negative Interest on Currency – Gesell's Solution. The Economic Journal 113 490: 723–746

Cicero M T (2002) De officiis. In Horn C (Hrsg.) Philosophie der Gerechtigkeit. Texte von der Antike bis zur Gegenwart. Suhrkamp. Frankfurt am Main, S. 79–87

Copeland T, Weston J, Shastri K (2008) Finanzierungstheorie und Unternehmenspolitik. Konzepte der Kapitalmarkorientierten Unternehmensfinanzierung, 4. Aufl. Pearson. München

Creutz H (1993) Das Geldsyndrom. Wege zu einer krisenfreien Marktwirtschaft. Wirtschaftsverlag Langen Müller/Herbig München

Creutz H (2016): http://www.helmut-creutz.de/grafiken.htm. Abgerufen am 23.03.2016

Cuadrado Roura J R, Mancha T, Villena J E, Casares J, Gonzáles M, Marín J M, Peinado M L (2006) Política Económica – Elaboración, objetivos e instrumentos, 3. Aufl. McGraw-Hill. Madrid

Daly H (1991) Steady-state economics: second edition with new essays. Island Press. Washington

Daly H, Farley J (2004) Ecological Economics – Principles and Applications. Island Press. Washington

Dornbusch R, Fischer S, Startz R (2009) Macroeconomía, 10. Aufl. McGraw-Hill. São Paulo

Dworkin R (2011) Was ist Gleichheit? Suhrkamp. Berlin

Emmerich V (2001) Kartellrecht, 9. Aufl. Beck. München

Engelkamp P, Sell F L (2005) Einführung in die Volkswirtschaftslehre, 3. Aufl. Springer. Berlin.

Escrivá de Balaguer J (2010) Es Cristo que pasa – Homilias, 44. Aufl. RIALP. Madrid

Fernández Carvajal F (1987) Hablar con Dios – Meditaciones para cada día del año. Band 3: Tiempo Ordinario (1) – Semanas I-XII. Ediciones Palabra. Madrid

Fernández Díaz A, Parejo Gámir J, Rodríguez Sáiz L (2006). Política Económica, 4. Aufl. McGraw-Hill. Madrid

Fisher I (1933) Stamp Scrip. Adelphi. New York

Fisher I (1963) The Purchasing Power of Money – Its Determination and Relation to Credit Interest an Crisis. Kelley. New York

Ford H (1923) Mein Leben und Werk. Verlag Paul List, Leipzig

Frank H R (2005) Microeconomía y Conducta. 5. Aufl. McGraw-Hill/Interamericana. Madrid.

Friedman M (1966) Capitalismo y Libertad. Ediciones RIALP. Madrid

Fuders F (2009a) Die natürliche Wirtschaftsordnung als Option nach dem Zusammenbruch. Aufklärung & Kritik (Gesellschaft für Kritische Philosophie) 16 (2): 128–145

Fuders F (2009b) EG-Wettbewerbsrecht – Ein Kurzlehrbuch nach der Systematik der Prüfungsschemata aufgebaut und mit Fällen. SVH-Verlag Saarbrücken 2009

Fuders F (2009c) Zum so genannten freien Wettbewerb – Versuch einer Begriffsdefinition. Aufklärung & Kritik (Gesellschaft für Kritische Philosophie) 16 (2): 146–147

Fuders F (2010a) Alternative concepts for a world financial system – an answer to the present world financial crisis. Revista de Estudios Internacionales, Universidad de Chile 166 (XLII): 45–56

Fuders F (2010b) Warum der Zins auch moralisch nicht zu rechtfertigen ist. Humane Wirtschaft 2/2010: 26–29

Fuders F (2011a) Wie Zerstörung von Sachkapital dem Finanzsystem in die Hände spielt. Humane Wirtschaft 2/201: S. 34–38

Fuders F (2011b) Zum so genannten freien Wettbewerb und dem vermeintlichen Verbot vertikaler Kartelle im EU-Wettbewerbsrecht. Zeitschrift für Wirtschaftspolitik 60 3: 271–284

Fuders F (2014a) Indexierte Währungen und Recheneinheiten als Mittel gegen Inflation und Finanzkrisen? ZfSÖ (Zeitschrift für Sozialökonomie) 51 180/181: 15–24

Fuders F (2014b) Die Mehrheit in Deutschland profitiert nicht vom Euro – Eine Antwort auf den Kommentar „Those depressing Germans" von Paul Krugman in der New York Times. Humane Wirtschaft 1 /2014: 21–24

Fuders F (2015a) Auch das Bargeld braucht einen Negativzins. Fairconomy 4/2015: 10

Fuders F (2015b) Do Calidad Humana and Happiness depend on Development? In Mayorga R (Hrsg.) Calidad Humana – Sharing the Filipino Spirit – Book 1. Energy Development Cooperation. Manila, S. 94–110

Fuders F (2016) Smarter Money for Smarter Cities: How Regional Currencies Can Help to Promote a Decentralised and Sustainable Regional Development. In Dick et al. (Hrsg.) Decentralisation and Regional Development – Experiences and Lessons from Four Continents over Three Decades. Springer. Cham (Suiza) 2016, S. 155–185

Fuders F, Belloy P (2013) Terremoto del 27.02.2010 en Chile – Cómo el sector financiero se beneficia de la destrucción de capital real. IADE-Realidad Económica 3/2013: 61–75

Fuders F, Löhr D (2014) Hat die Europäische Zentralbank ein Tabu gebrochen? Fairconomy 4/2014: 4–5

Fuders F, Max-Neef, M (2012) Regionalwährungen gegen eine globale Krise und für eine nachhaltige regionale Entwicklung. In Rogall H et al. (Hrsg.) Jahrbuch Nachhaltige Ökonomie. Metropolis. Marburg, 2012/2013, S. 345–362

Fuders F, Max-Neef M (2014a) Dinero, deuda y crisis financieras. Propuestas teórico-prácticas en pos de la sostenibilidad del sistema financiero internacional. In Fernández Alonso J et al. (Hrsg.) Economía Internacional – Claves teórico-prácticas sobre la inserción de Latinoamérica en el mundo. LATin. Guayaquil u. a., S. 245–274

Fuders F, Max-Neef, M (2014b) Local Money as Solution to Capitalist Global Financial Crises. In Pirson M et al. (Hrsg.) From Capitalistic to Humanistic Business. Palgrave-Macmillan. London, S. 157–189

Fuders F, Mondaca C, Haruna M (2013) The Central Bank's dilemma, the Inflation-Deflation Paradox and a new interpretation of the Kondratieff waves. Economía (U. de los Andes, Venezuela) XXXVIII (36): 33–66

Fuders F, Mengel N, Barrera M (2016) Índice de desarrollo a escala humana: propuesta para un indicador de desarrollo endógeno basado en la satisfacción de las necesidades humanas fundamentales. In Ranulfo Pérez Garcés et al. (Hrsg.) Seguridad Alimentaria, Actores territoriales y Desarrollo Endógeno. Laberinto Ediciones. Iztapalapa (México), S. 63–106

Gesang B (2003) Eine Verteidigung des Utilitarismus. Reclam. Stuttgart

Gesell S (1920) Die natürliche Wirtschaftsordnung durch Freiland und Freigeld, 4. Aufl. (Neudruck Verlag für Sozialökonomie. Kiel 1988)

Gesell S (1938) Die natürliche Wirtschaftsordnung, 8. Aufl. Genossenschaft Freiwirtschaftlicher Schriften. Bern

Gesell S (1949) Die natürliche Wirtschaftsordnung durch Freiland und Freigeld, 9. Aufl. Rudolf Zitzmann Verlag. Lauf

Goethe J W v (1976) Faust – Kommentiert von Erich Trunz. C.H. Beck. München

Gosepath S (2004) Gleiche Gerechtigkeit – Grundlagen eines liberalen Egalitarismus. Suhrkamp. Frankfurt am Main

Grill W, Perczynski H (1995) Wirtschaftslehre des Kreditwesens, 29. Aufl. Gehlen. Bad Homburg vor d. Höhe

Gruening H v, Iqbal Z (2008) Risk Analysis for Islamic Banks. The World Bank. Washington

Hamiltilton C (2003) Growth Fetish. Allen & Unwin. Crows Nest, N.S.W.

Hartmann G B (1970) Grundlagen der allgemeinen Volkswirtschaft. Merkur. Rinteln 1970

Hein C (2011) Nobelpreisträger Yunus als Direktor abgesetzt Faz.net vom 02.03.2011

Heinsius T (1822) Volksthümliches Wörterbuch der deutschen Sprache – mit Bezeichnung der Ausprache und Betonung für die Geschäfts- und Lesewelt. Hahn. Hannover

Iqbal Z, Mirakhor A (1987) Islamic Banking. International Monetary Fund. Washington

Herdzina K (1999) Wettbewerbspolitik, 5. Aufl. Lucius und Lucius. Stuttgart

Kant, I (1868a) Metaphysik der Sitten – Erster Theil. Metaphysische Anfangsgründe der Rechtslehre. In: Hartenstein G (Hrsg.) Immanuel Kant's sämmtliche Werke – In chronologischer Reihenfolge, Bd. VII. Leopold Voss. Leipzig, S. 1–173

Kant, I (1868b) Metaphysik der Sitten – Zweiter Theil. Metaphysische Anfangsgründe der Tugendlehre. In: Hartenstein G (Hrsg.) Immanuel Kant's sämmtliche Werke – In chronologischer Reihenfolge, Bd. VII. Leopold Voss. Leipzig, S. 175–304

Kantzenbach E (1967) Die Funktionsfähigkeit des Wettbewerbs, 2. Aufl. Vandenhoeck & Ruprecht. Göttingen

Kennedy M (1990) Geld ohne Zinsen und Inflation – Ein Tauschmittel, das jedem dient. Permakultur-Verlag. Steyerberg

Kennedy M (2011) Occupy Money. Kamphausen. Bielefeld

Kennedy M, Lietaer B, Rogers (2012) People Money – The Promise of Regional Currencies. Triarchy Press. Axminster

Keynes J M (1936) Allgemeine Theorie der Beschäftigung, des Zinses und des Geldes. Duncker & Humblot. Berlin

Keynes J M (1980) Proposals for an International Currency Union. In Moggridge D (Hrsg.) The Collected Writings of John Maynard Keynes, Vol. XXV, Activities 1940–1944. MacMillan. Cambridge, S. 42–66

Keynes J M (1983) Economic Articles and Correspondence – Academic v. 11. In Moggridge D (Hrsg.) The Collected Writings of John Maynard Keynes, Vol XII: MacMillan. Cambridge, S. 402

Kirshner J (1995) In North, M (Hrsg.) Von Aktie bis Zoll. Ein historisches Lexikon des Geldes

Kluge F (1989) Ethymologisches Wörterbuch der deutschen Sprache, 22. Aufl. Walter De Gryter. Berlin – New York

Kremer J (2009) Eine andere unsichtbare Hand des Marktes: Von den blinden Flecken der Volkswirtschaftslehre. Humane Wirtschaft 1/2009: 1–12

Kröger M (2005) Dm-Chef Werner zum Grundeinkommen: „Wir würden gewaltig reicher werden". Spiegel-online vom 30.11.2005: http://www.spiegel.de/wirtschaft/dm-chefwerner-zum-grundeinkommen-wir-wuerden-gewaltig-reicher-werden-a-386396.html Abgerufen am 28.03.2016.

Krugman P (2009) Die neue Weltwirtschaftskrise, 2. Aufl. Campus. Frankfurt – New York

Lachmann W (2006) Volkswirtschaftslehre 1, 5. Aufl. Springer. Berlin – Heidelberg

Lachmann W (2016a) Ist das Zinsverbot mit der Sozialen Marktwirtschaft vereinbar? http://www.wirtschaftundethik.de/Grundfragen/Ist_das_Zinsverbot_mit_der_Sozialen_ Marktwirtschaft_vereinbar.html. Abgerufen am 19.03.2016

Lachmann W (2016b) Wie moralisch ist der Wettbewerb?: http://www.wirtschaftundethik. de/Grundfragen/wie_moralisch_ist_der_wettbewe.html. Abgerufen am 11.04.2016

Larroulet C, Mochón F (2003) Economía, 2. Aufl. Mcgraw-Hill interamericana. Santiago

Latouche S (2003) Would the West actually be happier with less? The world downscaled. Le Monde diplomatique 12/2003: 1

Latouche S (2009) Farewell to Growth. Polity Press. Cambridge

Lietaer B, Arnsperger C, Goerner S, Brunnhuber S (2012), Money and sustainability: the missing link – A report from the Club of Rome – EU Chapter to the Finance Watch and the World Business Acadamy. Triarchy Press. Axminster

Luther M (1841) Ordnung eines gemeinen Kastens der Gemeinde zu Leisnig. In Gerlach O (Hrsg.) Martin Luthers reformatorische Schriften – Vollständige Auswahl alles Wichtigen, Band 5. Eichler. Berlin

Luther M (2007) Die Bibel (Fassung 1984), hrsg. von Deutsche Bibelgesellschaft, Stuttgart

Mankiw G (1998) Principles of Economics. Hartcourt Brace, Fort Worth

Mankiw G (2009) It may be time for the fed to go negative. New York Times vom 04/19/2009: BU7

Marx K (1872) Das Kapital – Kritik der politischen Oekonomie. Erster Band, Buch I: Der Produktionsprozess des Kapitals, 2. Aufl. Meissner. Hamburg

Maslow A (2005) El hombre autorealizado, 16. Aufl. Kairós. Barcelona

Max-Neef M, Elizalde A, Hopenhayn M (1991) Human Scale Development – Conception, Application and Further Reflections. The Apex Press. New York – London

Mill J S (2012) Utilitarianism. Maestro Reprints. Lexington 2012

Müller D (2009) Crashkurs – Weltwirtschaftskrise oder Jahrhundertchance. Droemer. München 2009

nef – New Economics Foundation (2016) Happy Planet Index: http://www. happyplanetindex.org/. Abgerufen am 23.03.2016

Niz A C, Bekker I (1821) Des M. A. C. Niz kleines griechisches wörterbuch in etymologischer ordnun: Zum Gebrauch für Schulen, 2. Aufl. Reimer. Berlin

OECD (2009) OECD Territorial Reviews: Chile 2009. OECD. Paris

OECD (2015) In it Together – Why less inequality benefits all – overview of inequality trends, key findings and policy directions. OECD. Paris

Okun A M (1962) Potential GNP: Its Measurement and Significance. In American Statistical Association (Hrsg.) Proceedings of the Business and Economic Statistics Section. American Statistical Association. Alexandria, S. 98–104

Ottacher G (2007) Der Welt ein Zeichen geben – Das Freigeldexperiment von Wörgl 1932/1933. Gauke. Kiel

Petersen C (2005) "Wenn Dein Kind Dich morgen fragt..." Humane Wirtschaft Mai/Juni 2005: 6–10

Piketty T (2015) Das Kapital im 21. Jahrhundert, 5. Auflage. Beck. München

Platon (2011) Politeia IV. In Wolf U (Hrsg.) Platon – Sämtliche Werke Band 2, 33. Aufl. Rowohlt, Reinbek

Porter M E, Kramer M R (2011) Creating Shared Value: How to reinvent capitalism – and unleash a wave of innovation and growth. Harvard Business Review, January-February 2011 (REPRINT R1101C): 1–17

Prien H-J (1992) Luthers Wirtschaftsethik. Vandenhoeck und Ruprecht. Göttingen

Raz J (2000) Strenger und rhetorischer Egalitarismus. In Krebs A (Hrsg.) Gleichheit oder Gerechtigkeit. Suhrkamp. Frankfurt am Main, S. 50–80

Reuters (2015) „Ifo-Chef – Niedrigzins kostet Deutsche 300 Milliarden Euro: http://de.reuters.com/article/domesticNews/idDEKCN0JJ0JD20141205. Abgerufen am 16.03.2016

Ricardo D (1911) Principles of Political Economy and Taxation. J.M. Dent & Sons. New York (Nachdruck 1996 durch Prometheus Books. New York)

Richard W, Mühlmeyer J, Bergmann B (1994) Betriebslehre der Banken und Sparkassen, 19. Aufl. Merkur. Rinteln

Rösl G (2006) Regionalwährungen in Deutschland – Lokale Konkurrenz für den Euro? In Hermann H et al. (Hrsg.) Deutsche Bundesbank: Diskussionspapier Reihe 1, Nr. 43/2006

Saravia Frías B (1999) Concentración empresarial y defensa de la competencia en el Mercosur, Anuario de Derecho (Buenos Aires) 1999 5: 131–193

Schachtschneider K A (2005) Demokratische und soziale Defizite der Globalisierung. In Siebold D, Emmerich-Fritsche A (Hrsg.), Karl Albrecht Schachtschneider: Freiheit – Recht – Staat. Eine Aufsatzsammlung zum 65. Geburtstag, Duncker & Humblot. Berlin, S. 669–695

Schäfer U (2009) Der Crash des Kapitalismus – warum die entfesselte Marktwirtschaft scheiterte und was jetzt zu tun ist. Campus. Frankfurt – New York

Schieritz M, Uchatius W (2014) Der stärkste Trieb der deutschen – Ausgespart! Die Zeit Nr. 47 vom 13.11.2014: 13–15

Schreiber M, Dohms H-R (2014) Banken ertrinken im Geld – Zum ersten Mal in der Geschichte der Bundesrepublik übersteigen die Einlagen die ausgereichten Kredite Handelsblatt vom 17.10.2014

Senf B (2008) Geldfluss, Realwirtschaft und Finanzmärkte aus der Sicht verschiedener Wirtschaftstheorien ZfSÖ (Zeitschrift für Sozialökonomie) 156 – 157/2008: 14–22

Shiller R J (2008) Die Subprime Lösung: Wie wir in die Finanzkrise hineingeraten sind – und was wir jetzt tun sollten. Börsenmedien AG. Kulmbach

Smith A (1952) An Inquiry into the Nature and Causes of the Wealth of Nations. In Hutchins R M (Hrsg.) Great Books of the Western World, Nr. 39. W. Benton. Chicago u.a.

Soddy F (1934) The Role of Money – What it should be contrasted with what it has become. Routledge. London

Steiner R (1979) Die soziale Grundforderung unserer Zeit – In geänderter Zeitlage, Zwölf Vorträge, gehalten in Dornach und Bern v. 29. 11. bis 21.12.1918, 2. Aufl. Rudolf Steiner Verlag. Dornach

Süchting J (1995) Finanzmanagement, Theorie und Politik der Unternehmensfinanzierung, 6. Aufl. Gabler. Wiesbaden.

Suhr D (1988) Alterndes Geld – Das Konzept Rudolf Steiners aus geldtheoretischer Sicht. Novalis. Schaffhausen

Suhr D, Godschalk H (1986) Optimale Liquidität – Eine liquiditätstheoretische Analyse und ein kreditwirtschaftliches Wettbewerbskonzept. Knapp. Frankfurt a.M.

Theobald R (1967) The Guaranteed Income – Next step in socioeconomic evolution? Doubleday. New York

Tolksdorf M (1994) Dynamischer Wettbewerb – Einführung in die Grundlagen der deutschen und internationalen Wettbewerbspolitik. Gabler. Wiesbaden

Traverso M (2015) Economía Consciente – La transformación espritual de la economía que comienza por uno mimso. Kier. Buenos Aires

Unger B (2007) Besser Wirtschaften – Regionale Utopie. Zeit-Online v. 17.09.2007

Van Suntum U (2005) Die unsichtbare Hand – Ökonomisches Denken Gestern und Heute, 3. Aufl. Springer. Berlin

Villamil X P (2012) El mapa de la concentración en Chile. EL Mostrador: http://www.elmostrador.cl/mercados/2012/02/15/el-mapa-de-la-concentracion-en-chile/. Abgerufen am 16.03.2016

Walzer M (2000) Komplexe Gleichheit. In Krebs A (Hrsg.) Gleichheit oder Gerechtigkeit. Suhrkamp. Frankfurt am Main, S. 172–214

Warren R (2003) Leben mit Vision – Wozu um alles in der Welt Lebe ich? Gerth Medien. Asslar

Wikipedia (2016a) Ethical banking: https://en.wikipedia.org/wiki/Ethical_banking. Abgerufen am 19.03.2016

Wikipedia (2016b) World Happiness Report: https://en.wikipedia.org/wiki/World_Happiness_Report. Abgerufen am 23.03.2016

Wikiquote (2016) Kenneth Boulding: https://en.wikiquote.org/wiki/Kenneth_Boulding. Abgerufen am 21.03.2016

Wolff P (2010) Die Wirkung von Mikrokrediten wird überschätzt Zeit-Online vom 16.03.2010

**Professor Dr. Felix Fuders**, Director Instituto de Economía, FACEA, Universidad Austral de Chile, Valdivia, Chile.

The manufacturer's authorised representative in the EU is Springer
Nature Customer Service Centre GmbH, Europaplatz 3, 69115 Heidelberg,
Germany. If you have any concerns regarding our products, please
contact ProductSafety@springernature.com

Printed and bound by CPI Group (UK) Ltd, Croydon, CR0 4YY
27/04/2026
02097652-0001